크라이시스 커뮤니케이션

크라이시스
커뮤니케이션

권호천 지음

새녘

| 머리말 |

"위기는 피하는 것이 아니라
극복하고 이겨내 기회로 전환하라는
전략적 커뮤니케이션 메시지다!"

위기란 무엇인가

2019년 12월 중국 후베이성 우한시에서 첫 환자가 나온 이후 신종 호흡기 바이러스인 COVID-19(코로나바이러스 감염증)는 전 세계를 공포와 혼돈으로 몰아가고 있다. 이러한 위기 상황에 현명하게 대처하는 데 커뮤니케이션이 얼마나 중요한 역할을 하는지 알아보고 미래를 대비하기 위해 작은 발걸음을 시작한다.

'위기란 무엇일까?' 위기(危機)는 '위태하게 혹은 위태롭게 하는 틀'이라는 한자어로, '위험한 고비나 시기'를 의미한다. 영어로는 'crisis'인데 이는 그리스어로 '결정'이라는 단어인 'krinein'에서 유래했다. 과거에는 질병 과정에서 단계를 설명하는 용어로 사용되어 '더 나은 혹은 더 나쁜 결정적 전환'의 의미로 썼다.

위기의 모든 측면을 하나의 정의로 단정하기에는 어려운 부분이 많다. 그러나 이 책에서 위기는 '개인·조직·국가·사회가 보유하고 있는 문제 해결 차원을 넘어서는 것으로, 통제 시스템을 힘으로 파괴함으로써 우리의 일상생활을 곤란하게 만드는 상황'으로 정의한다.

위기는 다양한 형태와 색깔을 혼합해 계속 변화하는 특성이 있다. 따라서 하나의 위기에는 적절한 대응 방안이 다른 상황에서는 별로 큰 도움이 되지 않는 경우도 흔하다. 그럼에도 기본적인 대응 방법은 존재한다. 기본을 바탕으로 어떤 응용 전략을 펼치느냐는 전적으로 상황에 대처하는 주체에게 달려 있다.

위기 촉발 유형으로 우리가 쉽게 떠올릴 수 있는 것은 전염성 감염병, 홍수, 정전, 가스 누출, 선박 충돌 혹은 침몰, 항공기 추락, 방사성 물질 유출, 특정 세력이 주도하는 테러, 보이콧, 컴퓨터 해킹, 정보 유출, 위법·탈법 행위, 사기 등이 있다.

위기는 일반적으로 불예측성을 가진다. 예상하지 못하는 때 갑자기 발생하고 사건의 종류에 따라 다양한 행위자를 포함한다. 또 문제 해결을 위한 시간의 압박과 불확실한 조건을 동반하는 경우가 많아 이것이 현명한 결정에 어려운 요소로 작용한다.

위기가 닥치면 가장 먼저 머리에 떠오르는 생각은 무엇일까? 위기 상황에 직면하면 대상자(그것이 개인이건, 조직 관리책임자나 최고경영자건, 국가 기관의 장이나 국가수반이건)는 먼저 혼란에 빠져들고, 다음으로 위기 상황에서 빠져나갈 방법을 고민하게 된다. 사람은 위기에 빠지면 도망치고 싶어진다. 이때 위험한 것이 '회피 전략'을 선택하는 것이다. 위기의 책임 소재를 밝히는 커뮤니케이션 방법에는 다음 세 가지가 있다.

첫째, 무조건적 무책임성 주장이다. 이는 특정 위기 상황과 전혀 무관할 때 사용한다. "내 책임이 아니야!"라고 강력하게 주장하는 것으로, 사실에 근거하면 뒤에 따라오는 책임은 없을 수 있다.

둘째, 조건부 무책임성 주장이다. 책임이 있지만 아직 밝혀지지 않은 상황에서 주로 택하는 방법이다. 우리가 아주 흔하게 봐온 장면이다. "내가 한 게 아닌데? 나와는 상관없는 일이야! 왜 나에게 그래?" 등 일단 책임을 회피하려 하지만 사실과 다를 경우 엄청난 후폭풍이 기다리고 있다.

셋째, 무조건적 책임 인정이다. "네, 제 책임입니다. 죄송합니다." 만약 위기 발생에 책임이 있다면 명예를 지키는 가장 좋은 방법은 최대한 빨리 인정하고 사과하는 것이다. 시간을 끌다가 나중에 사실로 밝혀지면 불행하게도 명성은 회복하기 어려운 나락으로 떨어지고 사회에서 매장된다. 숨기는 것은 범죄보다 더 나쁜 행위다. 위기 상황에서 가장 좋은 커뮤니케이션 전략은 바로 '정직'과 '진정성'이다.

위기 상황에는 미디어의 정보 전달 행위와 소셜미디어를 통한 개인들의 정보 공유 행위가 문제 해결에 영향을 미친다. 물론 개인에게 발생하는 위기는 지엽적인 경우가 많아 조직, 국가, 사회의 위기보다 미디어의 관여가 적을 수 있다. 이는 위기의 현상적 상황 또는 위기 파급 범위의 한정성에 따른 차이 때문이지 개인에게 닥친 위기가 조직, 국가, 사회에 닥친 위기보다 중요성이나 심각성이 떨어져서 그런 것은 아니다. 위기는 그 대상이 누구이건 대상자에게는 세상에서 가장 힘든 시간과 환경을 불러온다.

위기는 상해 위험을 동반하기도 하지만, 개인·조직·국가·사회의 신뢰성, 즉 '명성'을 위협하기 때문에 상해보다 더 깊고 회복 불가능한 상처를 남길 수 있다. '오마하의 현인(Oracle of Omaha/Sage of Omaha)'이라고 불리는 세계적 투자자 워런 버핏(Warren Buffett)은

"명성을 쌓는 데는 20년이 걸리지만 잃는 데는 5분도 걸리지 않는다. 이것을 명심한다면 분명 다르게 행동할 것이다.(It takes 20 years to build a reputation and five minutes to ruin it. If you think about that, you'll do things differently.)"라고 했다.

때론 명성이 신체의 안위보다 훨씬 중요하기 때문에 개인·조직·국가·사회 각 주체는 위기 상황이 닥쳤을 때 현명한 선택과 행동을 해야 한다. 그러기 위해서는 불확실한 미래를 위한 설계와 계획도 중요하지만 과거 사례에서 현재 상황에 대입할 유용한 조언을 찾아내고 적용하려는 노력이 필요하다.

위기에 직면한 당사자는 '외부 세계의 인식은 현실'이라는 사실을 받아들이는 것이 절대적으로 중요하다. 왜냐하면 이 시점부터는 위기 상황이 개인, 기업 경영진, 국가 의사결정 권한자가 아닌 사람들의 관심, 질문, 걱정 같은 관점의 대상이 되기 때문이다. 즉, 위기 상황 밖의 사람들이 이를 어떻게 보는지가 문제의 핵심이 된다. 그래서 이들을 이해시키고 설득하는 작업이 필요하다. 그 도구가 바로 커뮤니케이션이다.

커뮤니케이션은 왜 중요한가

위기 커뮤니케이션은 위기 발생 전, 위기 동안 그리고 위기 후에 개인, 조직, 국가, 사회, 미디어 그리고 관심이 있는 사람이나 이해관계자와 그룹 내에서 발생하는 여러 정보를 교환하는 것을 말한다. 일반적으로 위기 커뮤니케이션에 가장 적극적으로 관심을 보이는 주체는 기업조직이다. 그러나 최근엔 개인, 국가, 사회 모두 위기 커뮤니케이션의 중요성을 깊이 인식하고 있다. 위기 상황에서 커뮤니케이션 행위는 자기 명성을 지키는 가장 중요한 수단이기 때문이다. 위기와 관련해 가장 중요한 주체는 바로 사람이다. 모든 위기는 결국 사람 문제로 귀결된다.

위기 상황이 발생하면 무엇보다 빠르고 정확한 정보 순환이 중요하다. 위기 상황을 효과적으로 관리하려면 커뮤니케이션 전략을 바탕으로 적절한 대응과 판단력이 중요하다. 이 책은 이러한 대응과 판단력을 담은 전략적 커뮤니케이션 방법으로 개인·조직·국가 각 주체가 위기를 슬기롭게 극복하고 명성을 유지 또는 증진하는 방법을 고민하기 위해 기획되었다.

위기 대응과 관련된 과거의 사건과 연구에서 얻은 기본적 경험을 통해 보면, 비상 상황 시 커뮤니케이션 이슈는 비상사태 관리부서 활동의 대부분을 차지한다. 문제 해결 행위의 70~80%는 커뮤니케이션이라고 할 수 있는 것이다. 이는 위기 발생 시 거의 모든 부분에서 일어나는 다양한 문제를 해결하는 데 커뮤니케이션 행위가 결정적 역할을 한다는 것을 의미한다. 즉, 어떤 메시지를 대상에게 전달해 얼마나 이해와 수용을 끌어내느냐에 따라 상황은 완전히 다르게 전개될 수 있다.

우리 속담에 "말로 천 냥 빚을 갚는다"라는 말이 있다. 지구에서 인간이 언어를 사용하기 시작한 시점부터 지금까지 인간은 누군가와 어떤 방법으로든 소통하는 것을 자연적 현상으로 인식하며 살아왔다. 하지만 오늘날에는 이와 관련한 문제가 여러 가지 있는데 바로 '말이 화를 부르는 경우'가 늘고 있다는 것이다.

21세기 들어 정보통신기술의 급속한 발달은 인간이 활용할 수 있는 소통 창구의 다양화와 실시간화를 촉진했다. 소셜미디어를 비롯한 다양한 커뮤니케이션 창구는 시간과 공간의 한계를 넘어 세상 누구와도 소통할 수 있는 길을 만들어주었다.

우리는 이런 창구들을 주변의 많은 사람과 즐겁고 유용한 정보를 교환하고 유대를 증진하는 도구와 장으로 사용한다. 이 도구는 실시간성과 대량 노출을 기본으로 하므로 정보교환 속도와 양은 이제까지의 어떤 도구보다 빠르고 방대하다는 특징이 있다. 개인·조직·국가 모두 이러한 도구를 유용한 정보 공유의 장으로 활용하면 기대 이상의 효과를 얻으며 명성을 유지하거나 증진할 수 있다.

그런데 이러한 발달된 기술의 혜택이 때에 따라서는 부정적으로 작용하기도 한다. 잘못된 정보나 의도적으로 왜곡된 정보의 유포와 집단이기주의에 편승한 글자 테러 등과 같은 커뮤니케이션 행위 등은 잠깐은 이익을 제공하는 것처럼 보이지만 결국 개인·조직·국가 등 주체의 명성을 순식간에 잃어버리게 만든다.

불과 얼마 전까지 개인과 개인, 조직과 개인, 국가와 개인, 매체와 개인 간의 커뮤니케이션 행위는 지엽적이거나 일방향적 형태를 유지했다. 즉, 일반적으로 개인과 개인의 커뮤니케이션은 한정적인 소규모 개인들이 모인 자리에서 이루어졌다. 따라서 거기서 논의된 내용이 많은 사람에게 같은 내용으로 전달되거나 퍼지는 것은 불가능하거나 시간이 아주 오래 걸렸다. 방송과 신문으로 대변되는 올드미디어는 정보를 생산하고 대중은 생산된 정보를 여과 없이 일방적으로 받는 형태를 취했다. 조직이나 국가도 이런 올드미디어와 같이 정보 전달에서 일방향적 태도를 유지했다.

그러나 기술의 진보는 이러한 지엽적이고 일방향적인 커뮤니케이션 행위를 일시에 거시적·다방향적 커뮤니케이션 상황으로 전환시켰다. 따라서 변화된 정보 전달과 공유 환경을 정확히 이해하고 접근하는 것이 위기 상황에서 커뮤니케이션이라는 도구를 효과적으로 활용하는 기본 방향이 될 것이다.

무엇을 함께 고민할 것인가

이 책은 이전에 일어난 위기의 대응 사례와 위기 커뮤니케이션의 기본적 대응 매뉴얼을 바탕으로 앞으로 일어날 위기에 현명하게 대처하는 방법을 함께 고민하는 데 초점을 맞추었으며, 이를 위해 다음과 같이 구성했다.

1부에서는 다양한 위기 상황과 그에 대응하는 전략적 커뮤니케이션의 구체적 방법과 방향을 소개한다. 이로써 실제 위기 상황에서 기본적으로 어떤 커뮤니케이션 전략을 펼쳐야 할지 구체적 그림을 그려본다.

2부에서는 주체를 개인, 조직, 국가로 구분해 각 주체가 관여된 사례를 알아본다. 먼저 주체별 위기 발생 사례를 제시하고 그에 따른 위기 관리 커뮤니케이션 전략을 논의한다. 그리고 무엇이 긍정적 효과와 부정적 효과를 도출했고, 그로써 명성에 더 유용하게 작용했는지 또는 치명적 위해를 가했는지 함께 생각해본다. 그런 다음 사례 분석을 바탕으로 해결책을 제시함으로써 독자의 이해와 활용을 돕는다.

3부에서는 우리가 이전에 경험하지 못했던 전 지구적 팬데믹, COVID-19라는 거대한 위기 상황을 현명하게 이겨낼 방법을 고민하는 공간으로 구성했다. 개인·조직·국가·사회가 동시에 직면한 거대한 위기 상황을 이겨내기 위해 각 주체의 위기 커뮤니케이션이 어떠해야 하는지를 논의한다. 이를 위해 같은 위기에 직면한 각 주체의 커뮤니케이션 행위 사례를 방송과 언론 보도 내용을 중심으로 논의하고, 해답을 찾는 방법을 함께 고민해본다.

독자는 필요에 따라 각 장을 순서 없이 읽어도 내용을 이해하는 데 어려움이 없을 것이다. 위기에 대응하기 위한 자신만의 매뉴얼을 구상하는 독자라면 1부 내용을 숙지하고 이를 응용할 방법을 고민해보길 권한다. 2부와 3부는 사례 중심이지만 1부는 기본적으로 위기 상황에서 중요한 정보 관리 이슈에 대한 지식을 제공하니까 말이다.

이 책은 개인·조직·국가 각 주체가 위기에 직면하는 상황에 대한 교육 자료, 안내 자료, 참고 자료로 활용할 수 있다. 그래서 위기 상황 시 정보 관리를 책임질 관리자를 먼저 고려했다. 여기에서 '책임 관리자'는 개인·조직·국가 각 주체에 따라 조금은 다른 의미로 인식될 것이다. 개인의 경우는 위기에 직면한 개인이 바로 책임 관리자가 되며, 조직과 국가의 경우라면 상황의 심각성 정도에 따라 위기 관리를 담당하는 부서의 장이 될 수도 있고 최고 의사결정권자가 될 수도 있다.

앞으로 일어날 위기를 모두 예측해 준비하고 대응하는 것은 현실적으로 불가능하다. 그러나 위기에 대처하기 위한 기본 가이드라인과 매뉴얼을 가지고 있는 것과 그렇지 않은 것은 위기가 닥쳤을 때 엄청난 차이가 있다. 따라서 위기 상황에서 가장 중요한 문제 해결 도구인 커뮤니케이션을 어떻게 전략적으로 적용할지 기본 방향을 제시해 당혹감을 최소화하고, 가장 빨리 정확하게 문제에 다가설 수 있게 하자는 것이 이 책의 기본 목적이다. 개인은 물론 조직·사회·국가가 이 책에서 위기 관리의 지혜를 얻기를 기대한다.

| 차례 |

머리말 _ 04

PART 1

위기를 기회로 바꾸는 전략적 커뮤니케이션

1. 위기와 명성은 함께 움직인다

위기의 의미와 특성 _ 25

명성은 무형의 가치 _ 30

위기 발생 원인과 유형 _ 35

메시지 전략 선택을 위한 책임성 파악 기준 _ 43

2. 왜 위기 커뮤니케이션이 필요한가

위기 상황에서 메시지 대응 전략 유형 _ 49

명성 위험 관리 전략 _ 55

명성 위험 예방과 대응을 위한 단계별 접근 _ 60

위기 상황에서 명성 관리의 중요성 _ 66

명성 위험과 소셜미디어의 상관관계 _ 72

3. 위기 커뮤니케이션 계획 진행 단계

위기와 계획은 무엇인가 _ 79

위기 이전 단계 _ 84

위기 초기 단계 _ 88

위기 관리 단계 _ 93

위기 해결 단계 _ 95

위기 평가 단계 _ 97

4. 위기 대응은 타이밍이 생명이다

새로운 미디어의 등장과 위기 커뮤니케이션 기본 팁 _ 101

메시지와 채널 관리 _ 107

위기 메시지 전달, 먼저 기억해야 할 것들 _ 113

루머와 위기 파급력의 관계 _ 120

5. 위기 커뮤니케이션 메시지 전략과 기본 매뉴얼 만들기

위기 대응 커뮤니케이션 전략 _ 127

위기에서 어떻게 사과하면 좋을까 _ 136

사과문 사례 _ 144

나만의 기본 매뉴얼 만들기 _ 151

PART 2

개인·조직·국가의 위기 대처 커뮤니케이션

6. 개인은 어떻게 위기에서 살아남을까

언어적·비언어적 커뮤니케이션은 왜 중요한가 _ 163

개인의 위기는 언어적·비언어적 메시지에서 시작된다 _ 167

- case 1 마지막 순간까지 자신을 희생한 의인 _ 167
- case 2 갑질의 끝을 보여준 피자회사 회장 _ 171
- case 3 악플은 생명도 앗아간다 _ 174
- case 4 지하철 몰카로 모든 것을 잃은 앵커 _ 178
- case 5 음주운전 뺑소니 사건으로 기회를 날린 야구선수 _ 182

알면서도 지키지 못하는 당연한 진리 _ 186

7. 조직은 어떻게 위기에서 살아남을까

메시지 노출 창구 다변화가 가져온 불편한 진실 _ 191

잘나갈 때 오히려 조심해야 한다 _ 196

- case 1 명예와 신뢰 모두 챙긴 존슨앤드존슨 타이레놀 독극물 사건 _ 196

Case 2 거짓말로 위기를 키운 일본 타이어 제조사 브리지스톤 _ 200
  Case 3 먹튀 논란을 불러온 유벤투스 구단과 축구 선수 호날두 _ 204
  Case 4 상식 이하를 보여준 대한항공 땅콩 회항 사건 _ 211
  Case 5 위기 대응의 정석을 보여준 한국화약 이리역 폭발 사건 _ 216
  Case 6 기업 이미지에 큰 타격을 입은 타코벨 청각장애인 차별 사건 _ 220
  Case 7 사과의 정석을 보여준 삼성서울병원 메르스 사태 _ 224
  Case 8 소비자 원성만 산 BMW 차량 화재 사건 _ 228

명성을 쌓는 데는 20년, 명성을 잃는 데는 단 5분 _ 232

8. 국가는 어떻게 위기에서 살아남을까

정부와 국민은 같은 배를 탄 동업자 _ 237

국가 기관들의 긍정적 협업이 나라를 올바른 길로 이끈다 _ 240

  Case 1 천안함 피격 침몰 사건, 은폐·조작으로 혼란과 불신 초래하다 _ 240
  Case 2 9·11테러, 테러와 전쟁에 불붙이다 _ 245
  Case 3 호주 산불 사고, 정부 신뢰를 잃다 _ 251

국가 위기와 정부의 명성 확보 전략 _ 257

PART **3**

전 지구적 팬데믹이
몰려온다

9. 개인에게 닥친 **위기**와 **극복 방안**

- case 1 재미로 허위 신고를 했다고? _ 269
- case 2 거짓말이 불러온 감염증 확산 _ 272
- case 3 만우절의 코로나 거짓말과 함께 날아간 명성 _ 274
- case 4 마스크가 뭐길래 폭행이 난무할까 _ 279
- case 5 개인의 일탈이 더 큰 재앙을 부른다 _ 285

10. 조직에 닥친 **위기**와 **극복 방안**

- case 1 학습권 침해, 내 등록금 일부는 돌려주오 _ 293
- case 2 신천지 포비아, 종교의 자유 vs 지역 집단 감염원 _ 298
- case 3 쿠팡 물류센터, 수도권 집단 감염 적신호? _ 303
- case 4 교회, 새로운 n차 감염원 _ 309
- case 5 국립발레단, 단원들 일탈로 이미지가 실추되다 _ 314
- case 6 파주 스타벅스, 마스크 필요성 알려준 전화위복 _ 319
- case 7 지방자치단체 의장단에는 코로나가 비껴갈까 _ 322

11. 국가에 닥친 위기와 극복 방안

case 1   마스크 사기가 왜 하늘의 별 따기처럼 되었나 _ 327

case 2   인도, 코로나 확산세가 가속되다 _ 335

case 3   미국, 전 세계 최다 확진, 최대 사망 국가 되다 _ 341

case 4   유럽, 2차 코로나19 위기 속에서도 마스크는 싫다? _ 347

12. 우리는 결국 지구라는 행성에서 살아간다

대한민국과 코로나19의 일전 _ 355

지구와 인간 그리고 바이러스의 동거 _ 363

코로나를 보내고 다시 일상으로 돌아가자 _ 369

에필로그 _ 374

감사의 글 _ 377

참고자료 _ 378

CRISIS

PART **1**

위기를 기회로 바꾸는 전략적 커뮤니케이션

COMMUNICATION

1
위기와 명성은 함께 움직인다

위기의
의미와 특성

여러분은 위기를 어떻게 정의하는가? 위기는 그 의미가 개인, 조직, 국가에 조금씩 다르게 적용되지만 궁극적·최종적으로는 '사람'에게 피해가 발생하는 것을 의미한다. 그리고 위기는 그것이 최초에 누구로부터 발생해 누구에게 직접적 피해를 주느냐에 따라 미시적 위기와 거시적 위기로 구분할 수 있다. 만약 개인에 의해 발생하고, 그 피해가 곧바로 개인에게 전달되는 상황이라면 미시적 위기라고 할 수 있다. 또 조직 또는 국가에 의해 발생하면 거시적 위기라고 할 수 있다. 그러나 어떤 종류의 위기 건 해당 주체(개인, 조직, 국가)가 관련된 모든 부분에서 그동안 획득한 평판이나 명성에 부정적 영향을 미치는 사건임은 틀림없다.

예를 들어, 기업에서 위기가 발생하면 고객, 제품, 서비스 그리고 명성에 부정적 영향을 주어 기업의 존폐를 위협하기도 한다. 물론 모든 위기 상황이 곧바로 개인, 조직, 국가를 파멸로 이끌지는 않는다. 위기 수준, 주변 상황 그리고 불확실성 정도에 따라 새로운 전환점이 되기도 한다. 따라서 위기를 예방하거나 위기에 대응하는 커뮤니케이션 전략이 위기에서 오는 위험과 불확실성을 최소화하거나 제거해 통제력과 회복력을 제공할 수 있다.

그럼 위기는 무엇이라고 정의할 수 있을까? 영어로 위기는 'Crisis'이다. 이 단어는 그리스어 'Kinein'에서 유래했는데, '무엇을 결정하다, 해결하다(to decide)'라는 의미였다. 예전에는 이 단어를 과거와 연관된 일련의 사건에서 결정적 전환 단계를 나타내며, 상황을 호전하거나 악화하는 데 결정적 역할을 한다는 의미로 사용했다. 위기는 개인, 조직, 국가 등 주체의 다양한 행위와 평판 또는 명성에 부정적 영향을 미치는 일련의 사건이다. 즉, 비상사태, 재난, 위험, 참사 그리고 갈등 등과 같은 개념이며, 불확실성의 증가로 가변적 속성과 돌발성을 지니고 개인, 조직, 국가가 추구하는 목적 달성에 장애를 일으키는 현상이라고 할 수 있다.

우리는 매일 언론과 방송 그리고 기타 다양한 매체를 통해 다양한 주체에서 발생한 위기 관련 정보를 수없이 접한다. 그래서 때로는 '위기'를 평범한 일상 중 하나로 받아들이는 무감각에 빠지기도 한다. 외국인들이 대한민국을 R.O.T.C 또는 3C의 나라라고 한 적이 있다. 우리는 ROTC를 4년제 대학에 재학 중인 학생들을 선발해 군사교육을 실시하고 졸업과 동시에 군 장교로 임관시키는 제도인 학군사관(Reserve Officers' Training Corps)의 약자로 알고 있다. 하지만 불행히도 외국인이 언급한 R.O.T.C는 그것이 아니다.

국내의 한 PR 전문가가 미국을 방문했을 때 미국 사업가에게서 이런 질문을 받았다. "Are you from R.O.T.C?" 그가 무슨 뜻이냐고 묻자 R.O.T.C는 Republic of Total Crisis(총체적 위기공화국)라는 답이 돌아왔다. 그는 왜 한국을 그런 충격적인 말로 표현했을까? 공교롭게도 그 전문가가 미국을 방문했던 시기에 국내에서 성수대교 붕괴, 삼풍백화점 붕괴에 더해 전직 대통령들이 퇴임 후 다음 직책을 감옥에서 수행하고, 대통령 아들들이 지속적으로 문제를 일으켜 수감되거나 소송에 휘말리는 등의 사건이 동시다발적으로 일어났던 것이다. 외국인의 눈으로 볼 때 선진국으로 진입하는 대한민국이라는 나라 이미지와 이런 위기 상황이 도저히 어울리거나 이해되지 않았을 수 있다.

그럼 3C는 무엇을 의미할까? 3C는 외국에서 바라보는 국내 상황을 극단적으로 표현한 것으로 Crisis, Corruption and Comedy, 즉 위기, 부패가 만연해서 코미디 그 자체라는 말이다. 이러한 비아냥은 1990년대 말에 있었다. 그렇다면 지금은 어떨까?

나일강의 기적이라는 독일의 재건이 무색하게 한강의 기적을 이룬 우리는 지금 그 기적에 걸맞지 않은 모습이 곳곳에서 보인다. 그 이유는 닥쳐올 위기를 예상하지 못하는 불확실성의 증가, 위기에 대응하는 준비 부족, 앞선 잘못과 위기에 효과적으로 대처하지 못했을 뿐 아니라 이를 반면교사로 삼지 못하는 인식 부재의 결과라 할 수 있다. 따라서 21세기를 현명하게 살아가기 위해 준비하는 우리, 이 나라에 함께 살아가는 우리에게 무엇보다 중요한 것은 끊임없이 직면하는 위기를 극복하고 예방하는 지혜다.

위기는 상황, 환경, 주도 주체 등에 따라 다양하게 정의되지만 공통적 특성도 있다.

먼저, 위기는 충격과 놀라움을 동반하고 혼돈과 당황스러운 상황으로 진행된다. 위기로 인식될 사건은 실제로 그 사건 자체에서 전달된 놀라움뿐 아니라 사건이 신속하게 전개되고 발전되는 데서 오는 당황스러움이 배가되는 측면이 있다. 앞으로 어떤 조처를 해야 할지 의제를 설정하는 것부터 실제 행동으로 이어지는 전 과정에서 이견과 좌충우돌하는 행동이 돌출된다.

위기 발생을 인지하는 순간 빠른 발전 속도에 더해 언론보도로 놀라움이 시작된다. 그리고 사건에 관계되지 않은 일반 대중의 이목이 집중되면서 당사자의 놀라움은 배가된다. "무슨 일이 일어난 걸까?" "피해자는 누구래?" "피해 보상은 어떻게 할 거래?" "누가 그 사건의 핵심이래?" "그 회사 대표가 누구지?" "그 조직의 장이 누구야?" 등 꼬리에 꼬리를 무는 질문이 온 사회를 돌고 돌며 이야기는 사실에서 루머로 이동하기도 한다.

둘째로 위기는 돌발적 성격을 가진다. 위기 상황은 개인, 조직, 국가가 예측하거나 대처할 시간 여유를 주지 않고 돌발적으로 진행되는 특성이 있다.

셋째로 위기는 언론의 뉴스 가치성 증가로 관심이 고조된다. 위기가 발생하면 문제의 심각성을 증폭하는 일은 주로 언론매체 몫이다. 개인, 조직, 국가가 처한 위기는 그 자체의 중대성과 영향 범위 그리고 파급효과로 인해 언론의 뉴스 가치가 증가한다. 이렇게 증폭된 뉴스 가치는 일반의 알 권리라는 차원에서 다양한 형태로 노출되고, 이로써 관심이 집중되는 특징을 보인다.

넷째로 위기는 위기를 마주한 주체인 개인, 조직, 국가와 유무형의 관계로 묶인 대상과의 관계 악화로 이어져 주체가 추구하는 목표 달성에 막대한 악영향을 미치게 된다. 개인, 조직, 국가 등 주체의 자의 또는 타의로 발생한 위기 상황은 각 주체가 기본적으로 설정한 목표와 목적을 달성하는 데 위협적 요인으로 작용하고 그 대상과 관계에 지대한 손실을 유발한다.

다섯째로 위기는 공통적 특성은 있지만 해답은 서로 다르다. 위기에 직면한 개인, 조직, 국가마다 그리고 사건마다 어느 정도 공통적 상황이 있다. 그렇다고 위기 상황에 대한 해답이 같을 수 없다. 따라서 위기에 직면한 주체는 자신이 처한 특정한 상황과 환경에 따라 가장 적절한 해결책을 제시하는 것이 중요하다. 때로는 이미 입증된 성공 전략을 따르다가 위기를 더욱 재앙으로 몰고 갈 수도 있다. 일반적으로 많은 위기 상황이 여러 공통적 특성을 보이지만 위기 상황에서 전략적 커뮤니케이션의 유일한 법칙은 '일정한 법칙이 없다'는 것이다.

따라서 1부에서는 우리가 모두 독립된 개인, 조직 구성원 그리고 국가의 일원으로 살아가며 직면하는 위기를 극복하고 명성을 유지할 수 있는 효과적인 전략적 커뮤니케이션 방법에 대해 알아본다.

명성은
무형의 가치

　　국어사전에서 '명성'은 "세상에 널리 퍼져 평판 높은 이름"이라고 정의되어 있다. 영어사전에는 "과거에 일어난 일에 근거해 사람들이 일반적으로 누군가 또는 무언가에 대해 가지고 있는 신념이나 의견(The beliefs or opinions that people generally have about what somebody or something is like, based on what has happened in the past)"이라고 정의되어 있다. 그러나 누군가 "'명성(Reputation)'이 왜 중요한가?"라고 물으면 바로 "이런 이유에서 그렇다"고 쉽게 답할 수 없다. '명성'은 눈에 보이지 않는 무형의 가치이기 때문이다.

　　사람들은 일반적으로 눈에 보이는 유형의 가치는 소중히 생각하고 지키려고 노력하지만 눈에 보이지 않는 무형의 가치에는 크게 신경 쓰지 않는 경향이 있다. 그러나 눈에 보이는 가치보다 더 소중한 것이 무형의 가치 또는 자산이다. 개인, 조직, 국가 모두에게 때로는 유형의 자산보다 훨씬 중요한 것이 바로 '명성'이라는 무형의 가치다. 돈, 주식, 부동산 등 유형의 자산은 단기간에 벌어들일 여지가 있지만, 명성이라는 무형의 자산은 오랜 시간 착실하게 쌓지 않으면 이룰 수 없다.

명성은 내가 소유하는 것이 아닌 타인에 의해 설정되는 가치다. 즉, 세상이 나를 바라보고, 느끼고, 평가하는 척도다. 따라서 내가 그 척도를 '이렇게 설정해라, 저렇게 설정해라' 할 수 없다. '명성'은 '내가 아닌 다른 누군가가 나를 지켜보고, 생각하고, 나에 대한 의견이나 생각을 표시하는 것들의 총합'이라고 할 수 있다.

우리는 흔히 어떤 개인에 대해 '이 사람은 이렇다, 저렇다' 긍정 또는 부정의 의미로 말한다. 그리고 어떤 조직, 특히 기업에 관해 이야기할 때는 기업 이미지와 브랜드에 대한 긍정 또는 부정의 의견을 타인에게 전달한다. 특정 국가를 지칭해 이야기할 때도 긍정 또는 부정의 의견을 이야기한다. 이것의 공통점은 무엇일까? 바로 '평가'를 한다는 것이다. 사람은 무의식중에 늘 누군가 또는 무언가를 비교하고 평가한다.

일본 제품 불매운동을 예로 들면 왜 불매운동이라는 극약처방을 했을까? 그건 바로 일본이라는 나라로 인해 우리 역사가 불행했기 때문이다. 우리가 힘이 없어 일본에 나라를 유린당한 치욕스러운 역사의 상처가 아직 완전히 치유되지 않은 것이 일본이라는 나라에 부정적 인식으로 작용한 것이다. 일본에 대한 부정적 인식은 획기적인 치유책이 마련되지 않는 한 앞으로도 우리 뇌리에 남아 있을 것이다.

개인은 어떤가? 신문에 훈훈한 미담이 실렸다. 한 아이를 둔 엄마가 둘째 아이를 임신하고 있을 때 갑자기 친정에서 오라는 연락을 받았다. 큰아이를 데리고 무거운 몸으로 열차를 타고 지방에 있는 친정집까지 가야 하는데 좌석이 없어 입석을 산 뒤 역으로 향했다.

그리고 열차는 탔지만 이 엄마는 짧지 않은 시간을 서서 가야 하는 힘든 상황이었다. 그때 마침 휴가를 마치고 귀대하던 한 군인이 주저하지 않고 자기 자리를 아이 엄마에게 양보했다. 목적지에 도착한 그 군인은 짐까지 들어주며 엄마와 아이의 안전을 챙겼다.

이 엄마는 감사함에 그 군인에게 연락처를 물었지만, 그는 "당연히 해야 할 일을 했을 뿐"이라며 발걸음을 옮겼다. 이 엄마는 감사함을 잊지 않고 4년 동안 그 군인을 수소문했고, 마침내 SNS를 통해 연락이 닿았다. 감사함을 전하며 식사를 대접하고 싶다고 했지만 그는 "마음만 감사히 받겠다"며 사양했다.

이 사연에서 무엇이 느껴지는가? 그 군인에 대한 긍정적 이미지, 즉 평판이다. 자리를 양보한 것이 뭐 그리 대단한 배려냐고 할 수도 있고, 누구나 할 수 있는 선행이라고 할 수도 있다. 그러나 장거리 여행에서는 쉽지 않은 행동이다. 더구나 점점 각박해지는 세상에서 이러한 긍정적 평판은 많은 사람에게 훈훈한 감동을 선사하며 '나도 나중에 저렇게 해야지'라는 선한 영향까지 주었다.

기업의 경우는 어떤가? 2015년 8월 4일 경기도 파주 비무장지대에서 북한의 목함 지뢰 폭발로 다리를 심하게 다친 하 하사와 김 하사에게 LG그룹이 각각 5억 원씩 위로금을 전달했다. LG그룹은 투철한 사명감으로 자신의 안위를 돌보지 않고 동료를 먼저 구출하다 부상당한 그들의 동료애를 기리기 위해 위로금을 전달하게 되었다고 했다.

여기서 우리는 또 무엇을 느끼게 되는가? 기업은 매년 기업 이미지 제고, 즉 명성 관리를 위해 엄청난 비용과 노력을 들인다. 그러나 투입된 비용만큼 실질적이고 가시적인 결과를 만들기는 쉽지 않다. 명성은 무형의 가치이기 때문이다. 그러나 이런 전 국민적 관심이 집중된 사고에 위로금을 전달한 행위는 그 효과가 엄청나게 빠르고 크게 나타난다. 이러한 선행은 시간이 지남에 따라 기업에 돈으로 환산할 수 없는 명성을 쌓게 한다.

그럼 무형의 가치인 명성을 눈에 보이는 형태로 만들고 관리하는 방법이 있을까? 영국의 대문호 윌리엄 셰익스피어는 명성을 "인생이 주는 가장 깨끗한 보물"이라고 표현했다. 그가 살았던 시대로 돌아가 생각해보면, 남자들이 명성을 얻기 위해 결투를 벌이기도 하고, 그로써 목숨을 잃기도 했으니 명성이 목숨보다 소중한 것임은 틀림없을 것이다. 명성이 목숨보다 소중할 수 있는데 그럼에도 우리는 종종 이 중요성을 잊은 채 살아가다 낭패를 보기도 한다.

개인, 조직, 국가 모두 공통적으로 명성 때문에 큰 성공을 거머쥐기도 하고, 반대로 실패하고 세상에서 잊히기도 한다. 워런 버핏은 이런 말을 했다. "잘못된 결정으로 회사에 금전적 손해를 입힌 것은 용서할 수 있지만, 회사 명성을 손상시킨 행동은 용서하지 않을 것이다." 그만큼 명성에는 돈과는 비교할 수 없는 힘이 있다는 말이다. 시대가 변하며 무형의 자산 또는 가치로만 알았던 명성을 눈에 보이는 지수로 계량하려는 움직임이 일어났다. 『명성경영전략』을 쓴 존 도얼리와 헬리오 프레드 가르시아는 명성을 다음과 같이 정의하고 계량화했다.

명성(R) = 이미지 총합 = (성과(P) + 행위(B)) + 커뮤니케이션(C)
R = Reputation, P = Performance, B = Behavior, C = Communication

이 명성 공식에서 명성은 한 개인, 조직, 국가가 타인으로부터 얻은 이미지의 총합이며, 각 주체가 보이는 성과, 행위, 커뮤니케이션이 종합적으로 결합된 것을 의미한다. 이 공식은 명성이 누적된다는 것도 포함하고 있다. 따라서 앞에서 본 명성의 정의에서 시간 개념, 즉 과거부터 일어난 성과, 행동, 커뮤니케이션이 쌓여 명성으로 자리하게 된다는 것을 의미한다. 여기에 정체성이라는 요소가 기저에 깔려 명성을 더욱 공고히 한다.

운동선수, 연예인, 정치인, 기업인 등 대중에게 잘 알려진 인물들의 행동과 말이 그들의 기존 이미지, 즉 명성에 직격탄으로 돌아오는 일이 허다하다. 여기에는 그들의 행동과 커뮤니케이션의 오류 또는 공감능력의 결여가 이유로 거론된다. 이와 더불어 자신의 정체성이 기저에서 무의식적으로 발현되어 이런 어처구니없는 행동과 말로 이어지는 것이라 할 수 있다.

앞에서 언급한 명성 공식에서 보면, 사회적으로 알려진 유명인이 나쁜 행위를 했을 때 그 영향력은 더욱 커지며, 이후 기자회견이건 게시판 사과글이건 어떤 종류의 소통 수단을 통해 대중을 설득하고 사죄해도 한번 망친 명성을 회복하기는 불가능하거나 상당히 어렵다. 따라서 명성을 획득·유지·관리하려면 커뮤니케이션뿐 아니라 긍정적인 성과와 행위를 지속적으로 차곡차곡 쌓는 노력이 필요하다.

위기 발생
원인과 유형

위기라고 하면 화재, 지진, 테러, 폭발, 전염병, 가뭄, 홍수, 루머 등 수없이 많은 형태의 위기 상황을 떠올릴 것이다. 그렇다면 이러한 위기는 발생과 대응에 같은 노력과 시간이 필요할까? 물론 아니다. 위기 상황은 형태에 따라 대응 시간과 방법에 차이가 있다. 먼저 위기의 발생 원인과 유형을 알아보고 분류 기준을 숙지해야 올바른 대응 전략을 세울 수 있다. 위기는 상황에 따라 여러 가지로 나눌 수 있다.

먼저, 물리적 격렬성을 기준으로 위기 상황을 분류할 수 있다. 이는 상황에 대한 위기감의 체감 정도를 기준으로 한다. 위기 상황이 물리적으로 격렬하면 할수록 그것을 마주한 사람의 위기감은 증가한다. 예를 들어 일본이나 미국 서부에서 일어나는 지진은 그 지역 사람들에게는 엄청난 공포로 다가오지만 지리적으로 떨어져 있는 우리나라는 언론보도로 지진 소식을 접하다보니 그 지역 주민보다는 위기감이 덜하다. 그러나 지진 안전지대로 알고 있던 우리나라에서 지진이 일어났을 때 위기감은 즉시 현실적 위협과 공포로 바뀐다.

산불은 어느 나라, 어느 지역에서나 일어날 수 있다. 호주에서 산불로 엄청난 피해가 발생하고 천연보호종인 코알라가 멸종 위기에 처했다는 뉴스를 보면 우리는 즉시 국내 산불 피해사례를 떠올리며 공포와 위기감을 공감한다. 이러한 자연적 위기의 유형과 더불어 테러, 비행기 추락사고 등도 그 격렬성은 상당히 심각한 위기감을 동반한다. 미국에서 일어난 9·11테러는 미국은 물론 전 세계를 경악과 공포로 몰아넣었다.

다음으로, 위기 상황이 발생한 원인이 무엇인지에 따라 분류할 수 있다. 즉, 위기 발생의 고의성 여부와 자연적 원인에 따라 분류할 수 있다. 위기 상황이 자연적 원인인지, 고의인지 아닌지에 따라 대응 방법에 많은 차이를 보인다. 예를 들어 산불로 재산과 많은 인명 피해가 발생했는데, 그 원인이 자연현상인 번개에 의한 경우와 누군가의 부주의로 인한 경우가 있다.

이러한 유형 분류를 좀더 세부적이고 이해하기 쉽게 하기 위해 학자들은 위의 두 분류 방법을 혼합하기도 한다. 즉, 물리적 격렬성과 발생 원인을 교차 비교하는 방식이다. 자연적으로 발생한 위기 상황을 격렬성을 기준으로 해서 비교해보자. 지진과 산불은 자연발생적인 경우가 많고 그 격렬성도 상당히 높다. 그러나 전염병, 가뭄, 홍수 등은 자연발생적이지만 그 격렬성은 지진이나 산불보다는 상대적으로 조금 덜하다. 지진과 산불은 모든 것을 순식간에 앗아간다. 그러나 전염병, 가뭄, 홍수 등은 자연발생적이지만 점진적이다.

코로나 팬데믹 상황은 분명 전 지구적 대재앙이다. 그러나 한순간에 모든 것을 앗아가지 않고 시차를 두고 확산되며, 방역을 철저히 한다면 얼마든지 해결할 수 있다. 홍수나 가뭄도 미리 준비하면 어느 정도는 대비할 수 있다. 하지만 지진이나 산불은 단시간에 모든 것이 폐허가 되는 격렬한 상황을 만들어낸다.

고의성과 격렬성을 비교해보자. 테러나 특정 제품에 독극물을 투입하는 것 등은 분명히 고의적이며 그 격렬성도 상당히 높다. 9·11테러 당시 상황을 떠올려보면, 고의적이고 악의적인 계획을 바탕으로 비행기를 납치해 민간인을 무차별적으로 살해하는 비인도적이고 비이성적인 행위였다. 이런 위기 상황은 그 격렬성으로 인한 위기감이 상상을 초월하며, 아주 오랫동안 트라우마에 시달리게 한다. 고의적이지만 격렬성이 상대적으로 낮은 위기 상황도 있다. 예를 들면, 누군가 일부러 악의적 루머를 사회에 확산하는 행위, 무작위의 불특정 다수를 대상으로 하는 유해행위가 그것이다.

커뮤니케이션 기술이 발달하면 사회 구성원들이 훨씬 편리하고 윤택한 생활을 영위할 가능성이 커진다. 그러나 반대로 기술이 발달하면 그만큼 다양한 정보가 노출될 우려가 커지고, 누군가에게 해를 입힐 무분별한 루머가 확산될 가능성 또한 높아진다. 비고의적 위기 상황은 어떤가? 격렬성과 비고의적 행위를 연결해 생각해 보면 폭발, 화재, 원유유출, 주가폭락 등도 자주 목격할 수 있는 위기 상황 유형이다. 이런 상황은 고의적인 경우도 있지만, 외부적 요인에 따른 것이라고 가정하면 폭발, 화재, 원유유출 등은 비고의적이면서 격렬한 결과로 이어지는 경우가 많다. 왜냐하면 눈에 바로 보이는 심각한 결과로 이어지기 때문이다. 그에 반해 주식폭락 같은 위기 상황은 고의성이 적고 격렬성이 낮은 위기 상황으로 분류할 수 있다.

위의 두 가지 분류 방법은 위기 상황의 유형을 분류하는 데 유용하지만 너무 포괄적이어서 이해하는 데 혼동이 생길 수 있다. 따라서 위기 상황을 더 이해하기 쉽게 분류하는 방법으로 사용되는 것이 위기에 처한 대상 주체 입장에서 느끼는 위급함의 정도와 대응하는 시간 여유를 기준으로 하는 것이다. 이 기준에 따르면 물리적 격렬성, 발생 원인 그리고 위급함과 대처에 필요한 시간 여유를 종합해서 한눈에 살펴볼 수 있다. 여기에는 크게 네 가지 분류 방법이 있다.

첫째, 폭발적 위기 상황이다. 이 유형은 격렬성 정도가 매우 높고 대처할 시간 여유가 없으며 위험도는 매우 높은 위기 상황이다. 지진, 화재, 비행기 추락, 핵발전소 방사성 물질 누출 등과 같이 위기 상황 중 가장 위험하고 두려운 상황으로, 누구나 위기라고 느끼는 유형이다. 이 유형의 위기는 대처할 시간 여유가 없다는 것이 특징이며, 위기 발생 이후 위기관리 프로그램이 가장 절실하게 필요하다. 그리고 언론을 통해 가장 중요한 이슈로 전달되므로 이 상황에 연관된 개인, 조직, 국가의 이미지와 직결된다. 즉, 언론과 일반 대중에게 인지된 이미지에 의해 사태의 해결과 악화가 바로 영향을 받는다는 특징이 있다.

1986년 소비에트연방 우크라이나의 체르노빌 원자력발전소에서 폭발이 일어나 방사능이 유출되는 사고가 발생했다. 이 사고로 우크라이나, 벨라루스, 러시아 등에 심각한 방사능 오염을 초래했다. 그러나 소련 정부의 대응 지연으로 피해 범위가 넓어지며 최악의 원자력 사고로 기록되었다.

일본 후쿠시마 제1원자력발전소 사고는 어땠나? 2011년 3월 11일 도호쿠 지방 태평양 해역에서 발생한 진도 규모 9.0의 강력한 지진과 해일로 도쿄전력이 운영하는 후쿠시마 제1원자력발전소의 원자로 1~4호기에서 방사성 물질이 누출되는 사고가 발생했다. 이 사고로 공기와 토양, 지하수가 방사성 물질로 오염되었고, 태평양으로 누출된 지하수가 바다를 오염시켰다.

이 사고는 일본뿐 아니라 환태평양 지역 모든 국가의 문제로 확대되었다. 그러나 일본 정부와 도쿄전력은 문제 해결에 소극적인 태도를 보이고 정보 은폐 시도까지 해서 일본 국민과 주변국들의 불신을 초래했다. 방사성 물질에 대한 불안감은 각국의 일본산 농수산물 수입 금지 조치로 이어지며 일본이라는 국가 브랜드의 명성이 실추되었다.

또 다른 예를 살펴보자. 2010년 4월 20일 미국 루이지애나주 멕시코만에서 영국 최대 기업이며 세계 2위 석유회사인 BP(British Petroleum)의 시추선 딥워터 호라이즌이 폭발해 11명이 사망하고 17명이 중상을 입는 인명 피해가 발생했다. 시추선은 사고 36시간 만인 4월 22일 침몰했고, 시추선과 유정을 연결한 1.5킬로미터 길이의 시추 파이프가 옆으로 쓰러지며 부러졌다. 여기서 끝이 아니었다. 이렇게 부러진 시추 파이프를 타고 사건 발생 후 87일 동안 원유 약 410만 배럴이 바다로 유출되었다. 이 사고로 멕시코만 주변 루이지애나주, 플로리다주, 앨라배마주, 미시시피주를 비롯한 5개 주의 해양 생태계는 물론 어업과 관광산업 등이 초토화되었다.

BP는 환경 복구 비용으로 140억 달러(한화 약 17조 원), 배상금으로 187억 달러(한화 약 22조 원) 등 최소 400억 달러(한화 약 48조 원)를 지출했으며, 이 비용은 계속 늘어났다. BP는 사실 이 사고에서 초기대응에 실패했다. 물론 사고 초기에 즉각 공식적 사과 메시지를 발표하고 사고 관리팀을 현장에 급파해 피해 복구를 위한 노력을 기울이는 행동을 보여주었다. 그리고 사고 이후 긴 시간 복구를 위해 노력하고 피해 보상 협상단을 꾸려 대응했지만, 복구에 미온적이며 피해 보상에서도 회사 시각에서 접근한다는 불만이 제기되면서 회사 명성은 급락했고 비용도 더 늘어났다.

둘째, 즉각적 위기 상황이다. 이 유형은 격렬성 정도가 매우 높고 위험도도 높지만, 대처할 시간 여유가 약간 있는 위기 상황이다. 고발성 내용의 언론 보도, 청문회, 환경문제, 기업문제 관련 인터뷰 등이 여기에 해당한다.

독일의 자동차 제조사 폭스바겐의 배기가스 조작은 폭스바겐이 그동안 이룬 명성을 한번에 추락시키기에 충분했다. 2015년 9월 미국 환경보호청은 폭스바겐이 미국에서 판매하는 디젤 차량에 금지된 조작 소프트웨어를 장착해 배기가스 배출을 조작했다고 고발했다. 이 소프트웨어가 배기가스 검사 기계 위에서는 산화질소 배출량을 줄여주고, 실제 도로에서는 배출 증가를 허용해 차량의 성능을 개선하는 역할을 했다는 것이다. 그리고 그 차이가 무려 최고 40배까지 난다는 보도에 모두 속았다는 생각을 했을 것이다.

폭스바겐은 자사에서 생산한 폭스바겐 1,100만 대와 아우디 2.0리터 디젤 차량에 이 소프트웨어가 설치되었음을 시인했고, 자동차업계 거물인 최고책임자는 사과와 함께 자리에서 물러났다. 그리고 미국 등 여러 나라에서 폭스바겐에 대한 조사가 이루어졌다. 클린 디젤을 가장 앞장서 외치던 기업의 이중성에 소비자의 신뢰도는 추락했고 소송이 이어졌다.

셋째, 잠재적 위기 상황이다. 이 유형은 격렬성 정도는 중간 수준이며 위험도도 상대적으로 높지 않고 위기 상황에 대한 사전 조사와 대처할 시간 여유가 존재한다. 앞선 두 유형과 비교해 느껴지는 위기감은 덜하고 대응과 사전 조사에 필요한 시간 여유는 있지만 언제, 어떻게 돌출할지 예측하기 어려운 유형이다. 따라서 문제의 심각성이 커지기 전에는 인적·물적 자원 투입 여부를 결정하기가 어렵다. 노동쟁의, 파업, 소송 등과 같은 위기 상황이 여기에 해당한다.

세계 최대 소셜미디어 기업 페이스북이 미국의 반독점법(Antitrust Law) 위반 혐의로 정치권과 업계로부터 공격받고 있다. 반독점법은 특정 기업이 시장을 독점하는 것을 규제하는 법률이다. 1982년 당시 통신 시장에서 독점적 지위를 누리던 세계 최대 통신사 AT&T는 이 법에 따라 8개사로 분리되었다. 마이크로소프트도 반독점법으로 회사가 분리될 위기에 처했지만 1997년부터 2001년까지 이어진 소송에서 구사일생으로 살아났다. 최근에는 거대 통신사 AT&T와 거대 미디어기업 타임워너의 합병에 대통령까지 나서서 논란이 일기도 했다. 결국 소송에서 두 회사 합병이 승인되었지만 그 과정에서 기업은 엄청난 물적·정신적 손해를 감수해야 했다. 이런 종류의 소송은 기업의 명성과 이미지에도 심대한 타격을 주어 기업을 어려운 상황으로 밀어 넣는다.

마지막으로 만성적 긴급 상황이 있다. 이는 외부로 표출되기까지 오랜 시간이 걸리며 문제의 복잡성이 쉽게 사라지지 않는 유형이다. 악성 루머, 언론의 가십성 보도, 조직 구성원의 불법행위 등이 이런 유형에 속한다. 예를 들면, 2018년 9월에 있었던 남양유업 분유 이물질 사건이 이런 유형이다. 인터넷에 "임페리얼 XO를 개봉하자 정체를 알 수 없는 이물질이 발견되어 고객센터에 항의했고, 회사 측

검사 결과 털이 묻은 코딱지로 판명되었으나 제조과정에서 유입된 것은 아니라는 답변을 받았다"라는 글이 올라왔다. 이는 곧 맘카페와 SNS를 통해 퍼져나갔고, 회사 명성과 제품 브랜드의 이미지는 추락했다.

회사 측은 공정 과정이 자동화되어 이물질 혼입이 불가능하므로 이것이 비합리적인 주장이라고 설명하고, 공신력 있는 기관의 검사를 통해 사실을 증명하겠다는 공식 의견을 밝혔다. 그러나 일부 소비자들 사이에 이물질 혼입을 사실로 받아들이는 분위기가 조성되기도 했다. 결국 남양유업은 외부 전문기관의 검사를 통해 이물질 혼입이 사실이 아님을 밝혔다. 그러나 소비자들 기억에는 이런 잘못된 정보가 그대로 남아 소비행위에 영향을 주기도 한다.

다른 예로, 2006년 진로가 일본 기업이라는 루머가 돌았다. 2008년에는 그해 새로 출시한 소주 'J'가 '재팬(Japan)'의 머리글자라는 소문이 돌았다. 2009년에는 새롭게 재포장한 '참이슬 오리지널'의 빨간 포장이 일장기의 그 빨간색에서 왔다는 소문이 인터넷을 타고 빠르게 퍼져나갔다. 이에 진로는 자사에 대한 악성 루머는 사실이 아님을 알리는 메시지를 게재하며 진화에 나섰다.

루머는 사람들의 뇌리에 오래 그리고 무의식에 깊이 자리해 영향을 미치는 끈질긴 것이다. 그리고 우리가 즐기는 식품이나 음료와 연관된 기업의 명성과 브랜드 이미지는 더 오래 지속되는 경향이 있다. 따라서 이런 루머가 생성되고 확산되는 상황에는 더욱 신중한 대응이 필요하다.

메시지 전략 선택을 위한
책임성 파악 기준

다양한 위기 대처 메시지는 조직의 책임성 여부와 수준에 따라 효용성 측면에서 많은 차이를 보인다. 일반적으로 위기 유형을 조직의 책임성 정도에 따라 분류하면 루머, 자연재해, 테러, 사고, 그리고 범죄로 나누어 볼 수 있다.

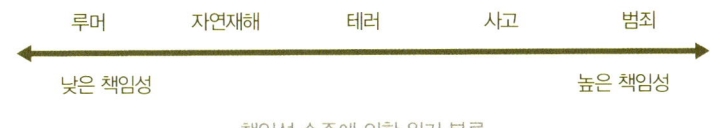

책임성 수준에 의한 위기 분류

참조: 이현우(2001), "위기 캠페인", 『PR 캠페인』, 박기순 외(2001).

범죄행위는 개인, 조직, 국가 등 주체에게 가장 높은 책임성을 요구한다. 범죄에는 각 주체와 그 구성원의 의도성이 내포되어 있고, 범죄행위를 사전에 차단해야 하는 책임이 그들에게 있다고 여겨지기 때문이다. 따라서 범죄행위로 발생한 위기로 피해를 본 희생자에게 용서를 비는 참회 메시지와 보상을 제공하는 치유 메시지를 포함하는 '굴욕 감수 전략'을 사용하는 것이 중요하다.

사고는 예방할 수 있었지만 세심한 노력이 부족해 발생한 것이라는 인식이 일반적이다. 사고는 의도적인 것이 아니라 할지라도 무거운 책임을 피할 수 없다. 사고로 위기가 발생했을 때는 변명, 정당화, 환심 사기 그리고 굴욕 감수 전략이 복합적으로 사용된다. 그 상황과 의도성에 따라 전략 선택의 폭도 넓어진다. 비의도적으로 발생한 사고는 '변명 전략'이 때론 적절할 수 있다. 그러나 개인, 조직, 국가라는 주체가 과거에도 같은 유형의 사고를 유발한 이력이 있다면 대중은 책임이 그 주체에게 있다고 인식할 가능성이 훨씬 크다. 이때는 변명 전략이 큰 효력을 발휘하기 어렵고 메시지 전략 선택의 폭이 좁아질 수 있다. 따라서 굴욕 감수 전략을 선택하는 것이 더 적절하다.

테러는 개인, 조직, 국가의 통제성이 취약하다. 각 주체에 대해 특정한 목적을 가지고 행해지는 테러는 사전에 차단하기가 어렵다. 따라서 테러로 발생한 위기는 사고와 다른 차원에서 접근해야 한다는 인식이 일반적이다. 테러로 인한 위기는 개인, 조직, 국가라는 주체의 연관성과 책임성이 약하므로 각 주체는 변명 전략을 구사하는 것이 가장 효과적이다. 그러나 테러로 피해자와 희생자가 발생하므로 도의적 차원에서 '치유 전략'을 병행해야 각 주체의 명성과 신뢰를 유지할 수 있다. 또 사람들은 같은 유형의 테러가 다시 발생하지 않도록 요구하므로 '개정 전략'을 병행하는 것이 효과적이다.

자연재해도 테러와 마찬가지로 각 주체가 사전에 방지할 방법이 거의 없다. 즉, 불가항력적 천재지변을 예방하는 것은 사실 불가능하다. 따라서 자연재해로 발생한 위기 상황에서는 방지할 방법이 전혀 없음을 강조하며 변명 전략을 구사하는 것이 일반적이다.

루머는 사실이 아닐 경우와 사실일 경우라는 두 측면을 가지고 있다. 그리고 위기 상황을 촉발하는 루머 진원지의 명확성에 따라 메시지 전략의 변화가 요구된다. 루머의 진원지가 명확할 경우 상대에 대한 공격적 전략이 필요하며, 진원지가 명확지 않을 때는 '해명 전략'이 효과적이다. 만일 루머 내용이 사실이라면 처음부터 각 주체가 이를 인지했을 가능성이 크므로 빨리 시인하고 사죄하는 메시지 전략을 택하는 것이 더 큰 위기를 막는 방법이다.

메시지 전략의 구체적 내용과 적용 사례 등은 다음 장에서 자세히 논의하겠다.

… 2

왜 위기 커뮤니케이션이 필요한가

위기 상황에서 메시지 대응 전략 유형

개인, 조직, 국가 등의 각 주체가 위기 상황에 직면해 수행하는 위기 커뮤니케이션의 목표는 위기 상황이 자신에게 미치는 부정적 결과로부터 자기 이미지와 명성을 보호하는 것이다. 어떤 주체이건 명성을 이룩하려면 오랜 시간이 필요하지만, 그렇게 쌓아올린 명성과 긍정적 이미지를 잃는 데는 5분도 걸리지 않는다. 예전 국내의 한 가전제품 회사 광고 메시지 중 "순간의 선택이 10년을 좌우한다"는 문구가 있다. 이 문구는 제품을 현명하게 선택하는 것이 좋다는 의미를 담았지만, 이를 위기 상황에 부닥친 각 주체에 적용해 설명할 수도 있다.

위기의 순간에 선택한 전략적 메시지가 그동안 쌓아온 명성을 순식간에 망칠 수도 있고, 반대로 더 강력한 명성을 구축할 수 있도록 돕기도 한다. 개인, 조직, 국가가 위기 상황에 직면해 어떤 전략을 가지고 대처하느냐에 따라 오랫동안 심혈을 기울여 쌓아온 명성을 완전히 잃고 사람들 뇌리에서 사라질 수도 있고, 반대로 또 다른 도약으로 자신을 반석 위에 올려놓을 수도 있다. 고 정주영 현대그룹 회장은 "다른 사람이 위기라고 느끼는 순간이 바로 나에게는 기회였다"라고 회고했다. 그가 조직이 처한 위기를 기회로 전환하는 노하우를 알고 있었다는 의미로 해석할 수 있다. 그렇다면 개인, 조직, 국가 등의 주체가 위기에 직면했을 때 대중에게 어떤 메시지를 어떻게 전달하는 것이 가장 효과적인지 그 전략들을 함께 알아보자.

위기 상황에서의 메시지 전략은 연구하는 전문가마다 내용에 약간 차이가 있지만 기본적으로는 위기에 직면한 주체는 가장 먼저 그 대상에 따라 메시지 전략을 달리해야 한다는 것이다. 따라서 특정 위기 상황이 어떤 영향력을 몰고 올지를 먼저 파악해야 한다. 이 과정에서 그 대상의 필요를 충족할 수 있는 차별화된 메시지 전략을 선택하는 것이 중요하다. 또 대상의 우선순위를 정해 가장 중요한 대상에 먼저 집중하는 전략을 펼쳐야 효과를 극대화할 수 있다.

일반적으로 위기 상황에서 각 주체가 선택할 수 있는 메시지 전략의 유형은 크게 네 가지로 나누어 볼 수 있다. 이 유형 분류방식은 기본적인 척도의 양극단을 수용(accommodation)과 방어(defensive)라는 목적을 기준으로 설정한다. 그리고 양극단의 목적을 기준으로 그 사이에서 가장 적절한 전략이 무엇인지 선택하도록 한다.

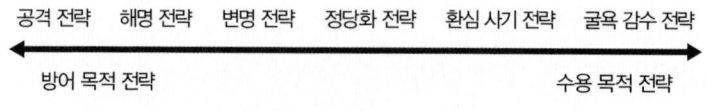

위기 커뮤니케이션 메시지 유형

참조: 이현우(2001), "위기 캠페인", 『PR 캠페인』, 박기순 외(2001).

위기를 부인하라(The Nonexistence Strategies)

위기를 부인하는 전략은 위기의 존재 자체를 부인하고 위기를 주장하는 상대에게 적극적·공격적으로 반박하거나 해명을 통해 대응하는 전략이다. 위기 주장의 진원지가 불명확하거나 단순 루머일 때 강력하게 부인하거나 왜 아닌지 해명을 전개하는 것이다. 또 위기의 존재를 주장하는 대상에게 공격적으로 맞대응(상대 비난 또는 법적 대응)하는 전략이다.

그런데 이 전략을 사용하려면 상당히 조심해야 한다. 그 위기와 완벽하게 관련이 없다면 그리고 증거를 어디에서도 찾을 수 없다면 사용해도 무방하다. 그러나 그 위기와 어떤 식으로든 관련되어 있다면 절대 사용하지 말아야 한다. 잠시 위기를 모면하기 위해 또는 사람들이 모를 거라는 자기 위주 판단에 따라 섣불리 사용했다가는 나중에 사실이 드러났을 때 감당할 방법이 없으며 더 큰 위기 상황을 맞이할 수 있다.

정치인이나 유명인이 이 전략을 자주 사용한다. 언론과 방송에서 정치인이나 유명인의 비리 스캔들을 보도하면 당사자는 으레 "사실무근이다" "터무니없는 음해다"라고 발표한다. 자신과 아무 상관이 없는 사건이며, 누군가 나쁜 의도를 가지고 루머를 퍼뜨렸다고 주장한다. 그러면서 "강력하게 법적으로 대응하겠다" "음해에 대한 대가를 치르게 하겠다"는 말을 빼놓지 않는다. 이 경우 위기 상황과 정말 관계가 없다는 것이 확인되면 이후 문제는 발생하지 않는다. 그런데 위기 상황과 연관된 사실이 밝혀지면 사회에서 완전히 퇴출되는 극한 지경에 이르는 경우를 우리는 자주 목격했다.

거리를 두고 대응하라(The Distance Strategies)

개인, 조직, 국가 등의 주체가 위기 발생과 연관되어 있다는 것을 인정하지만 위기와의 인과적 관련성을 최대한 약화하려 노력한다. 위기로 인한 이미지 손실과 책임을 최소화하려는 의도가 있기 때문이다. 이때 주로 사용하는 것은 변명 전략 또는 합리화 전략이다. 변명 전략은 특정한 위기 상황이 내 통제권 밖의 외부 상황으로 발생하였을 때 적절히 사용할 수 있다. 합리화 전략은 발생한 위기 상황이 사람들이 인식하는 것만큼 그렇게 심각하지 않다는 주장을 펼치는 것을 말한다. 이로써 조직의 이미지 훼손을 최소화하는 메시지를 전달하는 전략이다. 이 전략은 위기 발생에 직접 개입된 주체가 사용하면 심각한 후폭풍을 감수해야 하므로 신중하게 고려해야 한다. 그러나 종종 이런 후유증을 생각지 않고 실행하는 일이 일어난다.

2부에서 다룰 2018년 독일 BMW 520d 차량 화재 사고의 경우 BMW사는 국내 소비자에게 사고의 원인과 책임을 전가하는 무책임한 태도로 일관했다. 특정 모델은 국내에서만 화재가 자주 일어났는데도 원인 규명을 소극적으로 진행하면서 "모른다"는 말만 했다. 서비스센터에서 긴급안전 진단을 받은 차량에서도 화재가 일어났을 뿐 아니라 독일 본사와 한국 지사 간의 커뮤니케이션도 일관성 없이 진행되면서 불신을 더 키웠다. BMW 측의 이런 메시지 전략은 사태를 더욱 악화시켰고 명성을 추락시키기에 충분했다. 오히려 참회, 치유, 개정 전략 등을 택하는 것이 장기적 측면에서 명성을 지키고 신뢰를 높이는 방법이었을 것이다.

환심을 사라(The Ingratiation Strategies)

개인, 조직, 국가가 기존의 긍정적 이미지 또는 명성을 이용해 위기 상황이 초래하는 부정적 영향력을 상쇄하려는 전략이다. 사람들에게 이미지가 부정적인 개인, 조직, 국가는 이 전략을 구사하는 데 어려움이 있다. 여기에는 강화(bolstering)전략과 초월(transcendence)전략이 있다.

강화전략은 개인, 조직, 국가와 같은 주체가 과거에 달성한 긍정적 업적을 사람들에게 다시 한번 상기시킴으로써 위기 상황 인지에 영향을 주는 전략이다. 쿠팡 부천물류센터에서 코로나19 확진자가 발생한 뒤 순차적으로 감염자가 늘어났을 뿐 아니라 지역의 집단 감염으로 이어지는 상황에서 쿠팡은 이 메시지 전략을 구사했다.

초월전략은 개인, 조직, 국가 등의 주체가 처한 위기 상황을 구체적 차원에서 추상적 차원으로 변화시키는 것을 목적으로 한다. 사람들에게 현재 위기는 좀더 차원 높은 가치를 위한 필연적 현상이라고 강조하는 전략이다. 이 전략은 각 주체와 사람들이 공유 가치가 있다는 전제를 바탕으로 한다.

1999년 5월 11일 MBC 〈PD수첩〉은 이단 파문에 휩싸인 만민중앙성결교회 이재록 목사의 추문과 의혹을 주제로 방송을 준비했다. 그러나 방송 당일 밤 10시 30분부터 이 교회 신도들이 여의도 MBC 본사에 불법 난입해 주조정실을 점거하고 장비를 부수는 사건이 발생했다. 이 여파로 〈PD수첩〉은 방송을 시작한 지 8분 만에 중단되었다. 이 사건을 일으킨 일부 신도는 전파법 위반죄로 기소되어 징역형을 받았다. 이에 MBC는 자사가 직면한 위기를 국민의 알 권리와 연결해 방송사의 일보 도약을 위한 필연적 과정임을 강조하는 메시지를 공중에 전달했다. "저희 문화방송은 국민의 기본권인 알 권리와 언론 자유를 해치려는 어떤 도전에도 과감히 그리고 의연히 맞서 나가겠습니다. 또한, 저희 문화방송은 진정한 공영방송으로 시청자 여러분의 사랑에 보답하겠습니다."

굴욕을 감수하라(The Mortification Strategies)

개인, 조직, 국가 등의 주체가 직면한 위기 상황의 책임을 온전히 인정하고 사람들의 용서를 구하는 전략이다. 각 주체의 실수에 대한 사과와 용서를 구하는 참회(repentance), 위기 상황으로 인한 피해자들에 대한 보상 제공을 약속하는 치유(remediation), 그리고 재발 방지 시스템 구축을 약속하는 개정(rectification) 메시지 전략 등이 여기에 속한다.

2015년 메르스(중동호흡기증후군)가 대한민국을 강타했다. 초기에 쉽게 잡힐 것으로 예상했지만 대형병원을 중심으로 대규모 집단 감염으로 확산되었다. 삼성서울병원에서 집단 감염 사태가 일어나고 의료진이 사망하자 이재용 삼성전자 부회장 겸 삼성생명공익재단 이사장은 직접 대국민 사과 성명을 발표하고 깊이 고개 숙여 그 뜻을 전달했다.

명성 위험
관리 전략

세상에 존재하는 모든 것에는 언제나 위기와 기회가 공존한다. 마치 동전의 앞뒷면처럼 말이다. 우리는 매일 이런 경험을 한다. 그것은 개인으로든, 조직 구성원으로든, 국민으로든 우리가 모르고 지나가는 시간 속에도 늘 존재한다. 누군가에게 닥친 위기는 또 다른 누군가에게는 절호의 기회가 될 수도 있다. 시장에서 구매자가 찾는 제품을 생산하던 유망한 기업이 아주 사소한 루머에 제대로 대응하지 못해 회사 존폐의 갈림길에 처했다고 해보자. 이 기업과 경쟁하던 다른 기업들은 어떤 전략을 구상할까?

시장에서 영향력을 발휘하던 기업이 사라지면 그 반사 이익, 즉 시장 확대와 이익 증대가 이루어질 것이라는 판단에 따라 전략을 구상하고 진행할 것이다. 이것이 세상이 움직이는 기본 이치라고 한다면 너무 냉정하고 가혹한 것일까? 이런 상황과 개체 간의 관계는 개인, 조직, 국가 모두에 동일하게 적용된다고 할 수 있다.

'나의 발전이 곧 너의 발전'이라는 아름다운 구호는 나의 냉정함과 가혹함을 숨기고 나를 타인에게 좋은 이미지로 포장하기 위한 말일 뿐이다. 사회에서, 시장에서 경쟁하는 주체들 사이에 이런 아름다운 구호는 실재하지 않는다. 그래서 경쟁이라고 하는 것이다. 물론 서로 협업하는 사이라면 '우리 발전'을 위해 노력하는 것이 당연하지만 세상에 영원한 협업관계는 존재하지 않는다. 따라서 개인, 조직, 국가라는 각 주체는 특성, 형태, 구조, 크기, 관리의 특성과 관계없이 모두 늘 명성의 위험에 노출되어 있다. 그 위험은 크기나 정도에 상관없이 그 자체로 중요하게 작용한다. 명성은 개인, 조직, 국가에 무엇과도 바꿀 수 없는 가장 중요하고 큰 자산이라서 어떤 위험으로 명성이 손상을 입게 되면 치명적인 결과로 이어질 수 있기 때문이다.

명성과 그 가치를 강조한 워런 버핏의 유명한 말을 다시 떠올리면, "명성을 구축하는 데는 20년 이상 걸리지만 이를 망치는 데는 단 5분도 걸리지 않으며 회사에 금전적 손해를 입힌 구성원은 용서할 수 있지만 명성에 해를 입힌 구성원은 용서할 수 없다." 명성이 개인, 기업, 국가에 얼마나 중요한 가치 자산인지 강조한 말이다.

명성은 각 주체가 긴 시간 착실하게 행한 여러 행위가 차곡차곡 쌓여 이루어진다. 그런데 나와 관계된 개체들, 즉 나와 개인적 관계로 엮인 사람들, 기업의 소비자와 대중, 국가의 국민과 타국 정부와 국민 등의 개체로부터 신뢰를 잃게 만드는 것은 아주 사소한 루머 하나만으로 충분하다.

이동전화 단말기 시장에서 한 시대를 호령하며 세계 1위를 달리던 '노키아'라는 기업이 있다. 애플의 스티브 잡스가 2007년 북미시장에서 세계 최초로 아이폰이라는 이름을 단 '스마트폰'을 출시하기 전까지 이른바 '피처폰' 시대의 절대 강자는 노키아였다. 그러나 애플의 스마트폰이 시장에서 엄청난 속도로 확산되자 이동전화 시장의 판도는 물론이고 생태계 자체가 완전히 뒤바뀌는 대변혁이 일어나면서 노키아는 결국 파산했고, 소비자 기억에서 사라졌다. 그 이유가 무엇일까? 오랜 시간 유지하던 '세계 최고'라는 노키아의 명성이 새로운 기술의 물결이라는 상황에 대응하지 못한 결과 아예 잊힌 것이다.

스마트폰이라는 새로운 제품과 기술은 누군가에겐 엄청난 성공의 기회가 되었고, 누군가에겐 복구할 수 없는 패망의 위기가 되었다. 노키아가 사라진 시장에서 기술 변화의 위기를 기회로 전환한 삼성이 세계 1위의 스마트폰 강자로 자리매김한 것을 보면서 위기와 기회는 늘 공존한다는 진리를 실감한다.

조금 더 현실적이고 미시적인 관점에서 접근해보자. 당신이 소규모로 운영하던 레스토랑이 입소문을 타고 날로 발전해 규모를 확장해야 하는 아주 행복한 상황에 직면했다고 가정하자. 음식점 규모가 확장되고, 매출이 늘어나고, 수익이 증가한만큼 마음도 넉넉해져 내 수익증대에 이바지한 소비자들과 종업원들에 대한 마음 씀씀이를 풍요롭게 한다면 금상첨화의 추가 기회가 주어질 것이다. 그런데 마음속에 똬리를 틀고 있는 이기심이 발동해 종업원들 급여, 아르바이트생 시급을 가지고 장난친다면 이는 단순한 갑질이 아니라 사기가 된다. 이런 음식점이 실제로 언론에 보도된 적이 있다. 아르바이트생의 제보로 그동안 업주가 보여준 행태가 밝혀졌다. 이 음식점의 운명은 어떻게 되었을까? 유능한 직원을 영입하기도 어려워지고, 그동안 쌓았던 명성도 치명적 타격을 입으면서 급기야 매출 하락으로 이어져 결국 문을 닫아야 하는 상황에 이르게 되었다.

국제적으로 인지도가 높은 미국의 유나이티드항공은 다른 국제적 기업들과 마찬가지로 명성을 관리하기 위해 해마다 엄청난 자금을 투입했다. 그런데 2017년 기내에서 사건이 하나 발생했다. 유나이티드항공이 좌석의 초과예약(overbook)을 받았는데 해당 비행기에 탑승한 승객이 강제로 끌어내려지는 상황이 발생한 것이다. 분명 그 승객은 정당한 비용을 내고 자리를 구매했는데, 도리어 초과예약을 시행해 자리에 혼선을 일으킨 항공사가 승객을 끌어내는 황당한 사건이 일어난 것이다. 승객은 당연히 항의했고, 비행기 안에 있던 다른 승객이 이 상황을 스마트폰으로 촬영해 SNS에 올렸다.

이 영상은 빠른 속도로 확산되었다. 사람들은 항공사의 행위에 분노했으며 결국 항공사 보이콧으로 이어졌다. 유나이티드항공의 신뢰와 명성은 한순간의 상황 판단 실수로 추락했다. 보통 많은 항공사가 관행처럼 초과예약을 하지만 승객의 자리가 겹치는 상황이 되면 자리를 재배치하거나 사과와 배상으로 정리해 승객의 불만을 최소화한다. 그러나 유나이티드항공은 이런 일반적인 대응 대신 완력을 이용해 승객을 비행기에서 끌어내리는 극단적 행동을 한 것이다. 그 결과 많은 사람이 유나이티드항공 대신 다른 항공사를 이용하기로 하면서 회사는 명성에 심한 타격을 입었고, 엄청난 금전적 손해를 감수해야 했다.

다음에 우리가 함께 살펴볼 전략은 명성 위험을 관리하는 일반적 가이드라인으로 생각하면 좋을 것이다. 명성 위험을 예방하고 그에 대응하는 주요 단계를 논의한 다음 위기 상황에서 명성 관리를 어떻게 하는지 살펴보고, 명성 위험과 소셜미디어의 상관관계를 알아본다. 먼저 명성 위험을 예방하고 대응하는 몇 가지 단계를 살펴보겠다.

명성 위험 예방과 대응을 위한
단계별 접근

명성 위험을 자기 전략과 계획의 일부로 만들어라

개인, 조직, 국가는 모두 명성이 성공에 큰 영향을 미친다는 사실을 인식하는 것이 중요하다. 오랜 시간을 들여 쌓아온 명성은 앞으로 더 발전할 수 있는 가장 중요한 자산이기 때문이다. 명성은 곧 신뢰를 의미한다. 신뢰는 유기적 협업을 가능하게 하는 연결고리 역할을 하며, 이로써 더 발전적인 단계로 나아갈 수 있다. 따라서 개인, 조직, 국가는 내 약점, 즉 명성에 해를 줄 수 있는 요소를 미리 조사하고 그 내용을 구성원이 공유해야 한다. 또 명성을 손상시킬 수 있는 잠재적 요소를 시나리오로 구성해 의견을 공유하는 브레인스토밍을 지속적으로 해서 최상의 대응 계획을 만드는 것이 중요하다.

브레인스토밍으로 만들어진 명성 위험 시나리오는 상황이 발생했을 때 어떤 조처를 해야 가장 효과적으로 문제를 해결할 수 있는지 구체적으로 알려줘야 한다. 위험에 관련된 요소를 구분해 표시하고, 구성원이 숙지하도록 유도해야 한다. 음식점을 예로 들어보자.

요즘 골목상권을 살리는 프로젝트의 하나로 음식점에 대한 멘토링을 진행하는 텔레비전 프로그램이 있다. 멘토인 전문가가 해당 음식점의 전반적인 운영 효율화와 관련해 조언을 한다. 여기서 멘토가 강조하는 것 중 하나가 음식점의 청결 상태다. 음식점은 맛, 가격, 매장 분위기도 중요하지만 무엇보다 소비자 건강과 직결되는 청결한 위생 상태가 가장 중요하기 때문이다. 청결하지 않은 음식점에서 음식을 먹고 싶은 사람은 아무도 없다.

따라서 음식점을 운영하는 점주와 구성원은 그 음식점의 명성을 쌓고 지키기 위해 사전에 발생 가능한 위험 요소를 브레인스토밍을 통해 찾아내 대응 시나리오를 구성해야 한다. 음식점을 찾은 고객이 어떤 점 때문에 불만족스러워하는지 논의하고, 각 위험 요소에 대응할 매뉴얼을 만들어야 한다. 매장의 청결도, 주방의 청결도, 구성원의 친절도, 식재료의 신선도 등과 같은 리스트를 만들고 현재 상태에 대입해 점검해야 한다. 그런 후 문제가 무엇인지, 어떻게 최상의 상태를 유지할 수 있는지 결정하고 실행해야 한다.

외부에 그리고 고객에게 "이 음식점은 무엇무엇이 문제야. 그래서 안전하지 않은 또는 만족스럽지 않은 곳이야"라고 평가되지 않도록 자기 기준을 높여야 한다. 이미 외부에 안전하지 않거나 만족스럽지 않은 곳이라고 알려지고 난 다음에는 문제를 해결하기가 훨씬 어렵거나 불가능하다. 이런 상황은 개인, 조직, 국가 모두에 공통으로 적용된다.

제어 프로세스를 구성하라

명성 위험을 사전에 방어하려면 표준화된 매뉴얼, 정책적 가이드라인, 효과적 절차, 전략적 커뮤니케이션이 가능한 다양한 커뮤니케이션 기술의 활용 등 다각적 노력이 필요하다. 이러한 노력으로 언제 발생할지 모르는 명성 저해 요소와 사건 등의 발생 가능성과 심각성을 최소화할 수 있다.

제조업을 하는 기업이 있다. 이 기업이 명성을 쌓고 그것으로 소비자의 신뢰를 끌어내리려면 먼저 질이 좋은 제품과 서비스를 제공해야 한다. 이러한 기본 행위는 명성에 해를 주는 실수나 오류의 발생 가능성을 최대한 막을 수 있다. 그러나 조직 구성원 모두가 이런 기본적 행위에 대한 이해에 이르지 못해 제품 또는 서비스 제공에 문제가 생기면 그 기업의 명성은 아주 짧은 시간 안에 추락하게 된다.

미국의 한 유명 자동차 제조업체에서 자동차를 조립하는 라인의 근로자가 자신이 먹은 햄버거의 포장지와 기타 쓰레기를 조립하던 자동차 내부에 넣고 봉합하는 일이 있었다. 당연히 자동차의 겉은 아무 이상이 없었지만, 이 자동차를 구매한 소비자가 나중에 정기 점검을 받으려고 서비스센터에 갔다가 이러한 사실을 발견했다. 소비자는 자동차 제조사에 항의했고, 해당 회사의 명성은 순식간에 추락했다. 만약 그 제조사와 구성원이 표준화된 매뉴얼을 가지고 있고, 이것을 숙지해 작업에 임할 수 있는 정책적 가이드라인이 있었다면 이러한 무책임한 일은 일어나지 않았을 것이다.

사고나 사건이 이미 일어난 상황이라면 어떻게 해야 명성 손상을 최소화할 수 있을까? 사고나 사건이 일어난 배경을 파악하고 그것의 발생을 예방하기 위해 무엇을 했는지를 가능한 한 정확하게 설명해야 한다. 그리고 같은 사고나 사건의 재발 방지 대책이 무엇인지 구체적으로 설명해야 한다. 이때 메시지는 다양한 커뮤니케이션 채널을 이용해 일관되게 전달하는 것이 중요하다.

이런 일련의 제어 프로세스를 통해 명성 손상 정도를 완화할 수 있다. 그러나 무엇보다 내부 구성원의 신뢰와 협력을 확보하기 위한 공정한 관리 프로세스가 먼저 갖춰져야 한다. 그리고 외부에서 협력을 제공할 제삼자를 신중하게 선택하고 접촉해야 한다. 이렇게 해야 외부의 루머나 다른 형태의 스캔들을 피할 수 있다.

모든 행동이 대중 인식에 영향을 미칠 수 있음을 생각하라

각 주체인 개인, 조직, 국가는 명성 위험의 관리가 매우 중요하다는 것을 인식해야 한다. 개인은 명성 위험 상황이 발생하면 스스로 모든 것을 해결해야 하므로 관리가 상대적으로 간소화될 수 있다. 그러나 그 주체가 조직이나 국가라면 상황이 달라진다. 조직과 국가의 경우 최고 의사결정권자, 상부 책임자, 중간 관리자 그리고 말단 구성원까지 모두 명성 위험의 중요성을 제대로 인식할 필요가 있다. 특히 외부와 커뮤니케이션을 담당하는 중간 관리자는 외부의 핵심 이해관계자에게 긍정적 메시지를 지속적으로 전달하려고 노력해야 한다. 이런 행동은 외부의 주요 이해관계자뿐 아니라 대중이 조직과 국가에 대해 가지는 인식의 형성에 영향을 미칠 수 있다.

기업과 국가의 세부 조직 구성원이 명성 위험 상황에 적절히 행동하고 대응하게 하려면 정기적인 교육, 조직의 기본 정책 구성 그리고 합리적·효과적인 진행 절차 수립이 필수적이다. 조직이 명성 위험에 직면하면 외부의 공중을 설득하고 긍정적 의견이 형성되게 하는 데 조직 구성원의 역할이 중요하기 때문이다. 따라서 구성원이 위험 상황에서 책임감 있게 행동할 수 있도록 적절한 권한을 부여해야 한다.

나와 연관된 이해관계자의 기대가 무엇인지 생각하라

개인, 조직, 국가는 관계자인 개인, 소비자, 공중, 국민 등의 기대치가 무엇인지 늘 파악해야 한다. 기대치가 무엇인지 알면 그것을 충족할 방법을 찾아내 실행하기가 수월해진다. 관계자들에게 제공하는 약속은 기대치 한도 내에서 이뤄져야 한다. 만약 기대치를 너무 높인 뒤 나중에 그것에 부합할 수 없는 상황이 되면 불신이 증대되는 결과로 이어진다. 즉, 기대치에 부응할 수 없는 개인, 조직, 국가로 인식되는 순간 신뢰가 무너지고 역효과가 발생해 불신이 가중되어 명성에 타격을 입게 된다. 따라서 나와 관계된 상대의 기대치가 무엇인지 그리고 그것을 어떻게 충족할지 방법을 찾아 실행하는 것이 명성을 지키며 신뢰를 증진하는 가장 좋은 선택이 될 수 있다.

긍정적 이미지와 커뮤니케이션에 집중하라

어떤 상황에서도 긍정적 이미지를 유지하려면 끊임없는 긍정적 메시지 전달이 중요하다. 이런 노력이 쌓이면 상대인 개인, 소비자, 공중, 국민 등의 마음에 나에 대한 명성이 쌓여 나중에 혹시 명성 위험 상황이 닥치더라도 그 부정적 영향을 상쇄할 가능성이 남게 된다. 이런 노력을 하지 않다가 위험이 닥친 다음 메시지 전략을 구사한들 받아들이는 쪽에서는 아무런 신뢰가 바탕이 되지 않았으므로 큰 효과를 기대하기 어렵다. 만약 기업이라면, 고객과 조직원들에게 현재 우리가 무엇을 하며, 무엇이 기업 이념이고 지향점인지 상시 전달하고 상호 소통함으로써 신뢰감을 높일 수 있다. 어떤 개인,

조직, 국가도 모든 사람을 만족시킬 수는 없다. 따라서 긍정 메시지 전달에서 그 대상의 우선순위를 정하고 가장 중요하다고 판단되는 대상을 만족시키는 데 집중해야 한다.

대응과 비상 계획을 만들어라

개인, 조직, 국가는 최악의 상황을 상정하고 대비해야 한다. 그런 상황에 직면하면 각 주체는 신속하고 적절하게 대응할 준비가 되어 있어야 혼란을 최소화하고 명성을 최대한 보호할 수 있다. 어떤 조직에서는 명성 위험을 과소평가하거나 '그런 위험은 나에게 닥치지 않을 거야'라고 안일하게 생각하는 경우가 있다. 그러나 위험은 언제나, 누구에게나 갑자기 닥칠 수 있다.

현명한 개인, 조직, 국가는 모든 위험의 잠재적 가능성과 부작용을 늘 관찰해야 한다. 명성을 효과적으로 관리하지 않으면 사소한 사고나 사건에도 대응 타이밍을 제대로 잡을 수 없고, 복구에도 긴 시간을 허비하게 된다. 따라서 각 주체는 위험 상황에 어떻게 대응하고 비상시 어떤 커뮤니케이션 전략을 진행할지 계획을 세워두어야 한다.

위기 상황에서
명성 관리의 중요성

　　　　　앞에서 우리는 명성 관리의 중요성과 그것을 어떻게 보호할 수 있는지 논의했다. 개인, 조직, 국가라는 각 주체는 규모와 형태의 차이가 있을 뿐 위험에 대한 잠재성과 상시성은 동일하다. 개인, 소비자, 대중, 국민과 같은 상대의 인식을 관찰하고 긍정적 이미지를 만들어가는 것 또한 중요하다.

　다만 메시지 형태와 전달 채널에 차이가 있을 뿐 그 목적은 개인, 조직, 국가 모두에 같다. 메시지 전략을 늘 지속하면 어느 순간 직면한 위험한 상황이나 단순한 실수가 재앙 수준으로 증폭되는 것을 방지할 수 있다. 개인, 조직, 국가가 여러 유형의 위기에 대비하며 명성을 지키도록 하는 기본 지침과 프로세스는 일반적으로 5단계로 구성된다.

　사전 준비

　위험 상황은 언제나 개인, 조직, 국가 등의 주체에게 명성이 훼손

될 가능성을 증대시킨다. 따라서 상황이 일어나기 전에 계획과 전략을 세우는 것이 매우 중요하다. 사전 준비의 첫 번째 단계는 잠재적 위험 요인을 지속적으로 모니터링하는 것이다. 이로써 상황 발생은 물론 심각한 다음 상황 전개를 바로 인지할 수 있다. 모르다가 위험을 마주하는 것보다 인지하고 마주하는 것이 그만큼 대응 속도를 높일 수 있고, 효과적인 결과를 기대할 수 있다.

이런 기대를 충족하려면 개인, 조직, 국가 등 각 주체가 정기적으로 위험에 대응하는 연습을 공식화해 실행해야 한다. 이는 우리가 전쟁 상황에 대비해 '민관군 합동 민방위 훈련'을 하거나 '화재 발생을 대비한 교육과 훈련'을 하는 것을 생각하면 쉽게 이해될 것이다. 사전 준비 단계를 잘 마련해놓으면 명성 손상, 금전적 손해, 명성 회복 시간 등을 줄일 수 있다. 그리고 위험 상황이 완료된 이후 추가로 발생할 법률적·재정적 문제를 해결할 준비도 사전 계획에 포함시켜야 한다.

어떤 기업의 물류창고에서 불이 난 위험 상황이 발생했다고 가정해보자. 화재라는 위험 상황은 먼저 화재 진압으로 해결할 수 있다. 그러나 그 화재로 창고에 보관 중이던 물품 소실, 배송 지연, 창고 주변에 미친 피해와 이로 인한 명성 추락을 해결해야 하는 과제가 남는다. 이 2차적 문제를 해결하려면 금전적·법률적 해결책을 제시해야 한다. 그리고 전략적 커뮤케이션을 통해 이미지를 회복해야 한다.

위기 팀 할당

불시에 닥칠 위험에 대응하기 위한 사전 준비 단계가 설정되면, 다음으로 위험 상황 발생 시나리오에 따른 효과적 대응 전문 팀을 배정하는 것이 필요하다. 위기 대응 전문 팀은 기본적으로 유연한 적응력을 갖추어야 한다. 이를 위한 충분한 훈련이 선행되어야 하고, 상황에 즉시 대응할 준비가 되어 있어야 한다. 이 팀 구성원은 조직 내외부 이해관계자와 유기적·효과적으로 커뮤니케이션할 수 있어야 하고, 이를 통해 조직에 대한 신뢰를 유지 또는 고취할 수 있어야 한다. 위기 대응 전문 팀 구성원은 일반 대중이 사고나 위험에 대한 책임을 충분히 대변할 수 있다고 믿을 수 있는 최고 관리자로 구성해야 한다. 그래야 문제 해결의 대표성과 진실성을 보장받을 수 있다.

물론 상황의 경중에 따라 책임자의 조직 내 직책은 달라질 수 있다. 상황이 가장 심각한 단계라면 당연히 최고 의사결정권자가 팀의 리더로서 대외적 커뮤니케이션을 전담하는 것이 필요하다. 즉, 국가 전반에 닥친 심대한 위기라면 대통령이나 국무총리가 그 역할을 해야 하고, 조직에 닥친 위기라면 조직의 장이 그 역할의 적임자가 될 것이다. 개인은 이런 팀을 구성할 인적 자원이 없으므로 개인이 각자 대표성을 가져야 한다.

조직과 국가는 대표성을 갖는 인물과 더불어 상황 대응 과정을 세세하게 브리핑할 수석 대변인을 임명하고 정보를 일관되게 전달하는 것이 필요하다. 법률팀 조언을 바탕으로 정확하고 일관된 메시지를 전달하는 것도 필요하다. 그래야 1차 상황 종료 후 이어질 2차 문제를 최대한 줄일 수 있다.

일관되고 정확한 정보를 전달하려면 메시지 전달자를 최대한 단일하게 유지하는 것이 필요하다. 사고나 위험 상황이 발생하면 언론은 해당 개인, 조직, 국가 조직 구성원 등에 대한 다각적 인터뷰로 상황을 파악하려고 노력한다. 따라서 조직은 메시지 전달자를 단일화하여 각 구성원의 중구난방식 정보 전달을 막아야 추측성 보도나 루머를 차단할 수 있다. 그리고 모든 구성원은 잘못된 정보의 전달과 혼란을 방지하기 위해 위기 대응 전문 팀에 질문을 회부해서 메시지의 일관성을 유지해야 한다.

효과적이고 빠른 회복에 집중

위험 또는 사고의 관리에서는 빠른 복구가 가장 중요하다. 명성 손상을 최대한 억제하기 위해서는 복구를 최우선 목표로 해야 한다. 완전히 복구되지 않으면 조직의 일반적 업무를 정상으로 운영할 수 없기 때문이다. 어떤 개인, 조직, 국가도 위험 상황을 통제하지 못하거나 대응할 수 없는 모습으로 보이길 원하지 않는다. 코로나19가 악화하는 상황에서 각 국가 대표들의 언어적·비언어적 메시지는 이러한 심리를 잘 보여줬다. 그래서 "지금 잘 통제되고 있다" "곧 코로나를 잡을 것이다" "곧 일상의 경제로 돌아갈 수 있다"는 희망 섞인 메시지를 국민에게 전달했다.

그러나 이 메시지들이 결정적으로 오류를 일으켰다. 위험 상황을 복구하는 것이 우선인데도 국민의 협조를 끌어낼 정확한 메시지 전달을 뒤로하고 자신들의 정치적 목적에 기반한 메시지 전략을 구사해 사태를 더욱 악화시켰다. 위험 상황에 직면하면 반드시 빠른 회복에 집중하는 것이 또 다른 문제의 확산을 방지하는 제일 좋은 방법이라는 것을 명심해야 한다.

위기를 학습 기회로 활용

개인, 조직, 국가 등 각 주체는 위험 상황이 해결된 후 이 상황의 발생부터 해결까지 모든 과정에서 획득한 정보와 데이터를 복기할 필요가 있다. 이런 과정을 거쳐 미래의 유사한 위험 또는 사건의 발생을 방지하거나 더 잘 대응하는 능력을 기를 수 있다. 과거 데이터의 분석은 성공 방법과 실패 원인을 파악하고 이를 통한 통찰력을 바탕으로 재발 방지와 완화 기술에 대한 지혜를 제공한다.

이러한 데이터 분석은 비단 한 개인, 조직, 국가의 사례에 국한하지 않고 다른 개인, 조직, 국가의 위험 또는 사건 사례까지도 포함해 학습할 필요가 있다. 이로써 나와 연관된 이해관계자들에게 문제해결 과정과 결과에 대해 더 자세하고 설득력 있게 정보를 제공할 수 있다. 또 자신에게도 자신감을 고취해 위험을 더 잘 극복할 기초체력을 만들어준다. 위험을 잘 관리하고 효과적으로 해결하면 명성은 더욱 공고하게 구축되고 앞으로 이룰 성과에도 도움이 될 것이다.

그러나 아쉽게도 많은 개인, 조직, 국가가 이전 위험 상황의 해결에서 획득한 실패 교훈, 성공 노하우에 대한 데이터 분석과 활용에 적극적이지 않다. 코로나19로 돌아가 살펴보면, 이미 100여 년 전 '스페인 독감'이라는 팬데믹 데이터가 있다. 가깝게는 21세기 시작과 함께 우리에게 영향을 준 '사스' '메르스' 사례도 있다. 이러한 사례들에 대한 대응에서 무엇이 가장 먼저 필요하고, 어떻게 대처해야 바이러스 확산을 막을 수 있는지에 대한 중요한 데이터를 확보해야 한다. 이런 데이터를 두고도 현재와 같이 악화되었다면 데이터 분석과 활용에 무관심했던 것도 큰 몫을 했다고 할 수 있다. 다른 위험 상황도 이 같은 경우가 많다. 국가는 물론 개인이나 조직이 이전 데이터의 분석과 활용에 소홀해서 같은 위험을 맞이하고도 효과적으로 대응하지 못하는 사례는 상당히 많다.

소셜미디어의 적절한 사용

21세기의 커뮤니케이션 기술 발달은 이제까지의 그것과 확연히 다른 양상을 보인다. 일방향적 메시지 전달과 단순한 의사소통이 가능했던 시대를 넘어 언제 어디서든 누구와도 커뮤니케이션할 수 있는 시대에 살고 있다. 따라서 개인, 조직, 국가는 메시지를 시간과 공간의 한계를 넘어 순식간에 전달할 수 있다. 혹자는 메시지 전달 창구의 확대가 조직의 메시지 전략을 어렵게 한다고 하소연하기도 한다. 그러나 그것은 한 면만 보고 다른 면은 보지 못해서 일어난 오류다.

위기 상황이 발생했을 때 상호작용적 메시지 창구인 소셜미디어는 개인, 조직, 국가의 메시지 대응 전략에 분명 어려움을 줄 수 있다. 다변적 메시지 창구로 실시간 쏟아지는 대중의 메시지에 일일이 대응하려면 더욱 많은 시간과 노력이 필요하기 때문이다. 그러나 반대로 생각하면 다변적 메시지 노출 창구를 통해 더 많은 이해관계자에게 개인, 조직, 국가의 메시지를 실시간 전달하면서 설득할 수 있다. 소셜미디어라는 플랫폼을 활용해 각 주체의 메시지를 전달함과 동시에 그곳에 올라온 글들에 대해 댓글로 정보를 전달할 수도 있어 루머 확산을 통제할 수 있다.

위기가 발생하면 개인, 조직, 국가는 그 상황에 대해 사실을 바탕으로 인정하고 차후 대책을 표명하는 조치를 올드미디어인 신문과 방송은 물론이고 소셜미디어에 동시에 이행함으로써 이해관계자들을 더욱 빠르게 설득할 수 있다. 부정적 위기 상황에 대비하는 계획을 바탕으로 메시지 전달의 창구 다변화를 추구하면 각 주체는 명성의 하락을 최소화할 수 있다.

명성 위험과
소셜미디어의 상관관계

　개인, 조직, 국가에 명성이 가장 큰 자산이라는 말은 자꾸 반복해도 지나치지 않다. 사회에서 성공을 거둔 개인, 조직, 국가는 명성을 지키기 위해 항상 노력한다는 공통점이 있다. 현대를 살아가는 우리는 블로그, 트위터, 페이스북, 유튜브, 인스타그램, 밴드, 카카오톡, 텔레그램 등과 같은 소셜미디어를 활용해 실시간으로 커뮤니케이션을 한다. 이런 변화가 개인, 조직, 국가와 같은 주체들의 커뮤니케이션과 비즈니스 수행 방식에도 큰 영향력을 발휘한다는 것을 부정하기 어려워졌다. 자신의 서비스, 제품, 아이디어, 지식, 정보를 소셜미디어를 통해 공유하는 것이 자연스러운 현상으로 자리 잡았다. 이는 우리가 일하는 방식을 변화시켰고, 이해관계자인 개인, 소비자, 공중, 국민의 기대치까지 변화시키고 있다.

　앞서 명성 위험에 대처하기 위한 계획과 실행에서 소셜미디어의 활용을 논의했다. 그렇다면 개인, 조직, 국가라는 주체가 소셜미디어를 더 유용하게 활용해 위험에 효과적으로 대응하려면 어떤 정책적 가이드라인을 마련해야 할지 고민해야 한다. 즉, 구성원들이 소셜미디어를 활용하면서 일어날 수 있는 잠재적 위험과 효용을 동시에 고려해야 한다. 이러한 고려는 위험을 관리하는 정책과 동시에 논의해야 한다.

구성원들이 소셜미디어를 통해 노출해도 되는 메시지와 노출하지 말아야 하는 메시지의 경계를 확실히 해서 잠재적 위험을 방지할 수 있다. 그리고 대중이 각 주체에 대해 올리는 비판 또는 건의 등에 어떻게 대응하고 이미지를 긍정적으로 유지할지도 심각하게 고민해야 한다. 소셜미디어는 즉각적 파급력 때문에 상당히 유용하면서도 위험한 양면성을 지닌 커뮤니케이션 도구다. 2부에서 논의할 타코벨 매장 사례는 소셜미디어의 영향력을 실감할 수 있는 무수한 사례 중 하나다.

소셜미디어 메시지 활용 전략에서는 개인, 조직, 국가의 이익을 최대한 확보하기 위해 다음과 같은 소셜미디어 정책을 고려해야 한다.

목적을 설정하라

개인, 조직, 국가는 각 주체의 소셜미디어 목표가 무엇인지 설정해야 한다. 그리고 주체가 구성원들이 사용하는 소셜미디어를 왜 관리해야 하는지에 대한 중요성을 명확하게 제시할 필요가 있다.

구성원의 생각과 행동을 존중하라

구성원은 조직을 외부에 대변하는 각각의 개체이며, 함께 조직 발전을 추구하는 동반자다. 따라서 구성원이 창의적이고 진취적이며 다양한 방식으로 소통하는 것을 존중하고 장려해야 한다. "조직이 당신을 인정하고 믿고 있어요"라는 메시지만큼 구성원을 신나게 하는 것은 없다. 조직이 이런 자세를 유지하면 외부에 비치는 조직 이미지가 개방적이고 유연한 모습으로 각인되는 데 도움이 된다. 경직되고 폐쇄적인 조직 이미지는 그 자체로 매력을 잃는 시대가 되었다.

구성원은 자신이 커뮤니케이션하는 대상이 누구인지 파악하라

구성원은 자신이 사용하는 소셜미디어의 범위를 정확하게 알아야 한다. 자신이 소셜미디어에 올린 정보의 확산 범위와 영향이 글로벌적이라는 사실을 인식하고 항상 내가 누구와 커뮤니케이션하고 있고 그 내용이 얼마나 많은 사람에게 전달될지 인지해야 한다.

소셜미디어를 통한 메시지에 가치를 부여하라

세상에 존재하는 모든 것은 각각 가치를 가지고 있다. 기업이라면 제품과 서비스의 가치를 제공해야 하는 것처럼, 구성원이 소셜미디어에 참여하는 행위도 가치를 제공하는 차원에서 해야 한다. 구성원이 소셜미디어를 통해 자신의 조직과 관련된 내용을 전달하는 과정에서 상대 의견을 경청하고 수용하는 자세를 유지하도록 권장해야 한다. 상대가 도움을 요청할 경우 최대한 접근하기 쉽도록 조처해야 한다. 그것을 통해 조직이 개방적이고 협조적이라는 이미지를 상대에게 제공함으로써 차곡차곡 명성을 쌓아올릴 수 있다.

노출된 메시지는 주워 담을 수 없다는 걸 인식하라

소셜미디어를 통해 온라인에 게재된 모든 내용은 전 세계 누구나 확인할 수 있다. 따라서 구성원은 자신이 게재한 내용에 책임도 함께 따른다는 것을 명확히 알아야 하며, 조직에서 보안으로 관리하는 정보를 게재하는 일은 피해야 한다. 문제가 발생하면 자신은 물론 조직까지 위험에 처할 수 있기 때문이다.

자신의 정체성을 진실하게 밝히라

소셜미디어를 사용하며 자신의 정체성을 드러내지 않는 개인이나 조직은 상대 신뢰를 얻어내기 어렵다. 반대로 얼굴, 이름, 소속 조직, 직함, 연락처 등의 정보를 노출하면 게재한 내용의 신뢰도를 높이는 데 상당히 도움이 된다. 정체성을 밝힘과 동시에 유용한 정보를 게재하면 상대는 정보의 정확성을 더 신뢰하게 되고, 서로 유용한 관계로 발전하는 데 유리해진다.

비판에 유연하게 대응하라

개인, 조직, 국가가 이해관계자의 부정적 의견을 무시하거나 거부할 수 있는 시대는 이미 지나갔다. 사람들은 소셜미디어를 통해 어떤 기업의 제품, 서비스, 브랜드는 물론 사회활동 등에 대한 긍정과 부정의 다양한 의견을 공유한다. 국가 정책이나 정부 관계자의 특정 행위에 대한 긍정과 부정의 의견을 공유하기도 한다. 개인에 대한 의견도 이와 마찬가지로 공유한다. 이제 누구도 이런 풍부한 피드백에서 자유로울 수 없는 사회가 되었다. 따라서 명성 관리가 더 힘들어진 동시에 경우에 따라서는 더 쉬워졌다.

온라인을 바탕으로 하는 커뮤니케이션 채널의 비판에 개방적인 자세를 보이는 것은 두 가지 이점이 있다. 먼저 타인이 자신을 어떻게 생각하는지 배우는 기회가 될 수 있다. 이뿐 아니라 비판에 능동적으로 응답함으로써 비판 메시지를 남긴 상대와 더불어 다른 사람들에게 자신의 긍정적 이미지를 각인할 기회가 된다.

비판은 어떤 것에 대한 우려와 시정의 의미를 내포한다. 따라서 비판에 능동적이고 전향적으로 대처하면 상대가 하고 싶은 메시지에 관심을 가지고 수용한다는 것을 보여줄 수 있다. 그리고 이런 행위는 사려 깊은 관심을 표시하는 진정성 있는 사람으로 인식되게 도와준다.

소셜미디어 정책을 최신 상태로 유지하라

커뮤니케이션 기술이 발달하면서 소셜미디어도 빠르게 진화하고 있다. 새로운 커뮤니케이션 방법과 소셜 네트워크 트렌드가 지속적으로 등장하고 있다. 이런 변화는 조직에 새로운 기회를 제공하기도 하지만 위험도 동시에 제공한다. 따라서 변화에 즉각 대응하는 업데이트와 관리 정책의 유연성이 요구된다. 구성원이 새로운 소셜미디어 활용에 대해 질문하면 전담해 설명할 수 있는 담당자를 조직 내부에 상시 배치해야 한다.

3
위기 커뮤니케이션
계획 진행 단계

위기와 계획은
무엇인가

위기는 일반적으로 갑작스럽게 발생하며 많은 행위자가 관여하고 심한 시간적 압박과 불확실성 속에서 의사결정을 해야 하는 특성이 있다. 또 위기와 관련해 언론의 관여와 상황 설명이 이어진다. 우리의 상식에 기반해 위기 유형을 떠올리면 당연히 이미 직간접적으로 경험했거나 들었던 것을 생각할 수 있다. 즉 홍수, 해일, 태풍, 전력 공급 중단, 가스 누출, 충돌, 침몰, 방사성 물질 유출, 원유 유출 등과 같은 자연적 또는 비의도적으로 발생하는 위기가 있을 수 있다. 테러, 태업, 보이콧, 해킹, 위법 행위, 사기, 가치와 행동 패턴의 변화로 인한 위기 등과 같이 불특정한 개인 또는 조직에 의해 의도적으로 위기가 발생할 수도 있다.

 위기는 돌발성 때문에 완전하게 예방하고 방지하기가 불가능하지만 이전 위기 상황 대처에서 축적한 경험과 데이터를 이용해 최소한의 준비는 할 수 있으니 위기에 대해 인식하고 준비하는 것이 중요하다. 위기를 개념적으로 구분해보면 대응 준비에 각각 무엇이 필요한지 가늠할 수 있다. 위기의 주요 구성요소는 다음과 같다.

위기의 주요 구성요소

- 예상치 못한 사건이다
- 위협 또는 도전이 된다
- 잠재적으로 위험하다
- 즉각적이고 신속한 조치가 필요하다
- 관리가 제한적이다
- 예측할 수 없는 영향과 결과를 초래할 수 있다
- 일반 대중과 언론의 관심을 촉발한다

위기 커뮤니케이션은 위기 전후 그리고 위기 상황이 진행되는 동안 당국, 조직, 미디어, 그리고 이해관계를 가진 개인 혹은 그룹 간에 발생하는 정보 교환행위를 의미한다. 위기 상황이 진행되는 동안 실제 위기, 당국과 위기 당사자가 위기를 처리하는 방식, 위기에 대한 이미지라는 세 가지 중요한 차원이 존재한다. 가장 큰 문제는 실제 비상사태뿐 아니라 다양한 행위자가 이를 처리할 때 잘못하는 방식에서도 종종 발생한다. 예를 들면, 준비가 부족하거나, 즉흥적이고 유연하지 못하거나, 사건에 대한 지식이 불완전하거나, 관계자에 대한 이해가 부족하거나, 새로운 역할과 기능을 이해하는 데 문제가 있는 경우다.

위기 상황에서 활용하는 전략적 커뮤니케이션 계획의 기본 목적은 위기로부터 신속한 복구와 회복, 위기 상황에 포함된 불확실성 감소,

위기 발생에 대한 책임의 최소화, 위기 당사자인 개인·조직·국가 등 주체의 이미지와 신뢰도 보호 그리고 위기 종료 후 재정비와 새로이 출발할 수 있는 능력 확보를 위한 도구의 역할 제공이다.

따라서 위기에 대응하는 계획은 효과적 조치를 보장하는 가장 중요한 수단이다. 모든 계획이 완벽하게 위기에 대한 성공적 관리를 보장할 수는 없지만 위기 발생 이전부터 위기가 종료된 이후까지 모든 과정을 가능한 한 체계적으로 관리하고 의사결정을 수행할 프로세스를 만들 수 있다. 위기에 대응하기 위해 계획하는 과정이 결과 수립 자체보다 중요할 수 있다. 그 과정에서 구축된 관계와 신뢰가 실제 위기 상황에서 매우 결정적 역할을 수행하기 때문이다.

위기 커뮤니케이션 계획 진행 단계는 학자나 전문가에 따라 다른 명칭과 단계로 구성된다. 그러나 기본 내용은 같으며 강조점 또한 같다. 계획 진행 단계를 위기 발생 전, 발생, 위기 수습 이후 등과 같이 3단계로 구분하기도 하고, 발생 단계를 세분해 발생 초기, 관리를 추가해서 5단계로 구분하기도 한다.

또 단계별로 대응 목적과 내용을 다르게 적용한다. 어떤 전문가는 위기 대응 계획은 심리적 문제로 처리하고 특정한 일을 올바른 순서로 진행하는 데 중요성을 부여하기도 한다. 따라서 진행에서 마음 자세와 신중한 접근이 필요하다고 강조한다. 이를 위기 상황에 맞게 운영하려면 미래 지향적인 계획과 준비가 필요하다.

계획 실행에 필요한 자세

- 사전 대응하라. 단순한 사후 대응을 지양하라
- 무엇이 올바른지 결정하고 올바른 방법에 적용하라
- 빠르고 명확한 사고력과 합리적 리더십 그리고 의사결정을 수립하라
- 장·단기적 가치에 대한 통찰력을 얻어라
- 올바른 자문과 의사결정 전문 지식을 도출할 수 있는 능력을 개발하라
- 직원, 일반 대중, 관리자와 미디어를 위한 명확한 정보 제공을 보장하라
- 현재 일어나는 일과 당신이 모르거나 알 수 없는 일에 대해 정직하라
- 미디어의 작업 조건을 존중하라
- 최적의 결과를 도출하기 위해서 인적·물적 자원을 적절히 활용하라
- 심각한 육체적·정신적 압박을 받는 상황에서도 옳은 일을 할 수 있게 노력하라
- 외부의 다른 조직과 협조적으로 함께 일하라
- 사람과 조직이 지치지 않도록 자신과 다른 사람을 돌보고 배려하라

위기에 직면한 주체가 위기 패턴을 이해하면 당사자로서 문제를 예측하고 효과적으로 대응할 수 있다. 모든 위기는 그 자체로 다른

위기와 차별화된다. 그리고 그 위기는 그것만의 독립되고 고유한 방식으로 발전한다. 그러나 이런 고유성과 진행 형태는 일반화된 특성도 일부 가지고 있다. 사건의 유형과 심각성 그리고 발생 주체와 대상에 따라 위기를 별개의 것으로 간주할 수 있지만, 피해를 유발하고 불신을 조장하는 행위, 정보를 요구하는 대상의 반응 등은 같은 이유 또는 패턴을 보이는 경우가 많다. 따라서 위기에 처한 주체는 위기를 여러 단계로 나눔으로써 미디어, 이해관계자, 일반 대중의 정보 요구를 예상할 수 있다. 또 위기 상황에서 대상과 커뮤니케이션하려는 노력은 이전의 것을 답습하는 것이 아닌, 상황과 요구에 부합하도록 진화해야 해당 문제를 더 효과적으로 해결할 수 있다.

이제 단계별로 어떤 목적과 방법 그리고 요구사항이 있으며, 그것에 어떻게 부합할지 알아보자. 위기에 대응하는 단계는 총 다섯 단계로 나누어 접근하겠다. 이 다섯 단계는 위기 이전 단계, 위기 초기 단계, 위기 관리 단계, 위기 해결 단계, 위기 평가 단계다. 각 단계는 다음 네 가지 조건에 따라 다르게 진행된다.

- 위기를 촉발한 사건
- 위기로 인한 피해의 수준
- 커뮤니티 탄력성 수준을 포함한 대응의 적절성
- 필요한 자원과 인력에 영향을 미칠 위기의 강도와 수명

위기 이전 단계

위기 이전 단계는 위기 상황을 사전에 방비하는 단계다. 위기 이전 단계의 커뮤니케이션 목표는 다음과 같다.

- 계획하고 준비하기
- 이해관계자와 제휴 또는 협업 촉진하기
- 합의를 위한 권장 사항 개발하기
- 핫라인, 합동정보센터, 웹사이트, 소셜미디어 등과 같은 정보 공유 시스템 개발하기
- 테스트 메시지 구성하기

위기 이전 단계에서는 계획 수립의 완료가 가장 중요하다. 위기 이전의 계획과 준비가 반드시 성공적인 위기 대응과 관리를 보장하는 것은 아니지만, 위기가 발생했을 때 이런 준비가 되어 있지 않으면 위기 주체인 개인, 조직, 국가는 아주 어렵고 불리한 상황에 직면

해 혼란이 가중될 수 있다.

위기는 시간이 지남에 따라 발전한다. 이는 당사자의 계획과 준비가 부족해 위기가 발생할 때 더욱 악화될 수 있다는 것을 의미한다. 예를 들어, 지구온난화로 여러 지역이 빠르게 사막화되는 상황을 인지했지만 그것에 대한 최소한의 대책을 준비하지 않아 심각한 가뭄 상황에 직면하면, 바로 지역의 식량 작황에 악영향을 주고 이로써 대량 기근이 발생할 수 있다. 위기는 돌발성이 있어 언제 일어날지 예측하기 어렵다. 따라서 위기 이전 단계는 수년간 지속될 수 있다. 이 단계가 적절하게 관리된다면 이해관계자들과 함께 위기를 예측하고 대비하기 위한 계획을 더 잘 수립할 수 있다.

예전 데이터를 활용하면 발생 가능성이 있는 위기 유형, 기록, 위치, 위험 요소를 예측할 수 있다. 따라서 이런 데이터를 기반으로 리스트를 만들고 평가해야 가능성이 큰 위기를 식별하고 그에 맞는 계획을 세우기가 쉬워진다. 그 예로 우리가 가장 많이 직면하는 유형인 홍수, 화재, 전염병 발생, 화학 물질 유출과 같은 위기를 예상할 수 있다. 데이터를 바탕으로 얻은 자료와 위기 발생 가능성 정도에 따라 그에 부합하는 질문을 구성하고 답을 작성하면 대응 가능성과 속도는 훨씬 커지고 빨라질 수 있다.

계획 질문지는 위기가 발생했을 때 즉각 빈칸을 채울 초기 커뮤니케이션 전략과 메시지를 만들 수 있게 도와준다. 이 질문지에는 다음과 같은 것들이 포함된다.

- 위기 상황에서 정보를 제공할 대변인, 가용 자원과 자원 운용 기준의 식별 내용

- 교육 프로그램 개발과 대응 계획, 메시지 수정
- 정부 관계자와 전문가가 한목소리로 말할 수 있게 하고, 가용할 자원의 확보와 공유가 적절히 될 수 있는 동맹관계와 파트너십 육성
- 무엇을 해야 할지 명확히 하기 위해 중앙정부와 지방정부의 요구사항에 따른 정보 고려

이런 과정을 간단하게 정리하면 이렇다.

- 외부 대상의 관심 이슈 취합과 분석

개인, 조직, 국가 등 주체는 자신과 관련된 외부 대상들이 관심을 보이는 이슈가 어떤 것인지 다양한 정보 소스를 활용해 정기적으로 파악할 필요가 있다.

- 이전 데이터의 분석과 활용

이전의 위기 사례를 데이터화하여 분석하고 나에게 일어날 가능성이 큰 것부터 그에 대한 최적의 답을 정리해 위기 대응 계획에 포함시켜야 한다. 즉, 위기가 발생할 취약점을 검토해 대응 시나리오를 만들고 교육을 통해 구성원들이 숙지할 수 있도록 해야 한다. 이로써 긴급상황을 예측하려고 노력해야 실제 위기가 발생했을 때 효과적으로 대응할 수 있다. 예를 들어, 식품을 제조하는 회사라면 재료 수급에서 발생할 수 있는 신선도 저하 문제, 이물질 삽입 가능성, 제조 시설의 위생 상태, 작업 안전도 등에 대한 위험 발생 가능성 리스트를 만들고 그에 대한 적절한 답을 준비하는 것이 필요하다.

- 대응 준비 매뉴얼 작성

위기 상황 발생을 염두에 둔 대응 준비 계획 매뉴얼의 구성이 필요하다. 위기가 발생했을 때 정보를 일원화해 제공할 대변인은 누구로 하고, 각 위기 상황에 어떤 커뮤니케이션 전략을 적절하게 적용할지, 대응 매뉴얼을 어떻게 교육할지, 가상 훈련을 어떻게 진행할지, 문제점이 발견되면 어떻게 수정할지, 위기관리팀을 구성할 때 구성원의 역할은 어떻게 분담할지, 메시지 전략은 무엇을 기준으로 어떻게 구성할지 등과 같은 구체적 계획을 수립해야 한다.

위기 초기 단계

　　위기 발생 초기 단계는 혼란, 불확실성 그리고 미디어의 관심 폭증 등의 특징이 나타나는 시기다. 정보는 일반적으로 부정확하고 위기와 관련된 사실은 여기저기 흩어져 있어 혼란이 가중된다. 따라서 이 단계에서 내부 구성원, 일반 대중, 미디어, 다른 주체로부터의 정보가 정확하지 않다는 것을 인지하는 것이 필요하며 상황을 객관적으로 인식하는 것이 중요하다. 정보는 신뢰할 만한 출처와 그렇지 않은 출처 등 다양한 곳에서 밀려든다. 소셜미디어와 같은 오늘날의 기술은 정보의 유통과 공유에 즉시성과 상시 수정성을 부여해 정보 가공과 전파가 빠르게 대규모로 이루어지게 했다. 그러나 그 정보는 위기대응센터에서 활용하기에는 정확성 측면에서 부담스러운 면이 있다. 정확한 정보도 있지만 잘못된 정보도 있기 때문이다. 이런 정보의 오류 가능성은 어디에나 존재한다.

　따라서 위기 초기 단계에서 대응팀이 수행해야 할 역할 중 중요한 부분은 다음과 같다.

- 무엇이 일어났는지 상황을 파악하고 정보를 취합하라

　이는 상황을 인식하는 것으로 위기 상황이 발생하면 제일 먼저 해야 하는 일이다. 상황 파악을 위한 준비에는 사실 확인 작업, 위기와 관련된 루머 조사, 위기 상황 목격자 조사 등이 포함된다. 위기 상황에서는 반드시 진실만 말해야 하며, 조사로 확인된 사실만 전달해야 한다. 정확하지 않은 정보에 기초해 추측성 또는 개인 생각을 말하는 것을 반드시 피해야 한다.

- 위기와 관련해 사실적 정보와 루머를 해석하고 분리하라

　위기가 발생하면 그것과 관련된 사실적 정보를 취합해야 한다. 이는 내부 자료와 외부에 발표할 메시지 구성에 필수적이기 때문이다. 무슨 일이 일어났는지, 언제 일어났는지, 어떤 사람 또는 조직이 관련되어 있는지 등과 같은 질문에 정확하게 답변할 수 있는 정보를 취합해야 한다. 정확한 정보의 취합은 정확한 정보의 제공으로 이어져 언론과 공중의 추측과 억측을 최소화할 수 있고, 루머 생산과 확산도 현저히 줄일 수 있다. 사실적 정보를 취합하는 과정에서 사고 원인을 추측하거나 다른 누군가에게 잘못을 돌린다거나 하는 것은 절대로 피해야 한다. 그리고 사고로 부상자나 사망자가 발생했다면 그 내용이 가족에게 정확하게 통보되기 전까지 부상과 사망 등에 대해 논의하지 않는 것이 바람직하다.

- 어떤 커뮤니케이션 대응 전략을 적용할지 결정하라
- 내부와 외부의 협력자, 기관, 이해당사자 등의 그룹들과 협업하라
- 최대한 신속하게 위기 규모를 확인하라

특별한 위기 상황을 제외하고, 일반적 위기 상황은 지역적 또는 국지적으로 발생하는 경향이 있다. 따라서 지역의 구성원과 그룹, 기업과 조직 등이 문제 해결에 참여하는 비율이 높고, 지역 기반 자원을 제공하는 비율도 높다. 그렇다면 이 단계에서 위기 주체가 취해야 하는 커뮤니케이션 목표는 무엇인지 알아보자.

- 공감을 가지고 위기를 인정하라
- 대중에게 위험에 대해 간단하고 명확한 용어로 설명하고 알려라
- 위기 주체와 대변인의 신뢰성을 확립하라
- 추가 정보를 어디서 어떻게 얻을 수 있는지를 포함해 긴급 조치를 제공하라
- 다른 조직 및 기관과 협력해 메시지를 조정하라
- 이해관계자, 대중 등과 지속적 커뮤니케이션을 실행하고, 그들이 언제든 접촉할 방법을 제시하라

위기 발생 초기 단계에서 커뮤니케이션을 통해 전달하는 정보의 요건은 다음과 같다.

- 간단해야 한다
- 신뢰할 수 있어야 한다
- 정확해야 한다
- 일관적이어야 한다
- 적시에 제공해야 한다
- 대응팀 담당자 또는 리더가 직접 제공해야 한다

위기 상황 발생 초기 단계는 신뢰를 구축해야 하는 시기다. 위기는 당신뿐 아니라 지역, 이해관계자, 대중 모두에게 불확실성을 제공해 혼란을 가중한다. 따라서 당신은 무엇이 문제이며, 어떻게 해야 하는지 등에 대한 유용하고 정확한 정보를 전달해 대중이 느끼는 긴장과 공포를 줄여야 한다. 정보가 아직 많지 않더라도 대중과 공유하고, 당신이 어떤 노력을 기울이는지, 문제를 해결하기 위해 대중의 어떤 협력이 필요한지 지속적으로 알려주는 노력이 신뢰를 유지하는 방법이다.

위기 발생 초기 단계에 대중은 위기 상황에 대해 누가, 무엇을, 어디서, 언제, 왜, 어떻게 했는지를 포함한 정보를 즉각 알기를 원한다. 따라서 대중에게 전달하는 메시지는 다음을 포함해야 하고, 커뮤니케이션 담당자는 이에 대한 대답을 빠르고 정확하게 그리고 최대한 구체적으로 준비해서 대응해야 한다.

- 어디서 그 위기가 발생했는지를 포함한 시기적절하고 정확한 사실을 제공하라
- 현재까지 무엇이 완료되었는지 알려라
- 대중에게 닥칠 가능성이 있는 위협 요소를 포함해 위기의 영향력에 대한 신뢰성 있는 답을 제공하라
- 위기의 지속 가능 기간에 대한 정보를 공유하라
- 누가 언제 이 문제를 해결할지 최대한 실명하라

커뮤니케이션 담당자는 위기 상황과 관련해 알려진 내용을 과장하거나 과도하게 안심시키는 메시지로 포장해서 전달하는 것은 절

대로 하지 말아야 한다. 대중은 그 메시지가 너무 낙관적이라는 것, 사실과 다르다는 것을 충분히 인식할 수 있기 때문이다. 만약 당황스러움을 모면하기 위해 이런 메시지 전략을 구사한다면 바로 신뢰를 잃어버리게 될 것이다. 이런 사례는 이미 코로나19에 대한 대처에서 각 나라 수장들이 해결 가능성을 너무 낙관적으로 국민에게 제공하면서 더 빠른 확산과 더 큰 피해를 유발한 것에서 알 수 있다. 위기 상황이 발생했을 때 가장 정직하고 신뢰할 수 있는 대응 메시지의 유형은 이렇다.

"현재 위기를 진화하고 있는 비상 상황입니다. 아쉽게도 우리는 현재 모든 답을 가지고 있지는 않습니다. 그러나 문제를 해결할 답을 확보하는 대로 바로 여러분에게 정확하고 자세하게 알려드리겠습니다. 이것이 현재 우리가 알고 있는 것입니다."

위기 관리 단계

위기 관리 단계는 일반적으로 직접적인 피해의 대부분 또는 전부가 억제되고 위기 강도가 가라앉기 시작하는 시기이다. 따라서 위기대응팀이 조금 여유를 찾을 수 있는 상황으로 전환된 단계다. 위기 관리 단계의 커뮤니케이션 목표는 다음과 같다.

- 대중이 자신들의 위험에 대해 더 정확하게 이해할 수 있도록 도와라
- 필요한 사람들에게 배경과 포괄적인 정보를 제공하라. 예를 들어 다음과 같은 질문에 답하는 형식이다
  "어떻게 된 거예요?" "전에도 이런 위기 상황이 있었나요?" "우리가 어떻게 이런 위기를 예방할 수 있지요?" "장기적으로 나는 안전하겠지요?" "나는 회복할 수 있을까요?"
- 대응과 회복 계획을 위한 이해와 지원을 구성하라

- 이해관계자와 대중의 반응에 귀 기울이고 잘못된 정보를 수정하라
- 긴급 권고 사항을 설명하라
- 위험/이익 의사결정을 강화하라

위기가 진행되면서 미디어의 관심과 조사가 증가하리라는 것을 예상해야 한다. 위기가 발전하거나, 루머가 생성되거나, 잘못된 정보가 유통되면서 더 많은 질문이 쏟아질 것이다. 때로는 전문가나 당신과 이해관계가 없는 사람들이 당신이 전달한 위기 관련 메시지를 오해하고 모순점을 제기하거나, 위기 대응 행위의 적절성 등을 문제 삼으며 대답을 요구할 수도 있다. 따라서 이런 것을 방어하는 방법도 계획에 포함해야 한다. 정확한 정보와 설명을 준비해 이런 문제를 해결하는 노력도 기울여야 한다.

위기 해결 단계

위기 관리 단계와 위기 해결 단계는 위기가 완화되는 정도에 따라 한 단계로 인식하기도 한다. 위기의 책임 소재, 비난, 보상 협상 등을 위기 해결 단계에서 처리하는데, 상황에 따라 단기에 끝날 수도 있지만 긴 시간이 필요하기도 하다. 따라서 단계의 지속 시간보다는 문제의 완전한 해결에 초점을 맞춰 명성을 최대한 유지·보완하는 방향으로 진전을 도모해야 한다. 물론 경제적인 부분도 중요하지만 명성 유지가 더 중요하다는 것을 잊어서는 안 된다. 종종 보상에 필요한 비용을 아끼겠다는 생각에 명성을 훼손하는 잘못을 범하는 경우가 있다. 위기 해결 단계의 목표는 다음과 같다.

- 교육을 통해 미래의 유사한 위기 상황에 대한 적절한 대중 대응을 개선하라
- 위기로 발생한 문제와 사고를 정확히 조사해 위기의 복구와 대응 노력에서 잘 작동한 것은 강화하고 효과가 없거나 적었던 것

은 해결할 방안을 강구하라
- 대중이 문제에 대한 공공정책과 자원 할당을 지지하도록 설득하라
- 당신의 활동과 능력을 선전하라(유능하고 대응력 있는 조직의 정체성을 강화하는 데 도움이 된다)
- 법적·재정적 부담에 대해 구체적인 분석을 실행하라
- 손실 복구와 재발 방지를 위한 계획을 수정·보완하라

위기가 해결되고 나면 일정 부분은 이전의 상황으로 돌아간다. 그러나 완전한 예전의 생활이 아닌 위험을 이해하고 그 위험을 피할 수 있는 이해가 증진된 생활이 될 가능성이 높다. 어떤 위기는 완전히 복구하는 데 시간이 오래 걸리기도 하고, 때론 영원히 정신적·육체적 상처로 남기도 한다. 그러나 위기가 어느 정도 해결되면 일반적으로 위기에 대해 대중이나 미디어가 보이는 관심 정도는 많이 줄어든다. 이때 당신이 명성과 정체성을 높이는 방법은 위기에 대한 체계적인 교육 프로그램을 만들어 온라인과 오프라인을 통해 대중에게 노출하는 것이다. 이런 후속 활동으로 사람들 기억 속에 당신을 책임감 있는 주체로 각인시킬 수 있다.

위기 평가 단계

위기 상황이 완전히 끝나면 단계별 위기 대응 계획 수행 성과를 종합해 평가하는 것이 필요하다. 여기에는 전략적 커뮤니케이션 메시지의 내용과 전달 방법, 위기에 대응한 행위 전략, 위기 상황으로 얻은 각종 정보의 평가 등이 모두 포함된다. 위기 상황은 무언가 학습하고 정보를 획득할 중요한 기회를 제공한다. 따라서 학습을 소홀히 하면 미래의 실패가 가중되는 요인으로 작용할 수 있다. 위기 평가 단계의 기본적 목표는 다음과 같다.

- 커뮤니케이션 효과를 포함해 위기에 대한 반응은 어떠했는지 평가하라
- 위기 상황을 단계별로 거치면서 무엇이 효과가 있었고 어떤 부분에서 어려움에 직면했는지 등과 같이 학습한 내용을 문서화해 구성원들과 공유하라

- 위기 커뮤니케이션과 위기 대응 능력을 향상하기 위한 구체적 조치를 결정하라
- 위기 이전 단계에서 실행했던 활동과 연결해 비교·보완하라
- 신뢰도와 명성 회복을 위한 커뮤니케이션 프로그램을 온·오프라인에서 기획하고 실행하라

4
위기 대응은 타이밍이 생명이다

개인, 조직, 국가 등의 주체가 위기에 직면하면 가장 먼저 하는 행동은 크게 세 가지로 나눌 수 있다. **첫 번째는** 외부와의 커뮤니케이션 구조에 '철벽을 구축하는 것'이다. 위기 상황에 직면한 사실을 부정하고 미디어의 취재와 질문을 회피하며 관계 당국의 개입을 봉쇄하려고 한다. 그러나 이런 행동은 위기 관련 내용이 제3자나 언론을 통해 대중에게 알려지는 순간 신뢰와 명성이 추락하는 새로운 위기에 직면하게 할 뿐이다. **두 번째로** 보이는 행동은 '파편적 또는 부정확한 정보의 제공'이다. 자신에게 불리한 사실을 숨기고 정보를 분해해 일부만 제공하거나 아예 부정확한 정보를 제공해 자신을 보호하려고 한다. 그러나 이것도 앞의 경우와 같이 누군가에 의해 사실이 외부에 알려지는 순간 신뢰도와 명성은 추락을 면치 못한다. **세 번째로** 택하는 방법은 '정확한 정보의 제공'이다. 이는 가장 바람직한 것으로, 외부 대중, 이해관계자 그리고 미디어에 완전히 개방된 정보를 제공하고 협조를 구하는 것이다. 사실 그대로 정보를 제공하면 자신에게 쏟아질 충격이 클 수도 있지만 장기적 측면에서 보면 앞의 두 경우보다 훨씬 현명한 선택이 될 수 있다.

기본적으로 위기는 세 가지 위협을 유발한다. 공중의 안전을 해치고, 경제적 손실을 유발하며, 명성의 손상을 유발한다. 여기에 더해 심각한 수준의 위기 상황은 인명 손실과 심각한 부상까지 촉발해 긴 시간 정신적 피해로 이어진다. 예를 들어, 산업시설에서의 사고는 소비자의 구매 의도를 떨어뜨려 경제적 손실을 야기하고, 작업시설이 붕괴되어 조직원의 실업을 발생시키며, 법적 소송과 비용 발생으로 이어져 결국 기업의 명성에 심대한 타격을 입히게 된다. 이런 상황이 되면 기업은 투자자를 잃게 되어 도산으로까지 이어진다. 실제 사례가 폭스바겐의 배출가스 조작 사건이다.

그럼 위기에 효과적으로 대응하려면 가장 먼저 무엇을 고려해야 할까? 위에서 제시한 세 가지 일반적 위험 가운데 위기로부터 공중의 안전을 지키는 것을 최우선으로 해야 한다. 명성 하락과 경제적 손실은 그다음으로 고려해야 한다. 만약 경제적 손실을 최우선으로 고려해 대응한다면 결국 폭스바겐 사례에서 본 것처럼 모두를 잃는 상황에 직면할 수 있다. 따라서 위기 대응 전략의 기본 목적은 위기로부터 발생할 피해를 예방하거나 최소화해 자신과 이해관계자를 지키는 것이다.

앞에서 우리는 위기 상황을 관리하기 위한 다섯 단계를 알아보았다. 이것을 세 단계로 줄이면 위기 이전 단계, 위기 단계, 위기 이후 단계로 나눌 수 있다. 각 단계의 목적을 다시 간단하게 정리하면 다음과 같다.

- 위기 이전 단계: 예방, 준비와 교육
- 위기 단계: 위기에 대한 대응 관리
- 위기 이후 단계: 다음 위기를 더 잘 준비하는 방법 모색, 위기 단계에서 한 약속 이행

새로운 미디어의 등장과
위기 커뮤니케이션 기본 팁

21세기로 접어들고 커뮤니케이션 기술이 급속하게 발달하면서 사람들은 정보 유통과 공유의 새로운 환경을 경험하고 있다. 바로 소셜미디어의 등장이다. 소셜미디어는 위기를 관리해야 하는 주체에게는 새로운 변화이고 도전이 되었다. 위기가 발생하면 대중이 정보를 더 빠르게 많은 사람에게 확산해 방어에 커다란 위협으로 작용할 수 있기 때문이다. 이 도구는 대중이 자기 의견을 표현하고 루머와 경험 등을 더 잘 전파하는 데 활용된다. 정보 확산의 범위는 이제 글로벌적 현상으로 변하고 있다. '모든 이야기는 지구상 모든 사람에게 전파된다'고 생각하고 대응 전략을 구상해야 한다.

인터넷과 소셜미디어가 발달할수록 일상에 유용하므로 환영해야 할 도구이지만, 다른 측면에서 보면 위기의 주체가 위기에 대응하는 패러다임을 변화시켜야 살아남을 수 있다는 새로운 숙제와 고민거리를 제공한다. 누구의 시각에서 도구를 바라보느냐에 따라 동전의 양면처럼 장점과 단점이 동시에 존재하는 것이다. 개인, 조직, 국가라는 주체는 소셜미디어라는 새로운 도구의 적절한 활용 방법을 깊이 생각해야 하는 시대로 진입했다. 그렇다면 구체적으로 무엇을 준비해야 할까?

첫째, 모든 시장과 장소의 위기에 대처할 준비를 해야 한다. 이제 국경은 그 의미가 희미해지고 있기 때문이다. 둘째, 소셜미디어 접근 방식의 다변화를 추구해야 한다. 미디어 활용 방식, 관습, 문화 등이 각 시장, 지역, 대중마다 달라서 소셜미디어에 대한 한 가지 접근 방식은 문제를 해결하기보다는 다른 문제를 발생시키고 심화할 여지가 충분하기 때문이다.

소셜미디어는 이제 사람들의 일상생활에 깊숙이 자리하고 있다. 여러분은 소셜미디어를 얼마나 많이 자주 이용하는가? 주변을 보면, 사람들은 다양한 장소에서 보고 경험하는 많은 것을 사진으로 저장하고 이를 소셜미디어를 통해 다른 사람들과 공유한다. 일상과 정보를 다른 사람들과 공유하는 측면에서는 관계 강화에 도움이 되지만 어떤 경우에는 지나친 행위로 다른 사람의 일상을 방해하거나 자신을 위험에 빠뜨리기도 한다.

미국에서 실제로 일어난 사건을 하나 소개한다. 어떤 사람이 자동차를 운전하며 기찻길을 지나가다 사고가 발생했다. 목숨을 잃을 수 있는 상황에 직면한 것이다. 상식에 기반해 운전자가 차에서 내려 제일 먼저 무슨 행동을 할지 유추해보면 어떤 답이 나올까?

1) 경찰에 사고를 신고한다. 2) 주변을 둘러보고 추가 위험 요소가 무엇인지 탐색한다. 3) 가족에게 연락한다. 4) 사고 상황을 스마트폰으로 촬영해 소셜미디어에 올리고 '좋아요' 횟수를 확인한다.

지금 소셜미디어를 이야기하니 4번이 답이라고 유추할 것이다. 그렇다! 이 운전자는 먼저 4번 행동을 한 뒤 소셜미디어의 반응까지 살피고 나서 경찰에 신고했다. 소셜미디어가 없었던 과거에는 분명 경찰에 사고 신고를 가장 먼저 했을 것이다. 그런데 위험 상황의 해결보다 사람들 반응에 더 신경 쓰는 시대가 되었다. 사례가 과하다고 생각할 수 있지만 실제로 일어난 일이다. 소셜미디어에 내 활동을 생중계하거나 사진을 공유하기 위해 위험한 행동을 하다 사고로 목숨을 잃는 경우도 언론에 보도되고 있다.

우리는 다변화된 의견과 정보 공유의 상시화가 가능한 시대에 살고 있다. 바로 소셜미디어와 같은 커뮤니케이션 기술 덕분이다. 그럼 개인, 조직, 국가 등의 주체가 위기에 직면했을 때 기존의 정보 유통 채널과 더불어 소셜미디어와 같은 새로운 채널까지 고려해 어떤 커뮤니케이션 전략을 구상하고 실행해야 할까?

앞에서 위기 단계별 목표와 방법에 관해 이야기했다. 그것을 상기하며 전략적 커뮤니케이션을 어떻게 하면 좋을지 알아보자.

위기 이전 단계는 위기에 효과적으로 대응하는 준비단계라고 설명했다. 이 단계에선 위기대응팀을 구성해서 대중과 이해관계자를 파악해 대응 계획을 수립하게 되는데, 이때 전략적 커뮤니케이션 방법의 구상이 가장 핵심을 이룬다. 팀을 구성하고, 대변인을 선정해 교육하고, 이해관계자 리스트를 만들고, 활용할 외부 기관과 전문가를 선정하고, 위기 상황의 심각성을 고려해 단계별로 구분하는 등 모든 사전 행위는 바로 대상에게 메시지를 효과적으로 전달하기 위한 작업이다. 어떤 심각성 단계에서는 어떤 메시지를 전달하고, 누가 그 메시지 전달을 주도하며, 언어적 전달과 더불어 어떤 비언어적 전달 방법을 고려할지까지 꼼꼼하게 계획을 세워야 한다. 기본적으로 메시지를 전달할 대변인을 선정해 그에 대한 교육을 반복해야 한다. 아무리 잘 만들어진 언어적 메시지라도 그것을 전달하는 대변인의 메시지가 상황에 적합하지 않다면 효과가 떨어지거나 도리어 더 악화되기도 한다.

어떤 기업의 제품으로 피해가 발생해 소비자와 대중에게 사과 메시지를 전달하는 과정에서 메시지 전달자가 기자들의 껄끄러운 질문을 받고 불쾌해하거나 냉소적인 표정을 지으며 같은 내용의 메시지만을 반복한다면, 그것을 접한 대중과 피해자는 불쾌감을 넘어 분노하게 될 것이다. 이런 일은 실제로 있었다. 따라서 메시지 전달자인 대변인을 신중하게 정해야 하며, 위기 상황의 심각성에 따라 다르게 선정해야 한다. 심각성이 증가하면 할수록 메시지 전달자의 직위가 의사결정 단계에서 더 높아야 메시지 설득력을 보장받을 수 있다. 메르스 사태로 위기를 맞은 삼성서울병원의 문제를 해결하기 위해 삼성그룹 최고경영자인 이재용 부회장이 직접 사과와 재발 방지 관련 메시지를 전달하며 깊이 고개를 숙인 장면을 모두 기억할 것이다.

가장 이상적으로 잠재력 있는 대변인을 만들려면 위기가 발생하기 전부터 대미디어 기술의 반복적 교육과 연습을 선행해야 한다. 여기서 말하는 '대미디어 기술'이란 미디어를 어떻게 다룰지를 의미하기보단 위기 상황에 초점을 맞춘 핵심 정보 전달을 얼마나 진정성 있게 하는지를 의미한다. 언어적·비언어적 커뮤니케이션에 진정성을 담아야 한다는 것이다. 이러한 준비를 하려면 먼저 대변인의 미디어 관계 교육과 기술의 확보 정도를 파악해야 하고, 그의 위상과 뉴스 가치성을 고려해야 한다. 위기 상황에 직면한 주체의 대변인이 미디어를 상대로 어떤 것을 가장 중점적으로 이야기해야 할지 살펴보자.

미디어를 대하는 커뮤니케이션 기본 팁

- '노 코멘트'라는 말은 피해야 한다. 사람들은 사고 주체의 대변인 입에서 이 말이 나오는 순간 '아, 뭔가 있는데 숨기는구나'라고 생각하게 되기 때문이다.
- 정보를 정확하게 제시하기 위해 전문용어나 기술적 용어는 피해야 한다. 발생한 사고나 위험에 대한 정보를 전달하는 과정에서 설명의 명확성이 떨어지면 사람들은 뭔가를 숨기려고 일부러 혼란스럽게 하는 것으로 생각하기 때문이다.
- 기자와 카메라 앞에서 주저하거나 신경질적인 모습을 피해야 한다. 사람들은 대변인의 이런 비언어적 커뮤니케이션 행위를 속임수로 해석하기 때문이다. 따라서 기자와 카메라에 눈을 강하게 맞추고, 주저하는 말을 최대한 자제하며, 긴장한 몸짓을 피해야 한다.
- 대변인은 대중과 이해관계자에게 전달할 위기와 관련된 최신 정보와 주요 메시지를 숙지해야 한다. 정확하지 않거나 최신의 것이 아닌 정보만으로 메시지를 전달하면 설명력이 떨어짐과 동시에 루머와 오해를 불러올 수 있기 때문이다.

적합한 대변인을 선정하기 위해서 반드시 살펴야 하는 조건은 무엇일까?

첫째, 적절한 능력과 기술을 가졌는지 먼저 고려해야 한다. 적절한 능력과 기술이란 미디어와 면대면 인터뷰를 진행하면서 언어적 커뮤니케이션과 비언어적 커뮤니케이션에 대한 올바른 자세를 의미한다.

둘째, 주체 내에서 위치와 지위가 적절한지 고려해야 한다. 메시지를 전달할 때 상대에게 위기에 직면한 주체가 상황을 심각하고 진정성 있게 받아들인다는 것을 보여줄 수 있을 만큼 중요한 사람을 선임해야 한다.

셋째, 개인 미디어 교육 또는 코칭을 포함한 정확하고 올바른 교육을 선행해야 한다.

메시지와
채널 관리

　　　　위기에 대응할 팀이 구성되고, 확인하고 준비해야 하는 부가 사항들이 정리되었으며, 대변인 선정이 완료되었다면 위기 때 사용할 사전 메시지를 구상하고 작성해야 한다. 더 정확하게 말하면, 위기대응팀 리더는 위기 커뮤니케이션 템플릿을 만들어야 한다. 위기 커뮤니케이션 템플릿에는 최고 의사결정자인 그룹의 사과와 해명 메시지, 언론과 소셜미디어 그리고 웹페이지에 올릴 보도자료와 메시지가 포함된다. 그리고 위기 상황의 변화에 맞춘 핵심 정보가 들어갈 공간은 비워놓는다.

　이렇게 메시지 전달에 필요한 사전 작업을 준비하면 위기가 발생했을 때 메시지를 해당 상황에 맞게 각 정보 유통 채널을 통해 전달할 수 있으므로 대응 시간을 줄일 수 있다. 위기 커뮤니케이션 템플릿은 위기에 직면한 개인, 조직, 국가 등의 주체에 따라 다르고, 위기의 유형과 심각성에 따라 다르다. 그러나 일반적으로 다음의 경우들을 미리 상정하면 메시지 준비에 도움이 될 수 있다.

국가의 위기

- 특정 인물에 대한 테러
- 물리적 공간에 대한 테러
- 사이버 테러(국가 기간시설에 대한 사이버 공격)
- 해외에서 자국민과 시설에 대한 테러
- 바이러스 확산
- 경제 정책 실패로 인한 피해
- 국지전 포함 전쟁
- 국내외에서의 국가 명성 훼손
- 육해공 공간에서의 대형 교통사고

기업의 위기

- 직원 또는 타인에게 상해를 입힌 사고
- 회사 시설물 피해
- 타인에 대한 책임 관련 상해 또는 피해
- 생산 또는 서비스 중단
- 환경을 포함한 잠재적 결과와 함께 화학물질 유출 또는 방출
- 제품 품질 문제
- 소셜미디어를 포함한 미디어를 통한 루머
- 파산
- 법적 소송
- 파업

- 해킹과 사이버 공격

개인의 위기

- 사기
- 성추행
- 학력 위조
- 폭행
- 음주운전
- 인신공격
- 루머
- 고소와 고발

위기에 처한 개인, 조직, 국가의 주체는 메시지 채널을 어떻게 관리해야 할까? 기업의 경우를 중심으로 설명하겠지만 이는 개인과 국가라는 주체에 적용하는 지침으로 활용해도 무리가 없다.

  기업에 위기가 닥치면 메시지를 전달하고 외부 메시지를 수용해 분석하도록 이전의 공식 웹사이트 이외에 '위기 상황 전담 웹사이트'를 개설해야 한다. 이것이 여의치 않다면 기존 웹사이트에 위기 상황을 전담할 섹션을 추가해 운용하는 것이 필요하다. 이를 통해 위기와 관련된 정보의 대공중 메시지를 특정화해야 한다. 위기 상황 전담 웹사이트는 소셜미디어, 전형적 유형의 미디어 채널과 더불어 조직 입장에서 위기 상황과 관련한 특화된 정보를 전달하는 방식으로 활용해야 정보 전달의 효율성을 유지할 수 있다.

위기가 발생하고 진행되는 과정에서 그 위기와 직접 관련이 있는 조직은 대중과 미디어의 집중적 관심 대상이 된다. 관심은 계속 폭증하고, 다양한 이야기가 소셜미디어와 전통적 미디어에 넘쳐나는 상황에 직면하게 된다. 넘쳐나는 이야기 가운데는 조직에 긍정적인 것도 있지만 상황에 따라서는 부정적인 것이 주를 이루는 극심한 상황도 충분히 예상할 수 있다.

대중과 미디어는 조직의 대응 하나하나를 모니터링하면서 추이를 지켜본다. 조직의 웹사이트 특히 위기 전담 웹사이트가 가장 먼저 외부로 정보를 전달하는 중요한 창구 역할을 한다. 요즘처럼 위기 상황에 직면했을 때 시간적 압박을 많이 받았던 시기가 없다. 따라서 '어둠의 웹사이트(Dark Websites)', 즉 '위기 전담 웹사이트'가 가장 빨리 위기 상황에 대한 조직의 의견을 외부로 전달하는 역할을 해야 한다. 그리고 조직 내부의 네트워크망(Intranet)도 내부 구성원과 직접적 이해당사자들에게 정확한 정보를 전달하는 유용한 도구로 활용될 수 있다.

위기가 도래했을 때 유용하게 사용할 수 있는 커뮤니케이션 창구

- 소셜미디어(페이스북, 트위터, 텔레그램, 유튜브, 인스타그램, 블로그 등)
- 조직의 웹사이트(위기 전담 웹사이트 또는 기존 웹사이트에 추가된 섹션)
- 인트라넷(내부 구성원과 직접적 이해관계자에게 정보를 제공)
- 대량 메시지 전송 시스템(이메일, 문자서비스)

- 회의 전용 전화와 화상회의 시스템
- 언론 보도자료와 미디어와 상호작용 시스템

위기가 도래하면 위에서 언급한 모든 채널을 동원해 조직의 상황과 정보를 주도적으로 전달할 수 있도록 노력해야 한다. '요즘 소셜미디어가 대세이니 이것만 이용하면 되겠지' 한다면 정보 제공에서 한계를 절감하게 될 것이다. 물론 소셜미디어가 파급력 면에서 효과적 도구임은 틀림없다. 많은 사람에게 빠르게 접근한다는 측면에서나, 위기 상황에 대해 조직 입장을 포지셔닝한다는 측면에선 소셜미디어가 유용하다. 그리고 사전 분석 결과 조직과 이해관계가 있는 개인과 조직이 소셜미디어 활용도가 높다는 것이 밝혀지면 조직은 이것을 적극적으로 활용하는 것이 필요하다.

그러나 가능하다면 모든 커뮤니케이션 채널을 동시에 가동해 초반에 조직이 메시지 주도권을 선점하는 것이 가장 이상적이다.

조직이 소셜미디어와 전통적 미디어에서 어렵고 부정적인 질문, 부정적 뉴스기사, 사실의 진위와 근원을 확인하기 어려운 루머와 질문에 직면하면 어떻게 대응해야 할까? 위기에 직면하면 "사람들이 나를, 내 조직을, 내 나라를 어떻게 생각할까?"가 가장 먼저 떠오를 것이다. 그러고는 곧바로 네이버, 구글 등과 같은 검색엔진을 걱정할 것이다. 검색엔진은 좋은 것이든 나쁜 것이든 모든 것을 기억하는 도구이기 때문이다.

A라는 기업이 이전에 좋지 않은 일로 구설에 올랐거나 위기에 빠진 경험이 있고, 이런 문제를 적절하게 해결하지 못해 소송을 진행했는데 패소한 적이 있다고 가정해보자. 시간이 흘러 그 기업이 새로운

제품 또는 서비스를 시장에 출시하기 위해 준비하는 상황에서 사람들이 검색엔진에 접속해 그 기업의 브랜드를 검색창에 입력하는 순간 기업 웹사이트보다 먼저 눈에 들어오는 것은 이전의 부정적 사건에 관한 기사일 가능성이 크다. 그렇게 되면 그 기업은 아직 출시하지 않은 새로운 제품이나 서비스에 대해 사람들에게 나쁜 이미지를 먼저 심어주게 되어 구매에 악영향을 미칠 수 있다.

검색엔진에서는 긍정의 이야기가 부정의 이야기와 균형을 유지한다. 그럼 어떤 전략을 수행해야 이 기업이 부정적 이미지를 희석할 수 있을까? 긍정의 이야기를 생산해 검색엔진에 더 많이 노출되도록 하는 것이다. 전통적 미디어의 헤드라인을 장식했던 부정적 뉴스를 긍정의 이야기를 더 많이 노출해 그것을 밀어내는 효과를 얻는 것이다.

2부에서 자세히 살펴볼 존슨앤드존슨 사례를 보자. 존슨앤드존슨사는 자사가 생산한 타이레놀을 먹은 시카고 지역 주민 일곱 명이 사망하자 타이레놀을 전량 회수해 폐기하고, 새로운 포장으로 바꾼 타이레놀을 구매하면 할인 쿠폰을 지급하는 등 파격적 전략을 구사했다. 그러자 소비자들과 언론이 긍정적 반응을 보이며 헤드라인에 긍정적 기사가 줄이어 등장하면서 여론을 180도 돌려놓았다.

어떤 유형의 정보 전달 채널이든 그것을 이용하는 것은 사람이며, 사람은 이성과 감성을 동시에 지닌 존재다. 따라서 부정의 이미지나 긍정의 이미지나 동일하게 사람을 자극하므로 부정을 긍정으로 바꾸는 전략은 언제나 가장 좋은 전략적 선택지가 될 수 있다.

위기 메시지 전달,
먼저 기억해야 할 것들

우리는 지금까지 위기 상황에 직면했을 때 어떤 계획을 세워야 하고 어떤 채널을 이용해 정보를 제공해야 하는지 알아봤다. 그렇다면 지금부터는 앞에서 논의한 내용을 상기하며 구체적으로 어떤 메시지를 전달해야 하는지 살펴보자. 위기 상황을 전환하는 데 열쇠 역할을 하는 위기 커뮤니케이션 메시지를 전달할 때 먼저 무엇을 생각해야 할까?

전략적 커뮤니케이션 메시지를 실행하는 상황에서 중시되어야 할 개념은 정보 전달 커뮤니케이션, 위기의 봉쇄 또는 억제, 동정 또는 동감, 책임감이다.

먼저 정보 전달을 위한 커뮤니케이션(Communication)은 너무도 당연한 개념이다. 위기 상황에서 대중, 이해관계자들과 커뮤니케이션하는 것은 가장 중요한 과제다. 요즘처럼 정보 유통·공유와 관련한 기술이 발달한 시기에는 더욱 위기 상황에서 무언가 감출 기회라는 것은 존재하지 않는다. 언론과 대중이 숨긴 것을 바로 찾아내 세상에 공개할 수 있기 때문이다.

정확한 정보를 대중에게 전달해야 하지만 정보 주도권은 조직이 쥐고 언론과 대중에게 주도적으로 정보를 전달해야 한다. 언론과 대중이 위기 사건에 대해 질문하는 것에만 답하려 하지 말고 적극적인 자세로 더 많은 정보를 제공하려고 노력해야 한다. 정보를 숨기지 말고, 정보 주도권을 쥐고, 대중과 언론이 원하는 것보다 정확한 정보를 많이 제공해야 이른 시일 안에 문제를 효과적으로 해결할 수 있다.

다음으로 기억해야 할 개념은 봉쇄 또는 억제(Containment)다. 이것은 위기 상황 자체를 최대한 작게 만드는 것을 의미한다. 즉, 위기 상황을 일정한 용기에 집어넣어 그 이상 증대되지 못하도록 하는 것이다. 커뮤니케이션하지 않으면 대중과 언론이 추측할 수 있고, 정보를 받지 못해도 언론은 어떤 형식으로든 기사를 내보낼 수 있다. 따라서 커뮤니케이션하지 않아 대중과 언론의 억측과 추측이 증가하면 위기는 크게 자라날 수밖에 없다. 그러므로 정확한 정보를 적절한 커뮤니케이션 채널을 통해 제공하는 행위는 위기를 일정한 틀 안에 가두고 더는 증대되지 못하게 하는 효과가 있다. 위기 상황의 정확한 사실관계를 빨리 파악하고 정확한 정보로 가공한 후 가능한 한 빨리 정보 주도권을 획득해 언론과 대중에게 제공해야 한다.

다음은 동정 또는 애도(Sympathy)다. 위기를 촉발한 사건 또는 사고로 사람이 다치거나 사망했을 경우 피해자에 대한 애도 또는 동정은 매우 중요하다. 커뮤니케이션 메시지를 전달하는 과정에서 위기 상황에 대한 정보보다 먼저 피해자와 그 가족에 대한 애도 표현이 우선되어야 한다. 그래야 상대는 위기의 주체가 진정으로 자신들을 걱정하고 함께 슬퍼하며 동감하고 있다고 인식하게 된다. 정보보다 먼저 인간적인 면모를 보여야 진정한 공감을 얻을 수 있다는 것이다.

비록 언론이 정보와 관련된 질문을 쉴 새 없이 던지더라도 가장 먼저 해야 할 것은 피해자와 그 가족에 대한 애도 표현이다. 이런 표현을 가장 먼저 해야 하는 이유는 사고의 상처를 기억하면서도 미래의 희망을 잃지 않으려는 피해자와 가족에게 용기를 주는 동시에 대중에게 진정성을 인정받는 최고의 방법이기 때문이다.

다음으로 생각해야 하는 개념은 책임감(Responsibility)이다. 대중에게 내가 다음에 무엇을 할 것이며, 어떻게 문제를 해결할 것이고, 미래에 이와 같은 사고나 사건을 어떻게 방지할 것인지에 대한 계획을 책임감 있게 전달해야 한다.

위기 상황에서 반드시 명심해야 할 단어

- 커뮤니케이션(Communication)
- 봉쇄 또는 억제(Containment)
- 정보(Information)
- 동정 또는 애도(Sympathy)
- 책임감(Responsibility)

위기 상황에 필수적인 역량은 무엇일까? 위기를 선도하고, 위기를 이겨낼 근육을 단련하고, 주변 환경을 인지하고 파악하는 것이다.

언뜻 보면 무슨 말인지 잘 이해되지 않을 수도 있다. 그러나 자세히 들여다보면 "아! 그렇구나"라고 동의할 것이다. 하나씩 살펴보자.

위기를 관리하려 하지 말고 선도하라

이것은 위기를 관리하는 것이 아니라 이겨내라는 개념이다. 위기를 들여다보면 가장 먼저 깨달을 수 있는 불편한 진실이 있다. 그것은 바로 위기는 완전히 통제 또는 관리할 수 없다는 사실이다. 위기는 반드시 그 반대편에서 내 대응 행동을 지켜보고 반응하는 상대가 존재하기 때문이다. 즉, 나 혼자 대응한다고 모든 것이 해결되지 않는다. 위기를 해결하기 위한 힘의 조정키는 대부분 반대편이 가지고 있다.

앞서 살펴본 '딥워터 호라이즌 기름 유출 사고', 즉 'BP 오일 사고'에서 BP사는 신속하게 공식 커뮤니케이션 채널을 통해 사과하고 피해 보상 기금을 즉시 조성했다. 협력 네트워크 캠페인을 총괄할 기업 관리팀을 현장에 급파해 해결책을 준비하고 직원들이 기름으로 뒤덮인 해변을 청소했다. 이런 BP의 빠른 대응과 행동은 대중과 이해관계자에게 '믿음과 신뢰'라는 이미지를 각인시켰다. 사람들에게 '이렇게 생각해달라'고 강요할 수도, 그들 생각을 조정할 수도 없다. 다만, 정직하고 믿을 만한 행동이라는 비언어적 메시지로 나에 대한 '믿음과 신뢰'를 구축하는 것이 최선의 방법이다. 위기 상황에서 가장 중요한 자산은 바로 '믿음과 신뢰'이기 때문이다. 이를 통해 조직의 가치와 그 가치의 진정성을 입증하는 것이 중요하다.

- **행동과 행위**를 통해 사람들의 인식을 변화시키고
- 이런 변화로 조직에 대한 **가치와 가치의 진정성을 입증**하는 것이다

위기를 이겨낼 근육을 단련하라

　이 개념은 자신의 취약성이 무엇인지 평가하고 그것을 보완할 프로그램을 개발해 활용함으로써 위기를 준비할 인프라를 구축하는 것이다. 무언가 익숙하지 않은 것을 처음 시도할 때 공통으로 느끼는 것은 바로 "이건 어떻게 하지?"일 것이다. 이 물음 다음에는 '방법을 습득하기 위한 배움'이 따라온다. 건강을 위해 마라톤을 생각하거나, 자전거로 전국 일주를 계획하거나, 무동력 보트를 타고 바다를 여행하거나 하는 일련의 새로운 시도에는 '교육과 준비'라는 사전 작업이 필요하다. 위기도 마찬가지다. 위기에 대응할 수 있는 최소한의 방법을 익히기 위해 부족한 부분을 파악하고 보완하는 교육이 필요하다. 내 조직의 취약점이 무엇이고 구조의 효율성은 얼마나 되는지 사전에 파악하고 보완해야 한다.

- 나의 **취약성**을 **평가**한 후 보완할 부분에 대한 **교육**을 시행하고
- 준비와 교육을 통해 위기에 대응할 인프라를 **구축**하는 것이다

주변 환경을 인지하고 파악하라

우리는 기술적으로 다변화되고 가연성이 증가한 커뮤니케이션 환경에서 살고 있다. 그래서 예전과는 비교할 수 없이 다양하고 많은 사람과 다양한 도구를 활용해 시간과 공간의 제약 없이 커뮤니케이션하고 정보를 공유하며 살아간다. 이러한 기술적·환경적 커뮤니케이션 변화는 정부와 기업 등과 같은 조직뿐 아니라 개인에 대한 불신의 확산을 가속할 수 있는 여지를 훨씬 많이 만들어낸다. 정부가 추진하는 경제 정책이 위기를 조장해 국민을 힘들게 하거나, 기업이 각종 스캔들을 일으켜 사회적 문제를 만들면 그것에 대한 정보가 예전과는 비교할 수 없을 정도로 빠르고 다각적으로 확산되어 결국 국민과 소비자의 불신을 초래하는 경우를 종종 목격한다.

이런 환경에서 언론은 메시지의 최종적이고 중요한 수용자인 대중과 관계에서 매우 중요한 역할을 한다. 언론은 기본적으로 사건과 관련해 제3의 전문가 의견을 취합하고 사건을 분석하려는 구조로 되어 있다. 따라서 제3의 전문가 그룹과 네트워크를 확보하고 유지하려는 노력을 게을리하면 안 된다.

미디어의 보도 환경을 정확하게 이해하는 것도 중요하다. 언론사와 기자에게 정보를 제공하는 역할뿐 아니라 상호 정보를 교환하는 관계와 환경을 만들어 유지하는 것이 중요하다. 그래야 위기 상황에서 언론의 도움을 적시에 얻을 수 있다. 소셜미디어의 구조와 환경도 깊이 이해해야 한다. 요즘은 누구나 확성기를 들고 있으며, 그것으로 자기 의견을 제약 없이 표출할 수 있다.

이렇듯 우리는 완전히 달라진 커뮤니케이션 방법과 환경을 경험하고 있다. 이것이 위기의 주체인 개인, 조직, 국가에 불리한 부분일 수 있다. 그러나 이런 변화된 환경을 뒤집어 생각하면 위기의 주체인 개인, 조직, 국가에 유리한 부분이 있음을 직감할 것이다. 즉, 위기 주체의 독자적 채널을 통해 메시지를 잘 조정해 전달하면 기존 언론의 뉴스 여과 장치를 통과하지 않고도 대중과 효과적으로 커뮤니케이션할 여지가 훨씬 많아졌다는 것이다.

먼저 조사와 분석을 바탕으로 내 청중이 누구인지 미리 파악할 수 있다. 그런 청중의 우선순위를 고려해 메시지 전략을 구사할 수 있다. 그 청중 가운데 대중이 우선이 될지, 정부 기관이 우선이 될지, 직접적 이해관계자 그룹이 우선이 될지를 신중하게 고려해 메시지 전략을 수행해야 한다.

메시지 전달의 우선순위는 위기의 종류와 성격에 따라 달라진다. 만약 이러한 고려 없이 메시지 전략을 구사하면 도리어 역효과를 불러올 수도 있다. 내부 구성원의 긍정적 협력을 끌어내는 것도 매우 중요하다. 내부 구성원은 조직을 대변하고 메시지를 대중에게 전달하는 강력한 우군이기 때문이다.

- **미디어 환경**과 **보도 구조**를 이해하고
- 나의 주요 **청중**이 누구인지 파악해
- 위기에서 **대중 신뢰 확보**를 위한 메시지 전략을 구사하는 것이다

루머와 위기
파급력의 관계

　　루머가 무엇인가? 사전의 의미를 그대로 인용하면 "터무니없는 소문, 뜬소문, 헛소문, 근거 없는 소문"이라고 정의한다. 루머를 믿거나 만드는 행위는 인간관계에 치명적 해를 줄 수 있다는 것을 누구나 잘 알지만 우리는 의도했든 의도하지 않았든 루머를 만들고 확산하는 행위를 한다. 특히 커뮤니케이션 기술이 발달하면서 다양한 사람과 커뮤니케이션할 수 있는 환경이 만들어지자 더 많이 그리고 빠르게 확산하는 경향을 보인다.

　　이 가운데 악성 루머는 근거나 이유 없이 남을 비방하거나 사생활을 심각하게 침해해 사람 목숨을 앗아가기도 한다. 연예인과 운동선수 등과 같이 대중에게 널리 알려진 개인의 소셜미디어에 찾아가 지속적으로 루머를 생산하는 일이 더 잦아지고 있다. 루머는 그 싹을 찾아 뿌리 뽑지 않으면 눈덩이처럼 불어나 돌이킬 수 없는 결과를 초래하기도 한다.

　　개인, 조직, 국가의 주체가 연관된 위기 상황이 발생하면 가장 먼지 해야 하는 것이 정확한 정보의 취합과 더불어 루머의 근원을 찾아 봉쇄하는 것이다. 그렇다면 위기 상황 초기부터 위기가 진행되는 전 과정에서 발생할 수 있는 루머를 차단하려면 어떻게 해야 할까? 위기대응팀에 루머를 전담하는 조직을 두어 대응하는 것이 가장 효과적이다. 그럼 위기 상황에서 루머가 생산되어 확산되는 원인은 무엇일까? 커뮤니케이션 전문가 월터 존은 그 원인과 대응 전략을 다음과 같이 설명했다.

루머 발생 원인

- 공식적 정보와 뉴스의 부족
- 믿을 만한 정보의 부족
- 불안감과 두려움의 팽배
- 잘못된 정보로 인한 의심의 팽배
- 사람들의 자아적 욕구의 미충족
- 중요 문제에 대한 의사결정 속도 저하
- 구성원이 자기 여건과 운명 통제에 어려움을 느낌
- 심각한 조직적 문제점 상존
- 조직의 갈등과 구성원 간 반목의 심화

이런 원인 이외에도 루머를 생산·확산하는 데는 여러 원인이 있다. 유명인에 대한 루머의 생산과 확산은 시기와 질투라는 요인이 작용할 수 있다. 조직이 관련된 위기에 대한 루머의 생산과 확산은 자기 지식을 뽐내고 싶은 자아 발현의 욕구도 한몫한다. 그렇다면 루머를 방지하고 해결하는 전략에는 무엇이 있을까?

루머 방지와 해결 전략

- 루머 관리 계획을 세우고 그 규모와 심각성 그리고 파급효과를 분석한다

특정한 경우에는 루머 자체를 무시하고 무대응으로 나가는 것이 최고 방법일 수 있다. 루머 생산과 확산을 주도하는 사람 또는 조직은 기본적으로 무언가를 뽐내고 싶거나, 자기 존재를 더 크게 보이고 싶어하는 심리적 경향을 보이기 때문이다. 상대의 반응을 기대하며, 반응이 있으면 다음 단계로 더 강력한 루머를 생산하고 싶은 욕구에 사로잡힐 수 있다. 따라서 반응하지 않으면 이런 기대감을 낮춰 루머 생산과 확산에서 느끼는 쾌감을 줄일 수 있다.

- 루머의 원인, 동기, 출처 그리고 전파자를 분석한다
- 루머의 영향으로 피해를 경험한 대상과 대화·협력하며 강력한 대응 전선을 구축한다
- 루머에서 언급한 문제에 대한 정확하고 충분하며 진실성 있는 정보를 다양한 전달 창구를 통해 즉각 전달한다
- 대항 루머를 생산해 확산시킨다
- 주요 전문가, 지도자, 오피니언 리더, 그밖에 신뢰도가 높아 영향력을 발휘할 수 있는 사람과 조직을 규합해 협력 방안을 도출한다

- 필요할 경우 루머를 분산해서 영향력을 줄이는 방안 중 하나로 조직 구성원 모두가 참여하는 회의를 온·오프라인에서 한다

루머는 한번 퍼지기 시작하면 빠르게 전파되는 특성이 있다. 사람들은 의외로 진실보다 루머에 더 많은 흥미를 보이고 퍼 나르려는 경향이 있다. 그것이 재미에 기반한 행위이건, 루머에 동의하는 마음에서건 입에서 입으로 전달되는 속도는 시간이 지날수록 더 빨라진다. 특히 요즘처럼 소셜미디어가 활성화된 경우 더더욱 확산 속도를 따라잡기가 어렵다. 따라서 루머에 대처하는 가장 좋은 방법은 정확한 정보를 즉각 전달해 사람들이 루머에 보이는 관심을 줄이는 것이다.

5

위기 커뮤니케이션 메시지 전략과 기본 매뉴얼 만들기

위기 대응
커뮤니케이션 전략

　　　　위기 대응 커뮤니케이션 전략은 위기가 닥쳤을 때와 그 이후까지 개인, 조직, 국가라는 주체가 행하고 말하는 모든 것을 의미한다. 위기 상황에서 커뮤니케이션은 정보 과부하나 부족, 정보의 부정확성과 루머 혼재, 극도의 혼란과 흥분 등 내외적 환경의 영향으로 명쾌하고 이성적인 판단과 대응이 사실상 어려운 측면이 있다.
　사전에 준비된 계획이 있다면 이러한 문제에서 조금은 이성적 접근이 가능할 수 있지만, 그런 준비가 아예 안 되어 있다면 그 혼란과 당혹감은 이루 말할 수 없어서 중구난방식 대응을 하기 쉽다. 그렇게 되면 내부 단합과 신뢰뿐 아니라 외부 대중과 미디어의 불신을 초래해 문제가 더 복잡하고 어려워질 수 있다. 따라서 이전 사례들을 참고해 그 대응 방식에서 공통적으로 유용했던 것들을 이해하고 활용하는 지혜가 필요하다.

위기 대응 메시지 전략의 기본

• 신속성의 원칙을 바탕으로 가장 빨리 대응하라

위기 상황이 도래했을 때 신속하게 대응하라는 개념은 위기의 주체가 위기 발생부터 어느 정도 시간을 두고 첫 메시지, 즉 성명을 발표하는지 물리적 시간을 의미한다. 기존의 미디어만이 사회에서 기능하던 올드미디어 시대에는 3시간 안에 초기대응을 하는 것을 기본으로 생각했다. 그러나 현대로 오면서 즉시성이 더욱 강조되는 소셜미디어의 등장은 위기에 대한 첫 번째 대응 메시지 노출의 최적화 시간을 급격하게 당겨놓았고 이제는 1시간 이내로 줄어들었다. 따라서 위기에 대응하는 시간을 최대한 당기고 노출 창구도 다변화해야 한다.

위기 발생 초기에 전략적 메시지를 신속하게 내놓지 않은 개인, 조직, 국가치고 위기를 성공적으로 마무리한 주체는 없었다. 반대로 위기 관리를 성공적으로 이룬 주체는 모두 초기 대응 메시지를 신속하게 노출했다. 코로나19 집단 감염 사태를 유발한 사례 가운데 쿠팡과 마켓컬리를 비교해보면 그 중요성을 실감할 수 있다. 공식적 대응을 5일 넘게 유보한 쿠팡과 사고가 발생하자 바로 대표 명의로 공식 메시지를 발표한 마켓컬리의 경우 대중의 반응이 어떠했을지 쉽게 짐작할 수 있다.

하지만 메시지 전달의 신속성 원칙에도 피해야 할 함정이 있다. 초기 메시지 노출을 신속하게 해야 하는 것은 맞지만, 전달 정보의 부정확성이라는 복병이 숨어 있다. 위기의 주체도 갑자기 발생한 위기에 대한 정보가 충분하지 않기 때문이다.

위기 상황이 발생한 초기에 즉시 전략적 메시지를 내놓아야 하는 이유는 위기와 정보를 위기의 주체가 통제하는 환경을 만들면서 동시에 혹시 있을지 모르는 추측과 억측을 바탕으로 한 루머의 생산과 확산을 방지하기 위해서다. 위기 상황이 발생했을 때 가장 위험한 행동은 바로 '침묵'이다. 침묵은 위기와 관련된 정보의 주도권과 통제권을 외부 언론과 대중 그리고 다른 조직에 넘겨주어 위기를 더 심화하는 동시에 신뢰를 잃어버리게 되는 결정적 행위다. 따라서 위기와 관련된 정보의 통제력을 유지해 신뢰를 지켜내려면 초기부터 적극적인 전략적 메시지를 드러내야 한다.

- 정확성의 원칙을 바탕으로 가장 정확한 정보를 제공하라

대중과 언론을 상대로 하는 위기 주체의 정보 정확성은 위기 상황뿐 아니라 평상시에도 매우 중요하게 다루어지는 개념이다. 사람들은 위기 발생과 관련해 무엇이 어떻게 일어났으며, 어떤 영향을 미칠지 상당히 궁금해하며 그에 대한 정확한 정보를 원한다. 존슨앤드존슨사의 타이레놀 사례에서 그랬듯이 위기 상황에서는 불확실한 정보가 전달될 위험이 크다. 만약 초기에 위기와 관련된 정보를 제공했지만 정보 취합 과정에서 그것이 불확실하거나 부정확한 정보라고 판단되면 지체 없이 바로 수정해야 문제를 해결하며 신뢰를 확보할 수 있다.

미디어는 제3의 전문가에게서 비평적 정보를 획득해 보도할 수도 있고, 위기 주체의 구성원에게서 정보를 획득할 수도 있다. 따라서 위기대응팀은 정확하고 일관된 정보를 외부에 전달할 수 있도록 내부 구성원, 외부 전문가 그룹과 최신 정보를 공유하려고 노력해야

한다. 그리고 메시지 전달을 책임지는 대변인에게는 모든 정보를 신속하게 지속적으로 제공해야 한다.

- 일관성의 원칙을 바탕으로 최대한 한목소리로 말하라

위기의 주체는 대중, 미디어, 이해관계자들에게 언제나 일관된 메시지를 전달해야 한다. 다양하게 발달한 메시지 노출 창구인 웹사이트, 인트라넷, 대량 알림 시스템, 소셜미디어, 기존 미디어 등은 위기 관련 정보의 제공과 빠른 응답을 좀더 쉽게 만든다. 상황을 더 악화하는 혼란을 최소화하려면 여러 종류의 정보 노출 창구에서 메시지의 일관성을 유지하는 것이 중요하다. 이런 이유로 조직에서는 대변인을 선정하고 그가 창구를 독점하도록 하는 것이다. 그러나 충분히 훈련되지 않았거나 대중이 신뢰할 만한 위치에 있지 않은 개인을 대변인으로 정하면 오히려 혼란을 가중해서 신뢰도를 떨어뜨릴 수 있다.

또한 구성원들이 비공식적으로 정보를 외부에 전달하는 불특정 채널이 될 수 있으므로 조직 내에서 정보 공유를 통한 정보의 일관성 확보에 각별히 신경써야 한다. 정보의 일관성이 부족하면 구성원들이 갑작스럽게 미디어의 질문을 받았을 때 부정확한 정보를 전달할 가능성이 있다. 따라서 내부 구성원이 정보를 공유할 환경을 구축하고 활용하면 이런 문제를 줄일 수 있으며, 더 나아가 외부에서 발생한 루머에 대항해 적극적으로 싸울 자원을 확보할 수도 있다. 이런 일관성의 원칙과 정보의 공유는 위기 주체의 신뢰도를 증진하는 데 중요한 역할을 한다.

- 공감성의 원칙을 바탕으로 희생자에 대한 동정심과 유감을 적극적으로 표현하라

위기는 어떤 형태로든 피해자를 만들어내며 이들은 위기 주체의 가장 중요한 이해관계자가 된다. 피해자는 금전적 손해를 보거나, 병에 걸려 고통을 받거나, 삶의 터전을 잃거나, 재산상 피해를 보거나, 심한 경우 목숨을 잃는 경우 등으로 구분할 수 있다. 위기로 인한 피해자의 존재 유무는 위기 주체의 초기 메시지 전략에 지대한 영향을 미친다. 위기로 피해자가 발생했다면 위기 주체의 최초 메시지에서 가장 먼저 피해자에 대한 우려와 애도 그리고 관심을 적극적으로 표현해야 한다. 이런 행동은 주체의 명성 손상을 줄이고 재정적 손실을 줄이는 데 큰 도움이 된다.

혹자는 이들에 대한 보상 문제가 해결되기 전에 이런 심정적 배려를 표시하는 것은 위기 주체 스스로 책임을 인정하는 것이므로 피해야 한다고 주장한다. 그러나 사람은 감정의 동물이라는 점을 명심해야 한다. 이런 우려와 애도 그리고 관심을 표명하는 것은 인간으로서 해야 할 도리다. 이제까지 사례들을 보더라도 피해자에 대한 유감의 표현을 한 주체와 그렇지 않은 주체는 신뢰도 유지와 회복 그리고 명성 유지에 많은 차이를 보였다. 예를 들어, 비행기 추락으로 피해자가 많이 나온 경우 항공사는 피해자 가족의 트라우마를 치료하기 위해 전문가를 파견해서 이들의 상태를 점검하고 치료하려 노력한다.

- 정직성의 원칙을 바탕으로 정보를 숨김없이 제공하라

위기 상황에서나 일상 상황에서나 정직은 명성 유지를 위한 최고

자산이다. 위기 상황에는 다양한 정보가 급박하게 공유되고, 빠른 대응이 관리의 핵심을 이룬다. 혼란과 당황이 팽배하고 위기에서 벗어나야 한다는 절박감이 주를 이루는 심리적·시간적 압박도 엄청나다. 그러나 반드시 잊지 말아야 할 것은 잠시 위기를 모면하기 위해 정직하지 못한 행동을 하고, 정직하지 않은 메시지를 전달하면 안 된다는 것이다. 거짓은 잠시 타인으로부터 위기를 모면할 수 있지만 영원히 그들을 속일 수는 없기 때문이다.

위기 상황에서 대중, 언론, 이해관계자들은 그 주체가 위기에 직면했다는 것보다 위기에 대해 거짓말했다는 것에 더 분노하고 실망한다. 신뢰와 명성을 유지하고 싶다면 거짓 정보를 대중에게 전달하지 말아야 한다. 위기 상황의 심각성을 고의로 축소하거나 상황의 책임성을 거부해서는 안 된다. 정직한 얼굴이 문제 해결에서 긍정적 결과를 만들 수 있다.

아무리 긴 시간 소비자의 신뢰를 받던 기업이라도 위기에 직면해 그 사실을 은폐, 축소, 변명, 책임회피로 일관하면 결국 시장에서 더 큰 위기에 봉착하게 된다. 2부에서 자세히 다루겠지만 일본의 대표적 타이어 제조사 '브리지스톤'의 미국 현지법인 파이어스톤의 대규모 리콜 사태의 경우 관계자들이 거짓말을 하거나 정보를 은폐하고 장황한 변명으로 일관하면서 주가가 폭락하고 소비자 불매운동이 일어나는 등 홍역을 치렀다.

- 신뢰성의 원칙을 바탕으로 최고 의사결정권자를 메시지 전달자로 선정하라

위기 상황에 직면한 주체가 행하는 커뮤니케이션 전략의 핵심은

신뢰성 회복과 확보다. 심각한 사고를 동반한 위기일 경우 주체의 신뢰도는 대부분 급격히 하락한다. 이런 위기에서 가장 빨리 신뢰를 회복하려면 메시지 내용과 더불어 대외적 메시지 전달자를 누구로 정하느냐가 중요한 문제로 부각된다. 사고 정도, 피해자 발생 정도와 심각성을 모두 고려해 대외적으로 뉴스 가치와 발언 무게가 있는 사람을 메시지 전달자로 했을 때와 그렇지 않았을 때 효과가 확연히 다르기 때문이다.

이전의 여러 사례가 증명하듯, 인명 피해를 동반하는 심각한 사고로 인한 위기에는 최고 의사결정권자가 메시지 전달자로 나서는 것이 피해자, 대중, 미디어로부터 메시지의 진정성을 인정받고 신뢰를 확보할 수 있는 지름길이다. 존슨앤드존슨사의 타이레놀 독극물 사건, 메르스 집단 감염을 일으킨 삼성서울병원 사건, 코로나19 집단 감염 사태를 일으킨 마켓컬리 등을 비롯해 수없이 많은 위기에서 이 기업들이 성공적으로 신뢰를 회복할 수 있었던 첫 번째 이유는 바로 그 기업 대표가 진정성을 가지고 메시지를 직접 전달했다는 것이다. 그 반대의 경우 기업의 신뢰도는 바닥으로 추락했다.

- 책임성의 원칙을 바탕으로 하며 남을 비난하는 게임을 삼가라

위기가 발생하면 누구나 책임을 모면하고 싶어한다. 그래서 택하는 방법이 다른 누군가에게 위기 발생의 원인과 책임을 돌리거나, 누군가를 비방 또는 비난하는 것이다. 그러나 이런 방법은 순간은 모면할 수 있지만 그 이후 돌아올 후폭풍은 대부분 감당하기 어렵다. 결국 비난으로 내가 얻는 것보다 잃는 것이 더 많아진다는 말이다.

위기 상황에서 자신에게 책임이 있는지 합리적 의심이 들 때 다

른 사람을 끌어내려 자신을 일으켜 세우려는 행동이나 말을 해서는 안 된다. 대부분 전문가는 위기 상황에서의 비난 게임을 부정적으로 인식한다. 많은 사례가 이미 비난이 효과가 없음을 증명하고 있다. 폭스콘 테크놀러지 사례가 이것을 증명한다. 이 회사의 중국인 근로자 사이에서 비참한 자살 시도와 비극적 죽음이 일어났다. 미디어와 대중은 이 사건에 엄청난 관심을 보였고, 이 회사 CEO의 대처에 촉각을 곤두세웠다.

그런데 이야기가 완전히 다른 방향으로 흘러갔다. 자살 사건이 관심에서 멀어지고 회사 CEO 행동에 초점이 맞춰지면서 CEO에 대한 비난이 폭증했다. 그 이유는 바로 테리 고라는 CEO가 이 비극적 사건의 책임을 직원들 개인 문제라고 비난하며 직원들이 제기한 업무 환경 문제를 무시했기 때문이다. 미디어는 "그가 영웅이 될 기회를 스스로 걷어찼다"며 그의 행동과 말을 성토했다. 목숨을 잃은 직원의 상태와 업무 환경의 연관성을 조사하고, 다른 직원들의 심리 상태를 전문가를 동원해 관리하는 노력을 했더라면 그의 위기 대응이 적절했다고 모두 신뢰했을 것이다. 그러나 그는 자기 책임을 모면하기 위해 목숨을 잃은 직원을 비난하는 방법을 택했다.

BP의 멕시코만 원유 유출 사고에서 빠른 메시지 전략, 직원들의 해변 청소, 보상과 관련된 기금 조성 등의 대응은 위기 상황을 잘 관리한 예로 평가할 수 있다. 그러나 BP CEO인 토니 헤이워드의 말 한마디가 이러한 노력을 무색하게 만들었다. 이 사고에 대한 미디어와 대중의 평가가 부정적으로 흐르자 그는 런던의 동료들에게 "우리가 왜 이런 대접을 받아야 하지?"라고 푸념했다. 그는 석유 굴착 장치는 트렌스오션(Transocean) 소유로 BP는 단지 임대한 것이며, 석유 시추기에서 근무하는 직원들도 대부분 트렌스오션 소속이라고 했다. 즉, BP는 책임이 없고 트렌스오션과 그 직원들에게 문제가 있다는 비난 발언을 한 것이다. 그러나 대중은 사고로 사람이 죽거나 다치고 엄청난 양의 원유가 유출되어 주변 생태계를 파괴해 사람들의 삶을 어렵게 만든 회사의 CEO가 책임을 모면하려고 다른 기업과 사람들을 비난하는 것은 기업에 전혀 도움이 되지 않는다고 보았다.

  코로나19로 전 세계 사람들이 어려움에 부닥친 상황에서도 이런 비난 메시지를 자주 볼 수 있다. 이 팬데믹의 1차 책임은 제대로 준비하지 않고 위기를 맞게 만든 각 국가와 정부에 있다. 그러나 정부가 바이러스 확산 책임을 국민에게 전가하며 비난하는 것은 결코 바람직하지 않다. 각 국가의 정치적 이해관계를 코로나19 상황에 연계해서 활용하려는 발상은 현재의 위기를 극복하는 데 전혀 도움이 되지 않는다. 위기 발생의 주체가 할 수 있는 최악의 선택은 자기 실수를 타인에게 전가하며 그를 비난하는 것이다. 대중은 대인배를 선호하고 신뢰한다. 신뢰를 얻고 싶다면 자기 실수를 인정하고 문제를 해결할 적절한 방안을 제시하며 함께 극복하자는 메시지를 전달해야 한다.

위기에서
어떻게 사과하면 좋을까

위기는 언제 어디서나 누구에게나 일어날 수 있다. "난 괜찮아, 괜찮을 거야"라고 외치는 개인, 조직, 국가가 있다면 그런 과신이 얼마나 무의미하고 무책임한 것인지 위기를 직면하고서야 뼈저리게 실감할 것이다. 앞에서 우리는 위기에 어떻게 대응해야 하는지 알아보았다. 그렇다면 위기에 직면했을 때 가장 빠르게 실행해야 하는 대응 행동인 전략적 사과 메시지를 알아보자.

사과 전략은 위기로 손상된 개인, 조직, 국가 등 주체의 이미지와 대중의 신뢰를 회복하는 메시지 수단이다. 위기의 심각성, 위급성, 책임성 등 직접적 관련 요인과 기존부터 가지고 있는 명성, 대중과 관계, 최고 의사결정권자의 이미지 등과 같은 간접적 요인이 복합적으로 결합해 사과 메시지 전략의 효과에 영향을 미칠 수 있다. 따라서 위기 상황과 이런 직간접적 요소를 모두 고려해 적절하게 사용해야 효과를 기대할 수 있다. 사과는 위기 주체가 자기 책임을 인정하고 이해하는 '수용적 메시지' 성격을 가지고 있다. 즉, 잘못한 행위를 설명하고 대중의 용서를 구하는 커뮤니케이션 전략으로 언어적인 부분과 비언어적인 부분을 모두 포함한다.

1장과 2장에서 논의한 위기 유형에 따른 메시지 전략 방법 가운데, 과실을 인정하고 모든 책임에 대한 구체적 내용을 언급하는 굴욕 감수 전략과 자기 방어를 기본으로 하는 초월 전략 등에서 사과 메시지를 많이 사용한다. 이러한 사과 메시지 전략은 대중의 생각을 바꾸고 그들의 신뢰와 이해를 얻으려는 목적으로 사용된다. 일반적으로 위기의 책임성이 높은 상황에서는 수용적 전략을, 책임성이 낮은 위기에는 방어적 전략을 활용한다. 방어적 전략에는 부인, 차별화, 입지 강화, 초월 등이 있다. 여러 연구에 따르면 한국 대중에게 가장 효과적인 위기 메시지 전략은 사과 전략이며, 위기 주체가 반드시 활용해야 할 전략이라는 인식이 강하다. 한국의 대중은 책임성 정도와 상관없이 위기 주체가 스스로 도의적 책임을 지는 모습을 기대하는 경향이 강하기 때문이다.

2010년대부터 이런 경향이 더욱 강해졌으며, 위기가 발생한 그날 또는 하루 이내에 직접 사과 메시지가 발표되는 것이 일반적이다. 사과문에는 책임의 인정과 명시, 후회 등의 내용이 포함되며 보상, 시정 조치와 더불어 반성, 사죄까지 사용 가능한 사과 메시지의 모든 내용이 포함된 강력한 수준의 사과 전략도 자주 활용되는 추세다. 물론 무조건 회피하고 해명하고 변명하고 때로는 동정심을 유발하는 메시지 전략을 택하는 주체도 많지만, 이런 전략은 대중에게 외면받고 심한 경우 다른 형태의 질타로 이어지거나 신뢰도에 심각한 타격까지 유발한다. 이제 사과 메시지 전략의 중요한 팁과 사례를 알아보자.

첫 번째 팁은 '법리와 여론을 구분하라'이다. 위기는 대부분 특정한 사고나 사건이 원인이 되어 발생한다. 법정에서는 '무죄 추정의 원칙'에 기반해 책임성이 완전히 밝혀지기 전까진 아무런 법적 질타를 받지 않는다. 그런데 대중이 주도하는 여론은 그와 반대로 작동한다. 즉, '유죄 추정의 원칙'이 작동하는 것이다. 위기 주체가 자신이 무죄임을 입증하기 전까지는 도의적 책임까지도 모두 위기 주체의 몫이 된다. 딜레마는 이 둘의 차이에서 발생한다. 위기 주체는 이 둘을 모두 만족시켜야 하는데, 법적인 부분만 고려하고 여론에 무감각하게 대응해 신뢰를 잃어버리는 경우가 있다.

태안반도 기름 유출 사고에 연관된 삼성중공업은 이 사건의 법적 판결이 나오기 전까지 공식적 입장 표명을 유보했다. 사건이 발생하고 47일이 지나서야 형식적 사과문을 발표해 여론의 분노를 불러일으켰다. 삼성중공업은 법적으로는 책임의 한계를 판결받으며 위기관리에 나름 성공했지만, 대중의 신뢰는 심각하게 훼손되었다. 위기가 발생하면 위기 주체는 법률적 해결과 여론적 해결 방안 모두를 동시에 고려해야 한다. 법정에서 위기 유발 책임을 인정하는 것은 바로 유죄를 인정하는 것이 되어 최종적으로 불리한 판결로 이어질 수 있다. 그러나 대중을 상대로 한 커뮤니케이션 전략 차원의 책임 인정과 사과는 그 반대로 신뢰와 명성을 지키고 회복할 기회를 제공한다.

두 번째 팁은 '타이밍을 신속하게 잡아라'이다. 개인 간의 사과도 타이밍을 못 잡으면 도리어 더 큰 화를 부르는 것처럼, 위기 주체의 사과 메시지 전략의 수행도 타이밍이 매우 중요하다. 위기가 발생하면 사과 메시지 전달은 빠르면 빠를수록 좋다. 내가 아니어도 내 잘못을 밝혀낼 개체들이 사회에 많이 존재한다. 그 대표적인 것이 언론이며, 요즘은 일반 대중도 이러한 능력을 커뮤니케이션 기술을 통해 발휘하고 있다.

그러니 비판이 외부에서 일어나 문제가 더 복잡해지기 전에 내가 먼저 주도권을 쥐고 상황을 설명하고 사과하는 것이 현명하다. 여론에 떠밀려 하는 사과는 큰 반향을 일으킬 수 없다. 대한항공의 '땅콩 회항' 사건은 소셜미디어를 통해 세상에 알려지고 시간이 많이 지나 여론이 악화된 뒤에야 회장이 대국민 사과문을 발표했다. 그러나 이미 위기의 주도권은 언론과 대중에게 넘어간 뒤라서 엄청난 질타를 피하기 어려웠고, 신뢰도와 명성은 바닥으로 떨어졌다. 이와 반대로 '마우나리조트 붕괴 사고'에 대한 대응과 메시지 전략에서 코오롱 이웅렬 회장이 보여준 적극적·즉각적이며 진정성 있는 행동과 말은 기업의 신뢰도를 탄탄히 하는 계기를 마련했다.

세 번째 팁은 '사과문을 해명문으로 오해하지 말라'이다. 해명은 책임성 정도가 아주 약한 경우, 즉 천재지변, 테러 등과 같이 어쩔 수 없거나 불가항력적인 힘으로 위기가 발생하고, 내가 거기에 2차적으로 연결되어 문제가 발생했을 때 사용하는 방법이다. 물론 이 상황에서도 진정성 있는 사과가 먼저이며, 상황을 설명하는 과정에서 자신의 비고의성을 언급하는 데 해명을 일부 사용할 수 있다. 그런데 사고의 책임성이 명확한 위기에 해명 전략을 구사하면 반감을 감당하기 어려워진다.

2002년 미군 장갑차 사고로 여중생들이 사망하는 사고가 일어났지만 백악관의 사과를 끌어내지 못하고 상황의 정당성에 대한 '해명'만 취하는 바람에 전국적인 반미 시위를 불러왔다. 이와 반대로 모범적 사례도 있다. 오바마 전 미국 대통령은 취임 후 얼마 지나지 않아 자신이 내정할 보건부장관 후보와 백악관 고위직 임명자의 탈세 의혹이 불거지며 위기에 직면했다. 그러자 그는 "내가 일을 망쳐 놓았다." "나는 나 자신과 우리 팀에 대한 좌절감을 느낀다"며 자기 실수를 솔직히 인정하고 후속 조치를 신속하게 취하는 결단을 보여줬다. 그는 '해명'이 아닌 '사과' 전략으로 위기를 슬기롭게 해결하는 동시에 국민으로부터 더 큰 신뢰를 얻을 수 있었다.

네 번째 팁은 '공감할 수 있는 내용을 채워라'이다. 사과문에는 변명과 핑계가 아닌 사실관계, 문제 발단, 원인 제공자, 피해자에게 사죄하는 마음, 문제 해결 방안, 재발 방지 계획 등을 담아야 한다. 피해자에 대한 구체적 언급과 진정성 있는 애도의 마음을 담는 것이 필요하다. 문제 해결과 재발 방지를 위한 계획을 내부 구성원과 외부 협력자들과 함께 어떻게 구체적으로 실행할지 설명해야 한다. "다시는 이런 일이 없도록 하겠습니다"라는 말로 대충 넘어가려 하면 역풍을 맞을 수 있다.

사과문은 감성적 또는 이성적으로 구분해 작성할 수 있다. 감성적 형태의 사과문은 메시지 수용자 대상의 감성을 자극해 이해를 도출하는 형태로 작성하는 것으로, 앞에서 제시한 내용 구성 기본 요소를 모두 포함하면서 동시에 자신의 개인적 사례를 내용에 포함해 설득에 활용하는 것이다. 삼성서울병원의 메르스 집단 감염 사태에 대한 이재용 부회장의 대국민 사과처럼 투병 중인 부친 이건희 회장 이야기를 메시지에 포함해 유족의 고통을 위로하고 동질감을 끌어낸 메시지 전략이다. 피해자를 얼마나 진심으로 신경 쓰고 걱정하는지를 보여준 모범 답안이었다.

이성적 사과문은 정확한 사실의 설명과 잘못의 인정 그리고 해결 방법, 보완 대책 등을 순서에 맞게 배열해 설득력을 끌어올리는 전략이다. 문제가 발생했을 때 발표하는 사과문은 대부분 이성적 형태의 사과문이다.

다섯 번째 팁은 '언어적 표현을 신중하게 선택해 사용하라'이다. 사과문은 위기 주체가 무엇을 잘못했는지, 얼마나 반성하는지, 피해자에게 얼마나 애도하고 공감하는지, 앞으로 무엇을 할지를 글이나 말이라는 언어적 방법으로 제시하는 것이다. 이를 언론, 소셜미디어, 웹사이트 등에 올리는 것과 함께 직접 발표하는 과정이 포함된다면 단어 선택도 신중해야 한다.

사과문에 포함되어야 할 기본 구성요소를 충실히 따르면서 동시에 사용하는 단어 선정에서 아래에 나열한 단어들을 사용할 경우 수용자들이 위기 주체의 사과 의도를 심각하게 의심하거나 심하면 불쾌함을 넘어 분노로까지 이어질 수 있다. 메시지 수용자에게 위기 주체가 책임 회피와 전가, 억울함 호소, 말장난 등을 한다고 느끼게 만들어 사태를 더 악화할 확률이 대단히 높은 단어들이니 반드시 피하는 것이 좋다.

사과문에 사용하기 부적절한 단어

- 변명 또는 타인에게 책임을 전가하는 뉘앙스를 담은 단어

본의 아니게, 오해가 있어(생겨), 어쩔 수 없이, 그럴 생각(뜻)은 없었지만, 앞으로는 신중하게, 억울하지만, 그러나 저만 잘못한 것이 아니라, 이제까지 관행이 그래서, 외부 협력사의 실수로, 부서 직원의 실수로

- 애매하거나 모호한 표현의 단어

일단, 어찌되었든, 그럼에도 불구하고

- 과도한 표현의 단어

죽을 만큼 엄청난 죄를 지었습니다, 입이 열 개라도 할 말이 없습니다, 한 번만 살려주신다면

- 진정성 없이 장난으로 보일 표현의 단어

사나이답게 시원하게 용서 좀, 이후 발생하는 모든 책임을 다 지겠다

여섯 번째 팁은 '비언어적 표현을 신중하게 선택해 사용하라'이다. 글로 작성된 사과문은 직접 발표라는 형식을 빌리지 않고 대중에게 전달할 수도 있지만, 메시지의 진정성을 더 확보하려면 위기 주체의 최고 의사결정권자 또는 그에 준하는 신뢰도를 가진 대변인이 직접 발표하는 형식으로 하는 것이 좋다. 이때 메시지 전달자의 비언어적 표현도 대중에게 상당히 큰 영향을 미친다. 비언어적 표현은 언어나 텍스트 이외의 다른 방식으로 이루어지는 것으로 얼굴 표정, 제스처, 몸의 접촉 등 신체 움직임에 의한 행위와 목소리 톤, 복장과 색상, 화장, 액세서리 등을 아우른다. 이러한 비언어적 표현은 언어적 표현과 함께 복합적으로 메시지 수용자에게 전달되어 의미를 부여할 수 있는 것이다.

비언어적 커뮤니케이션의 역할

- 감정 표현
- 태도 표현
- 자신의 성격과 개성 표현
- 반응과 주목을 끌기 위한 표현

커뮤니케이션의 형태 가운데 언어를 사용하는 비율은 35% 정도이고, 나머지 65%는 비언어적 커뮤니케이션이 차지한다. 그만큼 비언어적 커뮤니케이션의 역할이 중요하며, 메시지 전달에 결정적 역할을 하는 경우가 많다. 2011년 미국 애리조나 총기난사 사건 추모 연설 도중 울음을 참느라 51초간 눈을 깜빡이며 침묵했던 버락 오바마 대통령은 진정 이 사태를 심각하고 애통하게 생각한다는 메시지를 가슴으로 전달했다.

'땅콩 회항 사건'으로 사회적 물의를 일으킨 대한항공 전 부사장 조현아는 기자회견에서 초췌한 모습으로 대중의 동정을 유도하는 듯한 모습을 보였다. 헝클어진 머리카락, 핏기와 화장기 없는 얼굴, 검정 코트에 회색 머플러, 위로 올라간 어깨, 한쪽으로 약간 기울인 머리, 작은 목소리, 아래를 응시한 눈 등의 비언어적 표현은 약자의 모습으로 프레이밍하는 기제로 사용되었다. 그러나 검찰에 출석하면서 거듭 고개를 숙이는 모습을 보였지만 진정성 없는 사과, 협박 논란, 거짓말 의혹 등으로 악화된 여론은 그의 비언어적 표현의 메시지도 거부했다.

사과문 사례

우리는 앞에서 사과문 작성에 필요한 기본 요건들과 피해야 할 단어들을 알아보았다. 그렇다면 사과문의 실제 모범 사례와 나쁜 사례를 살펴보자.

모범 사례

삼성서울병원 메르스 집단 감염 관련 이재용 부회장의 사과문

이재용 부회장의 사과문에는 사과문 내용의 기본인 사실관계, 문제의 발단, 원인 제공자, 피해자에게 사죄하는 마음, 문제 해결 방안, 재발 방지를 위한 계획 등이 모두 포함되어 있었다. 사과의 주체에 대한 진정성 있는 마음과 잘못에 대한 구체적 내용이 적시되어 있었다. 그리고 피해자를 정확하게 적시하고 사죄를 표현했으며, 개인사를 대입해 대중의 공감을 이끌었다. 발생한 문제를 해결하기 위한 의지와 구체적 실행 방법을 표현했고, 이 사건으로 '삼성'이라는

[이재용, 삼성전자 부회장 사과문 전문]

저희 삼성서울병원이 메르스 감염과 확산을 막지 못해
국민 여러분께 너무 큰 고통과 걱정을 끼쳐 드렸습니다.
머리 숙여 사죄합니다.

특히 메르스로 인해 유명을 달리하신 분들과 유족분들 아직 치료 중이신 환자분들
예기치 않은 격리조치로 불편을 겪으신 분들께 죄송합니다.

저의 아버님께서도 1년 넘게 병원에 누워 계십니다.
환자분들과 가족분들께서 겪으신 불안과 고통을 조금이나마 이해하고 있습니다.

환자분들은 저희가 끝까지 책임지고 치료해드리겠습니다.
관계 당국과도 긴밀히 협조해 메르스 사태가 이른 시일 안에 완전히 해결되도록 모든 힘을 다하겠습니다.

저희는 국민 여러분의 기대와 신뢰에 미치지 못했습니다.
제 자신 참담한 심정입니다.
책임을 통감합니다.

사태가 수습되는 대로 병원을 대대적으로 혁신하겠습니다.
어떻게 이런 일이 발생했는지 철저히 조사하고 재발방지를 위해 최선의 노력을 다하겠습니다.

이번 일을 계기로 응급실을 포함한 진료환경을 개선하고 부족했던 음압 병실도 충분히 갖춰서
환자분들께서 안심하고 치료받을 수 있는 환경을 만들겠습니다.

저희는 앞으로 이런 감염 질환에 대처하기 위해
예방 활동과 함께 백신과 치료제 개발을 적극 지원하겠습니다.

말씀드리기 송구스럽지만
의료진은 벌써 한 달 이상 밤낮 없이 치료와 간호에 헌신하고 있습니다.
이분들에게 격려와 성원을 부탁드립니다.

메르스로 큰 고통을 겪고 계신 환자분들의 조속한 쾌유를 기원하면서
다시 한 번 진심으로 사과드립니다.

 기업에 대한 기대와 신뢰에 손상을 입힌 부분을 반성하고 자책하는 표현을 적시했다. 그리고 재발 방지를 위해 앞으로 무엇을 어떻게 실행해 개선할지 구체적으로 밝혔다. 더불어 내부 구성원의 노고와 헌신에 감사를 보내면서 구성원을 격려하고 챙기는 모습을 보였다. 끝으로 피해자에 대한 사과를 다시 한번 반복해 표현했다.

 메시지를 다 읽고 난 다음 이재용 부회장은 90도로 허리를 숙여 깊은 반성의 의미를 전달했다. 이런 이 부회장의 사과 발표는 여론을 돌리는 데 결정적 역할을 하면서 '역시 삼성'이라는 새로운 신뢰 프레임을 만들어냈다.

경주 마우나리조트 붕괴 사고 관련 코오롱그룹 이웅열 회장의 사과문

2014년 2월 17일 밤 9시 15분경 경주 마우나리조트 강당이 눈의 무게를 이기지 못해 붕괴되면서 대학 신입생 환영회에 참석했던 부산외국어대학 신입생과 이벤트 회사 직원을 비롯해 10명이 사망하고, 103명이 부상하는 사고가 일어났다. 사고가 발생하자 현장에 사고 대책본부가 설치되었고 구조와 복구를 위해 노력했다. 코오롱그룹 이웅열 회장이 18일 오전 현장으로 내려가 사고 대책본부를 챙겼고, 마우나리조트 홈페이지에 이웅열 회장과 직원들 공동 명의의 사과문을 발표했다.

〈코오롱그룹 공개사과문〉

엎드려 사죄드립니다.

이번 사고로 고귀한 생명을 잃은 고인의 명복을 빌며 유가족 분들에게 엎드려 사죄드립니다.

특히 대학 생활을 앞둔 젊은이들이 꿈을 피우기도 전에 유명을 달리하게 된 데에 무거운 책임을 느끼며, 소중한 분들을 잃게 되어 비통함에 빠진 모든 분들께 깊은 사죄의 말씀을 올립니다.

부상을 입은 분들과 그 가족분들께도 애통한 심정으로 사죄드립니다. 하루 빨리 회복하시고 쾌유하시도록 저희 코오롱은 모든 지원을 아끼지 않겠습니다.

이번 사고로 국민 여러분께 심려를 끼치게 된 점에 대해서도 책임을 통감합니다.

코오롱은 현재 사고대책본부를 설치해 신속한 사고 수습을 위해 만전을 기하고 있으며, 무엇보다 인명구조에 최선의 노력을 다하겠습니다.

또한 사고 원인 규명에 한 점의 부족함이 없도록 최선을 다하겠습니다.

다시 한번 고인과 유가족, 부상을 입으신 분들을 비롯한 모든 분들께 사죄를 드립니다.

코오롱그룹 이웅열 회장 및 임직원 일동

이 사과문에는 사과의 대상과 잘못을 구체적으로 적시했다. 피해자를 정확하게 언급하며 목숨을 잃은 사망자와 가족 그리고 부상자에 대한 사죄와 애도를 표하는 한편 국민 전체를 대상으로 사죄의 뜻을 전했다. 그런 다음 현재 사고를 수습하기 위해 무엇을 하고 있고, 앞으로 무엇을 할 것이며, 보상을 어떻게 할 것인지를 적시했다. 마지막으로 다시 한번 사망자와 가족 그리고 부상자에 대한 사죄를 반복했다. 사과문에 진정성이 묻어나니 대중과 여론은 코오롱그룹의 다음 행보에 응원을 보내게 되었다.

나쁜 사례

미스터피자 정우현 회장 경비원 폭행 관련 사과문

잘못된 사과는 더 큰 위기를 촉발한다. 진정성이 결여된 형식적 사과문은 명성과 신뢰를 극단으로 몰고 간다. 2016년 4월에 있었던 미스터피자 회장의 경비원 폭행 사건이 논란이 되자 회장 명의로 90여 자짜리 사과문을 자사 홈페이지에 발표했다. 그런데 이 형식적인 사과문이 사태를 더 악화시켰다. 사과 대상과 잘못에 대한 구체적 적시도 없고, 피해자를 정확하게 언급하지도 않았으며, 문제 해결과 사후 개선 방안의 구체성은 고사하고 한마디로 내용도 없고 진정성도 없이 여론에 떠밀린 형식적 사과문이었다. 이후 회사는 다양한 형태의 불법적 행위가 드러나며 결국 회장이 사퇴했고, 횡령과 기타 다른 불법적 행위로 구속영장이 청구되었다. 문제가 발생했을 때 심각성을 인지해 제대로 사과하고, 회사를 정비하는 기회로 삼았다면 문제가 확산되는 것을 충분히 막을 수 있었을 것이다.

> **Mr.Pizza**
>
> # 진심으로 사과드립니다.
>
> 저의 불찰입니다.
> 피해를 입은 분께 진심으로 사과 말씀 드립니다.
>
> 그리고 많은 분께도 심려를 끼쳐드려 죄송합니다.
> 이번 일의 책임을 통감하고 반성합니다.
>
> 다시 한번
> 진심으로 사과드립니다.
> 죄송합니다.
>
> 정우현

교학사 사례

교학사 사과문은 왜 나쁜 사례가 되었을까? 사과문을 읽어보면 사건 경위, 즉 무엇으로 이런 사과문을 작성하고 발표하게 되었는지 그 이유와 사건의 구체적 경위와 사실이 결여되어 있다. 사과의 구체적 대상이 누구인지, 즉 누구를 대상으로 사과하는지가 애매하다. 사과 대상의 구체화가 아닌 일반화, 즉 모두를 대상으로 하는 듯한 모호함이 존재한다.

위기를 불러온 사건의 책임성을 언급하는 부분에서 책임 회피가 명백하게 드러났다. 최고 의사결정권을 가진 대표가 책임져야 할 사안을 직원 잘못으로 전가하는 것은 사과문의 진정성과 대표의 신뢰성에 치명적 타격을 주기에 충분했다. 문제를 해결하기 위한 구체적

> ## 사과문
>
> 교학사가 2018년 8월 20일에 출간한 한국사 능력검정 고급[1·2급] 참고서에 실린 고(故) 노무현 전(前) 대통령 사진은 편집자의 단순 실수로 발생한 일입니다. 그러나 이를 제대로 검수하지 못한 부분에 대해 진심으로 사죄의 말씀을 드립니다.
>
> 교학사는 이미 온·오프 라인에 배포된 교재를 전량 수거하여 폐기하도록 조치하였습니다.
>
> 모든 분들께 지면을 통해 먼저 사죄의 말씀을 드립니다. 특히 가족분과 노무현 재단에는 직접 찾아뵙고 사죄의 말씀을 올리도록 하겠습니다.
>
> 다시 한번 이번 일에 대해 진심 어린 사죄의 말씀을 드립니다.
>
> — ㈜교학사 전직원 일동

방법이 없었다. 교재를 수거해 폐기하는 것으로 문제가 해결되는 것이 아니다. 그 이후 피해자에 대한 직접적 사과와 보상, 재발 방지 등에 대한 구체적 계획이 언급되었어야 했다.

BBQ치킨 사과문

BBQ치킨은 2017년 5월과 6월 치킨 가격 인상을 단행했다. 이에 소비자들은 반발했고, 이 반발을 의식한 회사는 2017년 6월 19일 회사 공식 블로그에 사과문을 발표했다. 그런데 이 사과문이 문제를 더 심각하게 만들었다. 사과문 제목은 "비비큐 가격 인상 철회, 죄송합니다!!!"로 시작했다. 그리고 내용은 오탈자와 비문으로 구성되어 있었다. 사과의 진정성을 의심할 수밖에 없는 사과문이었다.

첫 번째 사과문에 대해 여론이 좋지 않자 단어 몇 개를 교체한 별 차이 없는 두 번째 사과문을 게재했다. 소비자와 여론은 급격하게 악화되었다. 왜 그랬을까? 사과문의 기본을 지키지 않은 것도 문제지만 보기에 따라 소비자와 여론을 조롱하거나 장난치는 것으로 오해할 소지가 충분했기 때문이다. 사과문 발표 이후 비난이 거세지고 사과문이 오히려 추가적 부정 이슈를 만들어내는 촉매제가 되었다. 나빠진 여론은 이후 언론과 정부의 부정적 태도 변화에도 영향을 미쳤다.

나만의 기본 매뉴얼
만들기

1장부터 4장까지 위기 상황에 대응하기 위한 커뮤니케이션 전략을 논의했다. 이제 마지막으로 이런 과정을 자신에게 적용해 활용할 수 있도록 위기 전 단계부터 위기가 마무리된 이후 단계까지 어떤 계획을 수행해야 하는지 정리해보자.

위기대응팀을 만들고 위기를 예측하라

위기는 항상 갑자기 닥쳐온다. 따라서 항상 예상치 못한 것을 예상해야 한다. 위기대응팀을 구성하고 발생 가능한 위기 유형(인적 오류, 천재지변, 사고, 테러 등)을 나누고, 이것의 영향 범위(글로벌, 국가, 조직, 개인)에 따라 세분한다. 그리고 다음과 같은 것들을 리스트로 만들어 그 답을 미리 작성해보는 것이 필요하다.

- 누가 각 영역의 정리와 대응을 담당할 것인가?
- 내부와 외부의 커뮤니케이션을 누가 담당할 것인가?

- 위기의 발생 가능성 정도는 어떤가?
- 위기에 대응해 취한 조치는 무엇인가?
- 위기 상황에 정보와 메시지를 수신할 대상이 누구인가?

위기 상황에서 제공할 메시지를 만들어라

각 위기의 특성에 맞는 메시지는 어떤 형식과 내용을 담아야 할지 이전의 경험과 다른 개인, 조직, 국가의 사례를 참고해 미리 작성해본다. 외부에 전달할 메시지는 위기를 약화시킬 수도 있지만, 또 다른 문제를 유발해 사태를 더욱 어렵게 만들 수도 있다. 메시지 내용에 반드시 포함되어야 할 기본 구성과 단어를 이성적 차원과 감성적 차원 모두에서 고려해야 한다. 그리고 메시지 내용에 들어가면 부정적 효과를 유발하는 단어를 신중하게 고려해 문장을 다듬어야 한다.

메시지 작성과 검수는 단지 오타나 비문을 찾아내기 위한 것이 아니다. 메시지를 작성하고 검수하는 작업은 정확하고 설득력 있는 내용을 전달해 메시지 수용자의 긍정적 반응을 도출하는 중요한 작업이다. 너무 방어적이어도 안 되고, 그렇다고 너무 공격적이어도 안 된다. 균형과 기본을 지키면서 설득력이 있어야 한다.

위기 상황에 담당해야 할 역할을 구분하라

위기대응팀을 구성해 미리 역할을 할당하고, 반복적으로 교육해 실제 위기 상황이 발생했을 때 각자 맡은 부분을 혼란 없이 수행할 수 있도록 해야 한다. 이를 위해 간단하게 역할의 범위와 종류를 구분하면 다음과 같다.

- 위기 상황을 분석할 관리자 배정

위기가 발생하면 가장 먼저 실행해야 하는 것이 위기에 대한 정확한 사실 확인이다. 위기가 언제, 어디서, 무엇 또는 누구 때문에 어떻게 발생했는지에 대한 정확한 사실 정보가 있어야 물리적 대응의 방법과 수위와 메시지를 확정할 수 있기 때문이다.

- 전화 관리자 배정

위기가 발생하면 외부로부터 전화 문의가 폭주할 수 있으므로 전화 관리가 필요하다.

- 기자들과의 커뮤니케이션 기록자 배정

위기가 발생하면 언론의 관심이 증가하며, 기자들의 질문과 이에 대한 정보 제공에 관련된 내용을 정확히 기록·보관해야 이어지는 질문들에 효과적으로 대응할 수 있다. 기자가 질문할 내용을 사전에 준비해 템플릿 형태로 만들어놓고 상황에 따라 적절하게 활용하면 혼란을 최소화할 수 있다.

- 웹사이트 개설 또는 기존 것의 업데이트 관리자 배정

위기가 발생하면 위기대응팀 전용 웹사이트를 운영하는 것이 일상 업무와 위기 대응 업무가 혼재되어 발생하는 혼란을 최소화할 수 있다. 그것이 여의치 않다면 기존 웹사이트에 위기 관련 섹션을 추가해 사용할 수도 있다. 이 두 경우 모두 웹사이트 제작 전문가가 필요한 부분이다. 따라서 내부 구성원 중 웹사이트를 제작·관리할 수 있는 인원을 배치할 수도 있고, 외부 전문가의 도움을 받아야 할

수도 있으니 이 부분을 미리 설정해 배치하거나 업무 협조를 구할 수 있게 조정해야 한다.

• 소셜미디어 모니터링과 대응 인력 배정

기존의 미디어와 다르게 각종 소셜미디어는 즉각적 피드백과 상호작용적 대응이 가능한 새로운 커뮤니케이션 채널이다. 따라서 위기 상황과 관련한 정보의 전달과 외부의 질문 또는 피드백에 즉각 대응할 수 있도록 상시 모니터링을 해야 하며, 올라온 글에 대해서는 정확한 정보를 제공해 혹시 있을지 모르는 루머를 사전에 차단해야 한다.

• 대변인 배정

위기 상황과 관련된 정보는 단일 창구로 한정하는 것이 메시지 과다로 인한 혼란과 오해를 최소화하는 방법이다. 따라서 대외적 메시지를 전달할 대변인을 신중하게 선정하고, 적절한 대응에 필요한 교육을 해야 한다.

• 인터뷰 관리와 제공

위기 발생과 더불어 증가한 관심에 대응할 때 웹사이트, 소셜미디어 등을 통한 메시지 전달도 가능하다. 그러나 상황의 심각성 정도에 따라 면대면 인터뷰가 오해와 루머 확산을 최소화하며, 정보 제공의 주도권을 확보해 앞으로 쇄도할 관심과 질문에 적절히 대응하는 방법이 될 수 있다.

주요 대상 미디어의 리스트를 만들어라

위기 발생과 동시에 대외적으로 정보와 메시지를 전달하는 데 필요한 주요 미디어의 연락처와 접촉 인물의 정보를 중요도 순으로 정리해 보관해야 한다.

내부 구성원과 커뮤니케이션 포맷을 작성하라

내부 구성원은 위기 발생 시 외부와의 간접적 커뮤니케이션에서 긍정적 효과를 끌어낼 수 있는 중요한 조력자다. 따라서 이들과 위기 정보를 공유하고 혹시 있을 수 있는 기자 또는 대중과의 접촉에서 위기에 대해 어떻게 대처해야 하는지를 협의해야 한다.

대변인을 선정하고 교육하라

대변인은 위기 발생 시 외부와의 공식적 커뮤니케이션을 담당하는 단일화된 창구다. 따라서 대외적으로 신뢰감과 전문성을 확보할 수 있는 인물로 선정해야 한다. 위기의 유형과 심각성 정도에 따라 최고 의사결정권자가 대변인 역할을 할 수도 있지만, 일반적인 위기 유형과 상황에서는 전문성이 있는 사람을 대변인으로 정하는 것이 일반적이다. 대변인이 선정되면 미디어 교육을 받은 내용과 시기, 그의 강점과 약점, 전문분야 등에 대한 정확한 정보를 바탕으로 위기 상황에 대한 정보와 결합해 가장 적절한 교육을 해야 한다. 만약 대변인이 대외적 인터뷰에서 적절하지 않은 말과 행동을 할 경우 추가 문제로 이어질 수도 있기 때문이다.

소셜미디어의 관리와 대응을 준비하라

소셜미디어는 새로운 형태의 커뮤니케이션 도구로 활용되고 있다. 소셜미디어 대응이 위기를 순화하는 예도 있지만, 그 반대로 새로운 문제를 유발해 사태를 더 어렵게 만드는 경우도 종종 있다. 소셜미디어 담당자가 위기에 대응해 제공할 수 있는 메시지 유형을 구분하고, 특정 위기에 대한 해시태그도 미리 설정해 즉각 대응할 수 있도록 위기 커뮤니케이션 매뉴얼을 갖추어야 한다.

기자회견 실행을 사전에 준비하라

위기의 성격과 심각성 정도에 따라 긴급하게 기자회견을 실행해야 할 상황이 발생할 수 있다. 따라서 긴급 기자회견을 위한 잠재적 위치와 장소, 참석 인원, 내부 구조 구성, 필요한 물품 등에 관한 계획과 방법에 대한 매뉴얼이 있어야 한다.

기자회견은 기자들과 이해관계자 등이 참석해 대변인에게 질문 공세를 펼치는 전쟁터이다. 이 전쟁터에서 성공적 결과를 만들기 위해서는 공간적 커뮤니케이션 전략이 상당히 중요하다. 정보를 제공하는 사람이 정보 주도권을 확보하고 메시지를 전달할 수 있게 하는 것이 공간적 커뮤니케이션 전략이다. 여기에는 정보 제공자와 수용자의 물리적 거리, 내부 구조 구성, 조명, 음향시설 등과 같은 것들의 전략적 조정과 배치가 선행되어야 한다.

위기대응팀 구성원의 정보를 문서로 만들어 공유하라

위기가 발생하면 빠르게 대응할 수 있도록 위기대응팀 구성원의 정보와 연락처를 문서로 만들어 공유해야 한다. 각 담당 업무, 근무시간, 연락처 등을 세분해서 하나의 위기 커뮤니케이션 매뉴얼을 즉각 이용할 수 있도록 만들면 위기가 발생했을 때 신속하고 효율적으로 대응 행동을 실행할 수 있다. 혼란을 최소화하고 명성을 최대한 보호하기 위해서는 빠르고 체계화된 대응이 가장 중요하다.

PART 2

개인·조직·국가의
위기 대처 커뮤니케이션

6

개인은 어떻게 위기에서 살아남을까

언어적·비언어적 커뮤니케이션은 왜 중요한가

커뮤니케이션을 한마디로 정의하면 "메시지를 생성하고 교환하는 행위이며, 상대를 설득하기 위한 행위"라고 할 수 있다. 따라서 커뮤니케이션에는 상호연계적 특성이 있다고 할 수 있다. 역동적이고 상호작용적인 과정이며, 정보를 전달하고 그것이 사람에게서 사람으로 이어지며 이해되는 과정이 바로 커뮤니케이션이다. 이런 커뮤니케이션 행위는 언어적인 것과 비언어적인 방법으로 의미가 담긴 상징적 메시지를 교환하며 상호작용하는 것을 바탕으로 한다.

사람 간의 커뮤니케이션은 각 개인의 욕구, 느낌, 경험, 가치 기준, 문화적 배경에 따라 차이가 있으며, 환경에서 주어지는 자극에 노출된 각 개인에 따라 행동에도 차이가 생긴다. 이런 이유로 인간의 커뮤니케이션은 각 개인의 독특한 메시지 해독에 영향을 받는 매우 복잡한 과정이다. 이런 독특함 때문에 인간의 커뮤니케이션은 공동의 이해에 얼마나 근접할 수 있느냐에 따라 성공의 열쇠가 달려 있다고 하겠다.

인간이 사용하는 커뮤니케이션 중 가장 대표적인 것이 '말'이다. 그럼 좋은 커뮤니케이션의 유일한 조건은 무엇일까? 바로 전달되는 모든 메시지가 명확하고 간결한 언어로 표현되었다는 기본 전제가 그 조건이다. 사람이 사용하는 말은 사용 방법에 따라 측정하는 기준이 결정된다. 그리고 말의 의미는 사용된 말의 문맥과 사용하는 사람의 의도에 따라 변한다. 우리가 일상적으로 사용하는 단어 수백 개는 하나의 의미만 존재하지 않고 그 몇십 배 의미를 지녔다. 이런 이유로 커뮤니케이션의 연결성과 메시지 재생산은 메시지의 복제와 변화를 잘 설명할 수 있다.

우리가 흔히 하는 말 전달 게임을 생각해보자. 여러 사람이 줄지어 서고, 맨 앞사람에게 어떤 단어를 보여주거나 설명해준 다음 그것을 맨 마지막 사람이 맞히는 게임이다. 이 게임이 말의 연결성과 메시지 재생산을 그대로 보여준다. 맨 앞사람을 제외한 나머지는 그 내용을 알지 못하게 한 상황에서 내용을 전달하는 게임이 시작된다. 그런데 맨 마지막 사람에게 도착한 메시지가 맨 앞사람이 전달한 내용이 아닐 확률이 상당히 높다. 개인마다 단어나 메시지를 수용하고 이해하는 방법이 다 다르기 때문이다.

인간은 언어적 방법과 비언어적 방법으로 커뮤니케이션한다고 설명했다. 그렇다면 이 두 다른 형식에 대해 간단히 알아보자. 언어적 커뮤니케이션은 말로 메시지를 전달하는 방법이며, 비언어적 커뮤니케이션은 말을 제외한 의미를 전달하는 모든 행위를 말한다. 비언어적 커뮤니케이션은 일상생활에서 중요한 메시지 전달 도구로 사용되며, 전달하는 의미도 상당히 다양하다. 그 비중도 말이라는 언어적 커뮤니케이션 방법보다 훨씬 높다. 일상의 메시지 전달에서 비언어적 커뮤니케이션이 차지하는 비중이 65%이며, 나머지 35%가 언어적 커뮤니케이션 방법이라는 연구 결과도 있다.

그런데 우리는 말에는 신경을 많이 쓰면서도 비언어적인 부분은 자주 간과하는 경향이 있다. 이것이 더 많은 의미와 메시지를 전달하는데 말이다. 비언어적 커뮤니케이션은 말없이 전달되는 메시지 행위, 언어적 코드를 사용하지 않고 특정한 의도 또는 의미를 내포하며 메시지를 전달하는 행위로 규정할 수 있다. 커뮤니케이션 학자 대처 켈트너는 이런 비언어적 커뮤니케이션 행위의 중요성에 대해 "행동은 말보다 더 크게 말한다!"라고 설명했다. 어떤 경우에는 언어적 방법보다 비언어적 메시지가 더욱 강력한 의미를 상대에게 전달할 수 있다. 일반적으로 언어적 커뮤니케이션은 특정한 상황에서 기본 내용을 전달하는 데 반해 비언어적 커뮤니케이션은 전달자의 느낌, 개인적 의미, 좋아하는 감정, 호감도 등 내면적 표현을 전달하는 기능을 하기도 한다.

대표적인 예로, 앞서 설명했듯이 2011년 미국 애리조나주 총기난사 사건 추모 연설에서 오바마 대통령의 침묵은 국민에게 강력한 메시지를 전달했다. 그는 희생자 중 아홉 살 소녀를 애도하는 과정에서 울음을 참기 위해 51초간 눈을 깜빡이며 말을 잇지 못하고 침묵했다. 그의 진심을 국민이 느끼기에 몇천 마디 말보다 충분했다. 이렇듯 비언어적 커뮤니케이션 행동은 감정과 태도를 전달하는 데 매우 중요한 수단으로 작용한다.

비언어적 메시지는 말을 보조하는 기능도 한다. 사람의 얼굴은 비언어적 메시지 전달의 가장 대표적 신체 부위다. 행복감, 화남, 놀람, 슬픔, 역겨움, 두려움 등 6가지 감정상태를 나타낼 수 있다. 이와 더불어 사람의 신체적 동작 중 몸짓과 자세도 감정상태, 태도, 자기 직위, 친밀감 등과 같은 정보를 제공한다. 몸의 외형과 생김새, 목소리 크기·속도·높낮이·길이 등도 상대에게 나의 다양한 정보를 준다. 여기에 더해 공간적 요소도 상대에게 다양한 정보를 제공하는 역할을 한다. 언어적 커뮤니케이션도 메시지 전달에 중요하지만 비언어적 커뮤니케이션이 어떤 면에서는 더 많은 내면의 정보, 즉 나의 진실성과 관련된 정보를 상대에게 전달하는 데 더 중요한 역할을 한다는 것을 명심해야 한다. 말은 의도적으로 포장해 전달할 수 있지만 몸은 그렇지 않다.

개인의 위기는 언어적·비언어적 메시지에서 시작된다

마지막 순간까지
자신을 희생한 의인

2018년 12월 조울증(양극성 장애) 환자가 휘두른 흉기에 강북삼성병원 정신과 의사 임세원 교수가 살해되었다. 이 사건으로 의료법 시행규칙 일부가 개정되어 '임세원법'이 시행되었다. 흉기를 든 환자에게 쫓기고 폭행을 당하기 직전까지 동료 간호사들을 구조하고 보호하다 살해된 임세원 교수를 의사자로 인정한다는 법원 판결이 도출되면서 안전한 진료환경 확립에 대한 요구가 촉발되었다.

2018년 12월 임세원 교수에게 진료를 받던 환자가 이상 행동을 보이기 시작했다. 이와 동시에 임 교수는 간호사를 호출해 비상벨을 눌러달라고 손짓했다. 간호사가 나가자마자 환자는 진료실 문을 잠그고 흉기를 꺼내 임 교수를 위협했다. 이에 임 교수는 옆 진료실을 통해 복도로 빠져나와 뛰면서도 간호사들 안전을 챙겼다. "신고해!

도망가"라고 외치며 복도를 뛰던 임 교수는 미끄러지며 넘어졌고, 환자가 달려들어 흉기로 임 교수를 여러 번 찌르며 폭행했다. 결국 임 교수는 환자가 휘두른 흉기에 살해되었다.

 그러나 보건복지부는 그의 살해 전 행위가 간호사들을 직접적으로 구조했다고 보기 어렵다며 의사자 지정이 불가하다고 밝혔고, 임 교수 유족은 법원에 소송을 제기했다. 이에 법원 재판부는 "임 교수는 박씨의 범죄를 제지하기 위해 자기 생명이나 신체의 위험이 가중되는 것을 무릅쓰고 직접적·적극적 구조행위를 했다"라고 판단해 의사자 지위를 인정했다. 살인을 저지른 환자는 사건 전 치밀하게 계획을 세우고 고의로 살인을 저지른 것이 인정되어 대법원에서 징역 25년형이 확정되었다.

 유족은 이 사건으로 정신과 치료를 받는 사람들에 대한 사회적 편견이 확산되는 것에 대해 메시지를 전달했다. 유족은 "우리 남겨진 가족의 뜻은 귀하고 소중했으며 우리 가족의 자랑이었던 임세원 의사의 죽음이 헛되지 않도록 하는 것"이라며 "의료진의 안전과 더불어 모든 사람이 정신적 고통을 겪을 때 사회적 낙인 없이 적절한 정신 치료와 지원을 받을 수 있는 환경이 조성되는 계기가 되길 바란다"라고 말했다. 정신질환 범죄에 대한 강력한 처벌과 의료 안전 사이에서 일어나는 논란이 적지 않은 사회적 현실에 대해서도 의견을 밝혔다. "우리 오빠와 같이 이 분야에서 일하는 분들은 자신의 진료권 보장과 안위를 걱정하지만, 환자들이 인격적으로 대우받고 질환을 빨리 극복하기를 동시에 원한다"라며 "그분들이 현명한 해법을 내릴 것이라고 생각한다"라고 밝혔다.

 임세원 교수는 생전에 자신의 SNS에 환자의 고통을 조금이라도 이해하고 그들의 치료에 최선을 다해야 한다는 각오와 다짐 그리고 환자에 대한 연민과 고마움을 표현한 글을 올렸었다. 유족은 이 글이 "의사조차도 정신적 고통을 받을 수 있다는 것을 알려 사회적 낙인이 없기를 바란다"는 고인의 뜻이라고 전했다.

위기 관리 커뮤니케이션 전략과 평가

- 사고 유형과 원인 주체: 폭행치사 피해자
- 책임성과 심각성: 위기에 대한 책임성 낮음, 심각성 높음
- 커뮤니케이션 전략 실행 시기: 즉각적 대응
- 메시지 전략과 내용: 타인의 안전을 생각하는 언어적·비언어적 메시지를 전달했음. 유족은 사고 가해자를 원망하기보다 환자에 대한 연민과 가족의 슬픔 그리고 추모해준 사람들에게 감사를 표현함
- 메시지 노출 매체와 전달 방법: 언론 인터뷰

무차별 흉기 폭행으로 사망에 이른 피해자는 흉기를 들고 쫓아오는 가해자를 피해 도망치는 긴박한 위기 상황에서도 타인의 안전을 챙기고 보호하는 자세를 보여주어 주위의 안타까움을 더했다. 장례식장에서 있었던 인터뷰에서 유족은 안타깝고 애통한 심정을 감정적으로 드러내지 않은 채 차분하고 사려 깊은 모습으로 메시지를 전달했다. 유족은 피해자가 의사로서 그동안 환자들을 치료하며 얼마나 깊은 연민과 고마움을 가지고 있었는지, 의사로서 사명감은 어떠했는지, 가족에 대한 사랑은 어떠했는지를 설명했다. 그리고 이

사건으로 사회가 가질 수 있는 환자들에 대한 편견을 우려했으며, 동시에 추모해준 분들에 대한 감사 인사를 빼놓지 않았다. 이런 메시지 내용은 고인이 된 임세원 교수의 명예를 한층 더 돋보이게 했고, 전국의 모든 정신과 의사들의 어려움과 노고를 대중이 깊이 인식하게 하는 데 일조했다.

case 2 갑질의 끝을 보여준 피자회사 회장

　　미스터피자 회장은 2016년 4월 2일 밤 11시경 서울 대신동 한 상가 건물 경비원을 폭행해 자신의 명예와 회사의 명예를 동시에 추락시켰다.

　미스터피자 회장은 서울 서대문구 대신동의 한 상가에서 저녁식사를 마치고 10시 20분쯤 건물 로비를 통해 나가려고 했지만 정문이 잠겨서 나갈 수 없었다. 이에 상가 경비원을 불렀고 실랑이가 벌어졌다. 경비원은 회장에게 죄송하다고 했지만 회장은 주먹으로 폭행을 가했다. 이에 경비원은 112에 폭행 사건을 신고했고 경찰이 수사에 나섰다. 그러나 회장은 폭행하지 않았다고 거짓말했다. 회장 측은 "직원들이 중간에 있어서 주먹으로 가격할 수 없었고 서로 밀치고 잡아당기는 정도의 마찰이 있었다"라고 했다.

이 사건이 언론을 통해 알려지고 경찰이 확보한 CCTV에 폭행 장면이 생생하게 녹화되어 있음을 알게 된 뒤에야 회장은 경비원에게 사과할 의사를 밝히고 자택으로 그를 찾아가 죄송하다며 고개 숙여 사과했다. 이뿐 아니라 협력사에 대한 부당한 갑질, 횡령, 배임 등이 연이어 밝혀지며 결국 실형을 선고받았고, 회장직에서 물러나며 경영권까지 포기했다. 시장에서 건실한 중견기업으로 평가받던 이 회사는 코스닥 상장 9년 만에 상장폐지가 의결되며 주권매매거래가 정지되었지만, 일주일 뒤 상장폐지가 유예되었다. 그러나 갑질과 폭행의 후폭풍으로 결국 다른 회사에 매각되었다.

위기 관리 커뮤니케이션 전략과 평가

- 사고 유형과 원인 주체: 폭행 범죄, 회장 본인
- 책임성과 심각성: 높음
- 커뮤니케이션 전략 실행 시기: 즉각적 대응 없이 여론에 떠밀려 나중에 실행
- 메시지 전략과 내용: 초반 변명과 거짓말, 후반 진실성 빠진 형식적 메시지
- 메시지 노출 매체와 전달 방법: 홈페이지, 텍스트 기반 메시지

위기 상황에 직면하면 가장 먼저 해야 할 일이 무엇인지 정확히 인지하지 못했거나, "내가 누군데, 이 정도는 아무렇지 않게 해결할 수 있어"라는 자만심에서 거짓말과 변명 그리고 진실성이 빠진 사과문을 발표한 것은 아닌지 의심할 수밖에 없는 사건이다. 회장은

"직원들이 중간에 있어서 주먹으로 가격할 수 없었고 서로 밀치고 잡아당기는 정도의 마찰이 있었다"라고 경찰에 증언했다.

그런데 CCTV 증거가 나오자 태도를 바꿔 피해자에게 사과하는 것은 피해자에 대한 2차 가해라고 할 수 있다. 진심이 빠진 사과를 받을 사람은 아무도 없다. 그리고 사건이 언론에 보도되고 여론이 좋지 않게 돌아가자 마지못해 기본도 지키지 않은 형식적 사과문을 발표하는 실수까지 연발했다. 위기가 발생했을 때 가장 하지 말아야 할 커뮤니케이션 전략을 구사함으로써 결국 회사 매각이라는 극단적 위기까지 초래한 것이다.

나 때문에 위기가 발생하고 피해자가 나왔다면 변명 또는 해명 전략은 절대 취하면 안 된다. 이 상황에선 굴욕 감수 전략, 즉 무조건 사죄하고 피해자에 대한 보상과 차후에 일어날 일에 모든 책임을 지는 전략이 최선이었다. 한 조직을 책임지는 개인이라면 더욱 말과 행동을 사려 깊게 하는 인성을 가져야 한다. 안하무인으로 말하고 행동하면 본인은 물론 조직에까지 그 피해가 이어질 수 있다. 이런 사례가 국내에서 심심치 않게 발생하는 갑질 유형이라는 것이 대중의 마음을 답답하게 만든다.

case 3 악플은 생명도 앗아간다

연예인 설리와 구하라, 배구선수 고유민 등 유명인이 악플(악성 댓글)에 시달리다 연이어 극단적 선택을 했다. 이에 네이버, 다음 카카오, 네이트 등 포털사이트는 2019년 연예 기사의 댓글 기능을 잠정적으로 없앤 데 이어 2020년에는 스포츠 기사의 댓글 기능도 잠정적으로 없애기로 결정했다.

2019년 10월 14일 설리에 이어 2019년 11월 24일 구하라, 2020년 7월 31일 배구선수 고유민까지 악플에 시달리다 극단적 선택을 하는 비극적 사건이 일어났다. 이들은 욕설, 허위사실, 가족에 대한 욕설과 음해 등이 줄기차게 게시되자 심한 우울증에 시달리다 자살이라는 극단적 선택을 했다. 이에 국내 포털사이트들은 이용자들의 심한 반대에도 불구하고 연예와 스포츠 기사 댓글 기능을 차단하는 극약처방을 내렸다. 이런 배경에는 포털사이트가 악성 댓글을 달 수 있는 환경을 만들었다는 비판도 일조했을 것이다. 익명으로 댓글을 게재할 수 있게 함으로써 익명성이라는 방패 뒤에 숨어 삐뚤어진 감정을 배출하는 환경을 만들었다는 것이다.

댓글 실명제를 도입해야 한다는 여론도 오래전부터 있었다. 익명과 실명의 차이가 별것 아니라고 생각할 수 있지만, 실명 공개는 심리적 방어장치로 작용해 글을 쓰는 사람이 스스로 내용을 한 번 더 신중하게 생각하도록 만들어준다. 학계에서도 오래전부터 댓글 실명제에 대한 논의를 이어왔고, 일부 게시판에 이미 적용되고 있다.

포털사이트들의 연예와 스포츠 기사 댓글 서비스 중단에 대해 팬들은 부정적 의견을 내놓고 있다. 특히 스포츠의 경우 경기에 대한 평가와 토론의 장이면서 동시에 감동을 공유하는 팬심의 확장이라는 순기능을 하는데 굳이 댓글 서비스를 중단해야 했는지 불만을 토로했다. 이는 연예기사 댓글 기능 중단에 대한 팬들 반응과 비슷하다. 그러나 댓글 서비스의 순기능과 더불어 역기능이 그 대상 연예인과 운동선수들의 극단적 선택으로 이어지는 상황에서 특단의 조치는 분명 필요해 보인다.

그 대안이 바로 실명제라고 할 수 있다. 익명성 뒤에 숨어 욕설, 비난, 허위사실 유포, 가족에 대한 협박과 욕설 등을 일삼는 것은 민주국가에서 용인하는 '표현의 자유'로 인정하기에 무리가 있다. 또 하나의 대안은 기술적 조치로 악성 댓글을 필터링하고, 일부 포털사이트에서 AI를 활용한 필터링을 시행하는 것이다. 그러나 아직 완벽하게 악성 댓글을 걸러내지는 못하고 있다. 기술이 발달해 악성 댓글을 완벽하게 걸러내게 되고 실명제까지 시행하게 되면 분명 지금보다 상당히 발전한 댓글 문화를 만들어낼 수 있을 것이다.

위기 관리 커뮤니케이션 전략과 평가

- 사고 유형과 원인 주체: 언어폭력 범죄, 피해자
- 책임성과 심각성: 책임성은 낮고 심각성은 높음
- 커뮤니케이션 전략 실행 시기: 즉각적 대응에 미온적이었다가 후에 문제가 더 심각해지면 언론을 통해 메시지 생성
- 메시지 전략과 내용: 초기엔 시정과 자제를 부탁하는 메시지로 시작해 법적 소송에 대한 메시지로 강도를 높이다 결국 극단적 선택을 통한 강한 메시지로 전환
- 메시지 노출 매체와 전달 방법: SNS의 악플에 직접 대응, 언론 인터뷰

연예인과 운동선수들은 팬들의 사랑을 바탕으로 발전하고 성장한다. 이는 비단 유명인에게만 해당하는 것은 아니어서 모든 개인이 누군가의 관심을 받고 싶은 인정욕구를 가지고 있다. 그러나 그 관심이 부정적인 것으로 일관되는 상황이라면 견딜 수 없는 모멸감과 자괴감으로 심각한 위기 상황에 내몰리게 된다. 커뮤니케이션 기술 발전의 궁극적 목적은 사람의 생활을 좀더 윤택하고 풍요롭게 만드는 것인데, 이 기술이 누군가를 괴롭히고 자신의 정상적이지 않은 불만을 배출하는 도구로 사용된다면 그 대상은 심리적·육체적 고통을 이겨내기 어려워진다. 이는 기술 발전의 목표와 정면으로 배치되는 것이다.

유명인들이 악플에 시달리다 자살이라는 극단적 선택을 하게 된 배경에는 바로 이런 모멸감과 자괴감이 있었을 것이다. 인정은 고사하고 미움과 비난의 대상이 되었다는 것을 참을 수 없었을 것이다. 악플이 시작되면 대부분 무대응으로 일정 기간을 보낸다. 그러다 그 횟수와 비난 강도가 올라가면 해당 커뮤니케이션 채널에 악플 자제와 시정 또는 올라온 내용에 대한 해명 등 대응 메시지를 전달한다. 익명성 뒤에 숨어 악플을 올리는 가해자는 오히려 이런 대응을 즐기는 경향이 강하다. 왜냐하면, 자기 글에 반응하는 것이 재미있다고 생각하기 때문이다.

따라서 이런 과정은 계속 반복되고 강도는 더욱 세지는 특징을 보인다. 경찰에 수사를 의뢰하고 고소하는 방법으로 대처하지만, 악플을 단 개인에게 내려지는 처벌이 미약하니 큰 효과를 기대하기 어렵다. 그래서 피해자는 더 실망하게 되고 결국 극단적 선택으로 영원히 악플을 피하는 방법을 택하는 것이다.

인터넷이라는 도구가 개발되어 확산되면서 전 세계 누구와도 커뮤니케이션할 수 있는 환경이 마련되었고, 소셜미디어가 등장하면서 내 생각과 의견을 누구와도 공유할 수 있는 시대가 되었다. 이런 기술적 환경의 발달과 더불어 반드시 필요한 것은 무엇일까? 바로 디지털 세상을 올바로 이해하고 활용할 수 있는 개인의 '디지털 리터러시' 교육 확산이다. "내가 불쾌하고 싫은 것은 다른 사람도 똑같이 불쾌하고 싫을 수 있다"는 당연한 진리를 깨우치고 올바른 방법으로 디지털 기술을 사용하는 지혜를 익히는 교육이 필요하다. 그리고 '악플은 독이다!'라는 것을 깨우칠 수 있도록 강력한 법적 구속력을 적용할 필요가 있다.

case 4   지하철 몰카로 모든 것을 잃은 앵커

　　2019년 7월 3일 오후 11시 55분경 영등포구청역에서 원피스를 입은 여성의 치마 속을 몰래 촬영한 혐의로 SBS 간판급 앵커 김성준 씨가 긴급 체포되어 입건되었다. SBS에 제출한 사직서는 즉각 수리되었고 그가 맡고 있던 모든 프로그램은 종료되었다. 그는 2020년 8월 21일 징역 6개월에 집행유예 2년, 그리고 신상정보 공개와 성폭력 치료 프로그램 40시간 수강 명령을 받았다.

　김성준 씨는 영등포구청역에서 원피스를 입은 여성의 치마 속을 몰래 촬영하고, 시민의 신고로 경찰이 출동하자 도주하다 개찰구에서 덜미가 잡혀 현행범으로 체포되었다. 그는 체포 직후 범행 자체를 부인했지만 휴대전화를 확인한 결과 여성의 사진이 발견되었다. 이후 경찰의 휴대전화 포렌식으로 여러 장의 여성들 사진이 추가로 발견되었다. 분석 결과 그는 약 한 달간 서울 서초구, 영등포구, 용산구 일대에서 9회에 걸쳐 최소 6명의 여성들 치마 속과 허벅지 등을 촬영한 것으로 드러났다.

현직 아나운서가 몰카, 성범죄를 저지른 것은 사상 처음인데 더구나 공중파 간판 뉴스를 진행하면서 시사 문제와 여성 인권 그리고 페미니스트 옹호 발언 등을 강력하게 주장하던 사람이 이런 범죄를 저질렀다는 것에 대중은 더욱 놀라움과 실망 그리고 분노를 느꼈다. 그가 평소 했던 발언들과 정면으로 배치되는 이중적 모습은 비난으로 이어졌다.

이 사건으로 그는 SBS에 사직서를 제출했지만 SBS 보도 태도에도 대중은 실망과 분노를 느꼈다. SBS는 이 사건과 관련된 기사를 올렸다가 실명이 공개되자 포털에서 기사를 삭제하고, 뉴스에서도 사람들이 관심을 잘 보이지 않는 변두리 기사로 아주 짧게 그의 사표 수리 내용을 전했다.

그는 불구속 상태에서 조사를 받았는데 사건이 있고 5일이 지나 일부 취재진에게 문자메시지로 "먼저 저 때문에 씻을 수 없는 마음의 상처를 입으신 피해자분께 사죄드린다"라며 "그동안 저를 믿고 응원해주셨지만, 이번 일로 실망에 빠지신 모든 분께도 진심으로 죄송하다"라고 밝혔다. 그리고 "이미 전 직장이 된 SBS에 누를 끼치게 된 데 대해서도 조직원 모두에게 사죄드린다"라고 말했다. 이에 덧붙여 그는 "제 가족과 주변 친지들에게 고통을 준 것은 제가 직접 감당해야 할 몫"이라며 "모든 것을 내려놓고 성실히 경찰 조사에 응하겠다. 참회하면서 살겠다"라고 말했다.

이후 그는 피해자와 합의했고 피해자가 탄원서를 법원에 제출해

양형에 반영되었다. 김 전 앵커의 변호인은 공판에 참석하기 위해 법원으로 향하다 기자들에게 "피고인은 사건 이후 직장도 잃고 죄책감에 시달려 6개월간 두문불출했다. 범행을 뉘우치고 있고, 관련 치료를 받고 있으며, 전문의 소견상 재범 가능성도 높지 않다"라고 밝혔다.

또 김 전 앵커는 공판에서 "피해자께서 감사하게도 처벌을 원치 않는다고 하셨다. 피해자의 자필 탄원서를 읽으며 진심으로 반성했다. 참담한 심정을 느꼈다"라고 말했다. 그러고는 "이렇게 순수한 마음을 가지신 분에게 진심으로 반성하고 사과한다. 법이 정한 정당한 처벌을 감수하며 반성하고 봉사하며 살겠다"라고 말했다.

위기 관리 커뮤니케이션 전략과 평가

- 사고 유형과 원인 주체: 몰카 성범죄, 본인
- 책임성과 심각성: 높음
- 커뮤니케이션 전략 실행 시기: 5일 후 일부 취재진에게 문자로 사과 메시지 전송. 이후 피해자와 합의. 몇 개월 뒤 법원 앞에서 기자 인터뷰로 사과 메시지 생성
- 메시지 전략과 내용: 초반 변명과 거짓말. 후반 피해자, 자신이 몸담았던 조직, 가족, 지인 등에게 사죄 메시지 언급
- 메시지 노출 매체와 전달 방법: 문자메시지, 인터뷰

그는 그동안 자신이 보여온 언행과 완전히 반대되는 범죄를 저질러 자기 명예뿐 아니라 조직의 명예까지 일순간에 추락시켰다. 현장

에서 범행이 발각되었을 때, 위기 상황에 직면한 즉시 사건의 심각성을 깨닫고 바로 피해자에게 사과했다면 문제는 좀더 잘 마무리될 수 있었을 것이다. 위기 상황에서 가장 중요한 것은 타이밍이다. 상황 인식의 신속성과 사과의 즉각적 실행이 문제를 일정 범위에 봉쇄하고 더 확대되지 않도록 하는 지름길이라는 사실을 알았다면 좋았을 것이다. 그런데 그는 반대로 행동했다. 도망치다 붙잡히고, 범행을 부인하다 결국 추가 범행까지 탄로 나면서 문제가 더 커졌다.

사과 메시지의 전달 방법과 범위 그리고 시차도 문제였다. 사과 메시지는 빠르면 빠를수록 좋다. 그런데 사건이 있고 5일이나 지난 후 일부 기자에게만 전달한 것은 메시지 전달 대상에 대한 오류라고 할 수 있다. 다행스럽게 검사 기소 후 일관되게 범행을 인정하고 피해자에게 반복해 사죄하는 메시지를 생산한 것은 사과의 진정성을 높이는 방법이었다. 여기에 더해 기자와 인터뷰하면서 고개와 눈을 아래로 내리고 어깨를 조금 늘어뜨린 모습은 그가 심적으로 반성하고 있다는 비언어적 메시지로 받아들여질 여지를 만들어냈다.

한 가지 아쉬운 것은 변호사가 기자들에게 "피고인은 사건 이후 직장도 잃고 죄책감에 시달려 6개월간 두문불출했다"라고 한 것은 자칫하면 '나도 피해자야'라는 메시지로 읽힐 수 있는 부분이어서 100% 잘못한 가해자가 사과 표현으로 사용하기에는 적절하지 않은 문구였다. 왜냐하면, 누구도 그에게 직장을 잃으라거나 죄책감에 시달리라거나 오랫동안 두문불출하라고 강요하지 않았고, 자신이 실행한 범죄로 자기가 선택한 위기 상황이기 때문이다.

case 5 음주운전 뺑소니 사건으로 기회를 날린 야구선수

유명 프로야구선수 강정호는 2009년, 2011년에 이어 2016년 국내에서 음주운전 뺑소니 사고를 저질렀다. 법원은 징역 8개월에 집행유예 2년을 선고했다. 이 사건으로 강정호는 미국 입국이 거부되며 2017년 한 해 동안 쉬어야 했다. 이후 미국 메이저리그에 복귀했지만 부진한 성적으로 팀에서 방출되었고, 국내 복귀를 위해 한국야구협회(KBO)에 임의탈퇴 복귀를 신청했다. 국내 야구팬들은 그의 복귀를 거부하고 있고, KBO 상벌위원회는 선수 등록 시점부터 1년간 유기실격 및 봉사활동 300시간의 제재를 가했다.

강정호는 2016년 국내에서 음주운전 뺑소니 사고를 저질렀다. 2016년 12월 2일 오전 2시 48분경 술을 마신 채 승용차를 몰고 숙소로 돌아가다 도로 가드레일을 들이받고 그대로 달아나 도로교통법 위반(음주운전과 사고후미조치) 혐의로 입건되었다. 사고 직후 호텔로 들어갔고 동승했던 친구가 "내가 운전했다"고 진술했지만 블랙박스를 확인한 경찰은 강정호가 운전한 것을 확인했다. 검찰은 그를 벌금 1,500만 원에 약식기소했지만, 법원은 사안의 중대성에 따라 징역 8개월에 집행유예 2년을 선고했다. 이런 결정이 내려졌는데도 강정호는 공식적으로 아무런 사과 메시지를 전달하지 않았다. 다만 법원에서 재판장에게 선처를 호소한 것이 다였다.

그 결과 강정호는 미국 메이저리그 복귀에 차질이 생겼고, 2017년 1년을 쉬어야 했다. 이후 2018년 메이저리그로 복귀했지만 성적이 부진해 2019년 시즌이 마감되면서 팀에서 방출되어 국내로 돌아왔다. 야구 인생을 이어가기 위해 국내 선수 복귀를 신청했지만, KBO는 2016년 음주운전 뺑소니 사고와 그 이전 두 건의 음주운전에 대한 책임을 물어 그에게 제재를 가했다.

이에 강정호는 2020년 6월 23일 기자회견을 열고 "어떻게 사과의 말씀을 드려도 부족하지만, 다시 한번 죄송하게 생각하고 있다"라며 사과했다. 그는 또 "첫해 연봉 전액을 음주운전 피해자에게 기부하고 음주운전 캠페인에 꾸준히 참여하겠다. 은퇴할 때까지 기부하고, 비시즌에는 재능 기부를 하겠다"라고 약속했다. 그러나 그에 대한 비판 여론은 가라앉지 않았고 이런 부정적 여론 때문에 국내 프로구단 중 어느 팀도 선뜻 그의 입단을 추진할 수 없는 상황이었다.

KBO는 제재 부과에 대한 협회의 결정은 "과거 미신고했던 음주운전 사실과 음주로 인한 사고의 경중 등을 살펴보고, 강정호가 프로야구선수로서 팬들에게 실망감을 안겨주고 사회적으로 물의를 일으킨 것에 대한 책임을 물어 이 같은 결정을 내렸다"라고 설명했다.

KBO의 결정이 있기 전 국내의 한 프로팀에 복귀 의사를 타진했고, 팀도 그의 소속사와 논의하겠다는 의견을 제시했다가 뒤늦게 강정호와 계약하지 않겠다는 내부 방침을 정했다.

2020년 6월 29일 국내 프로야구 복귀를 추진하던 강정호는 복귀 신청을 철회했고 소셜미디어를 통해 "키움 히어로즈에 연락해 복귀 신청을 철회했다"라고 밝혔다. 그는 "주변 동료들과 야구팬 여러분께 짐이 되었다는 걸 너무 늦게 깨달았다. 복귀를 추진하는 과정에서 피해를 받은 관계자분들께 진심으로 사과드린다"라고 했다.

위기 관리 커뮤니케이션 전략과 평가

- 사고 유형과 원인 주체: 음주운전 뺑소니 범죄, 본인
- 책임성과 심각성: 높음
- 커뮤니케이션 전략 실행 시기: 즉각적 대응 없이 4년을 보내고 국내 복귀를 위해 사과 메시지 전달
- 메시지 전략과 내용: 초반 변명, 후반 국내 선수 복귀를 위한 형식적 메시지
- 메시지 노출 매체와 전달 방법: 기자회견, 소셜미디어

이미지가 훼손된 프로선수는 상품 가치가 급락한다. 강정호는 음주운전 이력이 이미 두 차례 있는데도 또다시 음주운전을 했고, 사고까지 일으키는 범법행위를 했다. 이에 국내와 미국에서 그의 이미지는 급격하게 추락했다. 결국 어디서도 그를 반기는 분위기가 만들어지지 않으면서 야구선수로서 가치와 신뢰는 물거품이 되어버렸다.

세 번째 음주운전과 사고가 발생한 바로 그 시점에 즉각 사죄 메시지를 전달했다면 어땠을까? 분명 초반엔 더 거센 비판이 따랐겠지만, 진정성이 받아들여질 수 있는 커뮤니케이션 전략을 수립하고 메시지를 전달했다면 추락하는 이미지를 회복할 수 있었을 것이다.

위기 상황에 직면하면 가장 중요한 것은 타이밍이라고 반복해서 얘기했다. 그는 유명인이니 의지만 있었다면 얼마든지 언론을 통해 전략적 메시지 전략을 구사할 수 있었다. 그만큼 뉴스 가치가 있었기 때문이다. 그러나 그는 그렇게 하지 않고 침묵으로 일관하다가 자기 경력이 완전히 사면초가에 빠지는 더 큰 위기에 직면하자 4년이나 지난 시점에 기자회견을 열어 사과 메시지를 전달했다.

대중이 그의 진정성을 믿지 않은 것은 당연한 결과다. 사람들은 그의 뒤늦은 사과를 '위기를 모면하기 위한 어쩔 수 없는 사과'라고 인식할 확률이 높기 때문이다. 위기 촉발에 100% 책임이 있는 주체가 택할 수 있는 가장 좋은 방법은 즉각적이고 조건 없는 사과, 즉 굴욕 감수라는 커뮤니케이션 전략을 실행하는 것이다. 초반의 비난이 무서워 침묵을 택하는 순간 커뮤니케이션 메시지 전달의 주도권은 언론과 대중의 손으로 넘어가고, 이후에는 회복할 수 없다는 사실을 명심해야 한다.

알면서도 지키지 못하는
당연한 진리

우리는 살아가며 크고 작은 실수를 저지르고 후회하는 데 익숙하지만 정작 반성하고 사과하는 방법은 잘 모르는 경우가 많다. 특히 자신이 유명인이 되거나 사회적 지위가 높아지면 반성과 사과라는 단어를 잊어버리고 사는 경우가 많다. 우리 속담에 "말로 천 냥 빚을 갚는다"는 말이 있다. 말은 사람을 살릴 수도 있고 죽일 수도 있는 날카로운 양날의 검과 같은 것이다.

우리가 앞에서 살펴본 것은 우리 사회에서 벌어지는 개인의 위기 상황의 몇 가지 사례에 지나지 않는다. 사회적으로 이름이 알려진 사람들은 뉴스 가치가 있어서 세상에 드러나지만, 평범한 개인들의 위기 사건은 찾아보기가 쉽지 않다. 그럼에도 발달을 거듭하는 소셜미디어의 힘은 막강해서 예전보다는 더 많은 정보가 사람들 사이에 흘러 다니는 통로 역할을 한다.

이제는 조직과 국가는 물론이고 개인이 일으킨 사고나 사건에 기반한 위기에 대한 정보도 사람들에게 쉽게 공유되는 시대가 되었다. 그러나 소셜미디어는 잘 사용하면 정보 공유라는 측면에서 다양한 정보를 더 쉽게 접하고 활용할 수 있는 도구이지만, 그릇된 목적으로 사용하면 주워 담을 수 없는 거짓 정보와 루머로 돌변해 타인의 삶을 망치는 도구로 전락할 수도 있다. 오프라인의 면대면 상황에서 우리가 지켜야 할 기본적 도덕과 예의는 이미 오랫동안의 교육으로 모두 잘 인지하고 있다. 그러나 모든 것이 디지털로 연결된 현재와 다가올 초연결사회에서 지켜야 할 기본적 도덕과 예의는 아직 제대로 교육받을 환경이 완전히 마련되지 않았다.

우리는 지금 디지털로 모든 것이 연결된 초연결사회를 목전에 두고 있다. 예전처럼 숨긴다고 숨겨지는 시대는 인류 역사에서 자취를 감추고 있다. 앞에서 살펴본 사례들처럼 사고를 유발해 스스로 위기를 초래한 개인들의 사건에는 공통점이 있다. 바로 '거짓말과 변명'이다. 범죄라고 구분하는 개인의 사건은 거짓말과 변명이라는 도구가 큰 도움을 주지 못한다. 도리어 사태를 더 심각하게 만들어 자신이 그동안 쌓아온 명성과 신뢰를 바닥으로 더욱 세게 곤두박질치게 만드는 촉매제가 된다.

그런데 사람들은 왜 늘 사건 초반에 '난 아니다. 나와는 상관없는 일이다. 내가 하지 않았다. 잘 기억나지 않는다' 등의 거짓말과 변명을 늘어놓을까? 심리적으로 불안하고 혼란스러워 그런 잘못된 선택을 하겠지만, 조금만 이성적으로 생각하면 이런 추가 실수를 미리 막을 수 있다. 조직과 국가 등과 같이 시스템으로 움직이는 주체는 물론이고 개인도 언제나 갑자기 위기에 직면할 수 있다. 따라서 위기에 직면했을 때 상황을 이성적으로 판단하고 내가 어떤 전략적 커뮤니케이션을 선택해 메시지로 전달해야 하는지 미리 알게 된다면 최소한 일어난 문제를 더 크게 만드는 추가 실수는 줄일 수 있다.

아날로그로 움직이던 과거 시대나 디지털로 연결된 초연결시대나 변하지 않는 명백한 진리가 있다. 그것은 바로 '진정성'이다. 위기에 직면한 개인이라는 주체에게 언제나 진리처럼 따라붙는 것은 진정성 유무다. 진정성과 명성은 언제나 함께 움직인다. 진정성이 있다면 명성을 지켜낼 수 있고, 그것이 없다면 명성은 바로 소멸된다.

7

조직은 어떻게 위기에서 살아남을까

메시지 노출 창구
다변화가 가져온 불편한 진실

사람들은 정보를 원한다. 그래서 정보를 전달할 매체가 등장했다. 불특정 다수에게 정보를 제공하는 매체로 가장 오래된 것은 신문이다. 1609년 독일에서 주간으로 발행되는 최초의 인쇄 신문이 등장하면서 다양한 주제에 대한 최신 정보를 대중에게 정기적으로 전달하는 신문의 목적성이 성립되었다. 이 당시 신문이 필요했던 이유는 국제무역이 발달하며 무역에 관련된 일을 하는 사람들이 신속한 정보를 얻어야 할 필요성 때문이다.

 1650년경 매일 발행하는 오늘날의 일간신문 형태가 등장했고, 신문에 광고를 게재하는 것도 보편적 현상으로 자리 잡았다. 대중매체 시대가 열린 것이다. 1695년 영국에서 출판허가법(Licensing Act)이 폐지됨과 동시에 신문을 통해 자기 의견과 주장을 전달해 상업적으로 이용하기 위한 사업에 많은 사람이 뛰어들었다. 마치 지금 유튜브라는 새로운 형식의 매체를 통해 수익을 창출하기 위해서 너도나도 뛰어드는 것과 같은 현상이 325년 전에도 똑같이 있었다.

새로운 미디어는 기존 미디어의 한계를 극복하기 위해 시작된다. 도시화로 인구가 늘자 말로 전달하는 '구어 뉴스'는 제 기능을 할 수 없다는 한계에 봉착했고, 이를 대체하기 위해 신문이라는 새로운 미디어가 등장해 확장되었다. 신문이 탄생하고 몇백 년이 지나자 사람들은 굳이 내가 시간을 내서 읽지 않아도 대신 그것을 읽어주고 논평해주고 더 빠르게 정보를 전달해줄 신기술을 갈망했다. 그것에 부합하기 위해 탄생한 것이 텔레비전이다.

전달 방식에 변화를 주며 계속 발전한 텔레비전은 전파, 케이블, 위성, 인터넷 등과 차례로 결합하며 사람들 속으로 더욱 깊숙이 스며들어 갔다. 신문과 텔레비전은 오랫동안 정보 획득을 위한 중요한 매체로 자리 잡았고 지금도 활용되고 있다. 우린 이것을 올드미디어라고 한다. 이 두 매체는 서로 공생관계를 유지하며 각자 영역에서 정보를 전달해왔다. 이 두 매체에는 '일방향성 정보 전달'이라는 특성이 있다. 즉, 정보 전달자와 수신자가 명확하게 구분되고 정보 통제 권한은 송신자가 독점하는 형태의 매체다.

정보통신기술은 이런 올드미디어 영역에 새로운 기술을 선보이며 새로운 미디어 시대의 서막을 열었다. 1958년 미국 아이젠하워 대통령의 지시로 창설된 미국국방부 산하 고등연구계획국(ARPA: The Advanced Research Project Agency, 나중에 방위고등연구계획국(DARPA: Defense Advanced Research Project Agency)으로 확대)에서 1967년부터 군사와 연구 목적으로 사용하던 네트워크인 아파넷(ARPANET)을 1990년대 중반 민간에 이관하면서 인류의 새로운 커뮤니케이션 시대가 열렸다. 지금 우리가 사용하는 인터넷이 바로 그것이다. 민간에 인터넷 역사가 시작되고 25년이 지난 지금 인류의 정보 획득과 활용 능력은 폭발적으로 증대되었다. 인터넷의 발달과 더불어 이동전화의 발달이 인류에게 더없는 유용한 이점을 제공했다.

  이동전화는 언제 처음 세상에 등장했을까? 1980년이라고 답하는 이들이 많을 것이다. 이동전화가 처음 세상에 등장한 것은 1946년이다. 벨(Bell)사의 모바일 텔레폰 서비스(Mobile Telephone Service)가 미국 세인트루이스에서 처음으로 차량 전화 서비스를 시작했다. 우리나라에서도 이 차량용 전화 서비스를 1961년 8월 가입자 80명을 대상으로 시작했다. 물론 일방향 통화만 가능한 수동방식이었지만 말이다. 무선 시스템을 통해 공중교환 전화망에 연결해 사용하는 전화기로 전화기 무게가 무려 40킬로그램에 육박했다.

  그러다가 아날로그 셀룰러 시스템이 개발되어 1980년대 초중반 전 세계에서 우리가 기억하는 상업적 이동전화 서비스가 본격적으로 시작되었다. 물론 초기 이동전화 단말기는 지금 우리가 사용하는 가볍고 멋진 모양이 아니라 벽돌같이 크고 두껍고 무겁고 투박하기 이를 데 없었지만, 당시에는 부의 상징으로 여겨졌다. 이렇게 통화만 가능한 이동전화기가 진화를 거듭하다가 혁신이 일어난다.

  2007년 북미 지역에서 애플의 스티브 잡스가 혁신적 단말기를 세상에 소개하며 선풍적인 바람을 일으켰다. 애플의 '아이폰', 스마트폰이 세상에 탄생한 것이다. 이제까지 우리가 경험했던 이동전화의 편리함을 뛰어넘어 말 그대로 '스마트'한 세상과 연결이 가능한 전화였다. 스마트폰의 등장은 이동통신 시장의 생태계를 바꾸고, 사람들의 생활을 바꾸고, 정보의 유통 시스템을 바꾸는 혁신을 일으켰다. 모바일 인터넷과 스마트폰은 세상의 정보유통 구조를 이전과 이후로 나누는 경계를 설정했다. 이는 소셜미디어라는 새로운 정보유통과 공유 매체가 생겨나 활성화되는 데 결정적 역할을 했고, 지금도 우리의 정보유통 구조를 변화시키고 있다. 새로운 정보유통 매체인 소셜미디어는 신문이 등장하기 전 사람들이 주로 이용하던 '구어 정보유통 구조'를 디지털로 변환시킨 형태라고 할 수 있다.

소셜미디어는 정보의 흐름을 일방향에서 양방향으로 전환했으며, 정보의 독점성과 생성 주도권의 분산을 촉진했다. 즉, 정보 송신자와 수신자, 정보 생성자와 수용자의 경계가 희미해진 세상, 모든 정보가 공유되는 비밀 없는 세상의 도래를 촉진하고 있다. 정보 노출 창구가 다변화되면서 우리는 자기 의견과 생각을 언제 어디서든 누구에게나 전달하고 피드백할 수 있게 되었다. 유용하게 사용하면 정말 훌륭한 도구로 진화한 것이다. 그런데 이를 나쁜 의도로 사용하는 이들이 생겨나 심각한 사회문제를 일으키고 있다.

기업이나 조직은 소셜미디어의 등장으로 더 많은 정보를 노출할 기회가 생기면서 자신들의 긍정적 이미지를 대중에게 전달하는 데 많은 도움을 받고 있다. 소비자와 커뮤니케이션하면서 다양한 정보를 그들에게 전달해 제품과 서비스 그리고 이미지를 알린다는 면에서 이전의 그 어떤 매체보다 효용 가치가 크다고 할 수 있다. 여기까지는 기업과 조직에서 긍정적으로 생각하는 부분이다. 문제는 소셜미디어를 기업이나 조직이 잘못 관리했을 때 발생하는 문제가 올드미디어 시대에는 경험하지 못한 수준으로 확대되는 위험성을 동시에 가지고 있다는 것이다.

기업과 조직은 명성과 이미지를 관리하기 위해 매년 엄청난 예산을 사용한다. 그런데 뜻하지 않은 사고나 사건이 일어나 소셜미디어를 통해 순식간에 퍼지면서 한순간 기업과 조직의 명성이 추락하는 사건들이 계속 발생하고 있다. 그리고 기업과 조직이 위기에 직면했을 때 대응해야 하는 정보 노출 창구가 증가하면서 대응 메시지 전달에 어려움을 겪거나, 루머가 확산되는 속도를 따라잡지 못해 문제가 더 심각해지기도 한다.

  물론 소셜미디어를 효과적으로 활용해 위기 관련 메시지를 전달함으로써 위기를 기회로 전환하는 기업과 조직도 있지만, 대부분 이 점보다는 어려움을 더 많이 경험한다. 그러면 기업과 조직이 위기 상황에서 어떤 전략적 커뮤니케이션으로 문제를 해결하거나 악화시켜 명성과 이미지에 영향을 주었는지 몇 가지 사례를 알아보자.

잘나갈 때 오히려
조심해야 한다

 명예와 신뢰 모두 챙긴 존슨앤드존슨
타이레놀 독극물 사건

1982년 9월 말에서 10월 초까지 미국 시카고의 존슨앤드존슨 사에서 제조한 캡슐형 타이레놀을 복용한 7명이 사망하는 사건이 발생했다. 캡슐에 청산가리가 묻어 있었고, 범인은 끝내 잡히지 않았다. 이 사건으로 회사는 매출이 90% 가까이 떨어지고 주가가 곤두박질쳤으며, 시장점유율은 35%에서 6%대로 급락했다. 기업의 존폐가 달린 위기가 닥친 것이다. 회사는 제품 전량을 회수해 폐기하는 발 빠른 행동적 대응을 실행함과 동시에 언론에 전략적 커뮤니케이션 전략을 수행해 여론을 반전시키는 데 성공했고 신뢰할 수 있는 기업이라는 명성을 구축할 수 있었다.

1982년 10월 초 〈시카고 선타임스〉 기자는 존슨앤드존슨 본사 PR 담당 이사에게 시카고 지역에서 타이레놀 캡슐 복용자 7명이 사망한 것 같다며 이 약의 제조과정과 성분에 대한 설명을 요청했다. 사망한 시민을 부검한 결과 타이레놀에 들어 있는 청산가리가 사망의 직접 원인으로 밝혀졌다. 이 뉴스를 접한 시민들은 경악했다. 사건이 터지고 10일간 회사는 상황을 파악하기 위한 정보를 수집하고, 위기전담팀을 구성해 언론을 상대로 메시지를 전달하고, 제품 생산과 광고 전달을 중단함과 동시에 상점에 이미 배포된 타이레놀 3,100만 개(소매가 1억 달러) 전량을 회수해 폐기했다.

또 이미 제품을 구매한 소비자에게 새 제품과 교환할 수 있는 쿠폰을 발행하고, 소비자가 회사와 직접 커뮤니케이션할 수 있는 무료 직통번호를 알려주고, 신문에 이러한 사실을 전면 광고와 기사로 내보냈다. 회사는 이 사건으로 약 10억 달러의 피해를 보았다. 이런 일련의 발 빠른 대응 행동을 존슨앤드존슨 제임스 버크 회장이 직접 텔레비전에 출연해 대중에게 알렸다.

이후 획득한 정보를 바탕으로 범인을 잡기 위해 정부 당국에 적극 협조했다. 사건 발생 2주 만에 대중 90% 이상이 타이레놀 복용에 의한 사망 사고가 제조과정의 실수가 아닌 누군가의 범죄로 인한 사고라는 사실을 알게 되었다. 이에 존슨앤드존슨이 비난받아야 할 이유가 없다는 공감 여론이 급격히 형성되었다. 그러나 회사는 "고객에게 끼친 어떤 결과든 그 기업이 책임을 져야 한다"라는 경영철학에 근거해 모든 정보의 제공과 교환을 완전히 개방해 의심받을 여지를 차단했다.

물론 사건 초기 대변인의 언론 대응 메시지에 문제가 있었다. 대변인은 제조과정의 일부인 제조물 테스트에 청산가리가 사용된다는 정보를 가지고 있지 않아 언론의 질문에 청산가리를 사용하지 않는다고 대답했다. 그러나 이후 조사에서 청산가리를 사용한다는 사실이 밝혀지자 대변인은 즉각 수정 성명서를 냈다. 이런 빠른 수정 메시지 전달이 도리어 언론과 신뢰관계를 더 공고하게 해주어 회사에서 제공하는 정보에 대한 언론의 지지를 얻을 수 있었다.

위기 관리 커뮤니케이션 전략과 평가

- 사고 유형과 원인 주체: 사고와 범죄, 익명의 범죄자
- 책임성과 심각성: 높음
- 커뮤니케이션 전략 실행 시기: 즉각적 메시지 전략 실행
- 메시지 전략과 내용: 초반부터 모든 정보의 공개와 소비자 보호
- 메시지 노출 매체와 전달 방법: 언론·방송 미디어에 정보제공과 인터뷰, 광고와 기사 전달

존슨앤드존슨사의 타이레놀 독극물 사건은 발생한 지 40여 년이 지난 지금도 기업 위기 관리의 표본으로 받아들여지고 있다. 누군가 일부러 청산가리를 약품에 투입해 사람이 죽는 심각한 사고가 발생했고, 기업의 명성과 신뢰는 바닥으로 떨어졌다. 그러나 존슨앤드존슨사는 곧바로 위기대응팀을 구성하고 모든 정보를 공개하는 전략을 실행했다. 그와 동시에 소비자보호라는 자사 경영 이념을 바탕으로 막대한 손실을 감수하면서 시장에 이미 나가 있던 제품을 모두 수거해 폐기하는 절차를 신속하게 진행했다.

이런 비언어적 메시지는 소비자와 시장 그리고 언론의 신뢰를 구축하는 강한 영향력을 발휘했다. 그리고 사건과 관련된 정보 수집과

언론과의 정보 공유, 범인 검거를 위한 정부 당국과의 적극적 협력, 소비자 권한을 보호하는 각종 조치 등을 동시에 빠르게 진행함으로써 위기에서 벗어날 수 있었다. 존슨앤드존슨사는 이후 세 겹으로 단단히 포장된 새로운 형태의 캡슐을 개발했고, 미국에서 가장 인기 있는 진통제로 떠올랐다.

여기에 더해 존슨앤드존슨사가 오래전부터 미디어와 우호적 관계를 유지한 덕분에 사건이 터진 뒤에도 미디어를 통해 공정하고 정확한 정보가 대중에게 전달될 수 있었다. 이 사례에서 우리는 기업이 위기에 직면했을 때 가장 중요한 것이 진정성 있고 정확한 정보를 관리하고 전달하는 것이며, 동시에 대중의 이익을 우선하는 구체적인 수습 절차를 실행해야 한다는 것을 알 수 있다. 위기가 발생하면 단기적으로는 재정적 손해가 생기겠지만 장기적으로는 돈보다 더 중요한 명예와 신뢰를 얻을 수 있다.

case 2. 거짓말로 위기를 키운 일본 타이어 제조사 브리지스톤

2000년 일본의 대표적 타이어 제조사인 '브리지스톤'은 미국 현지 법인인 파이어스톤의 대규모 리콜로 심각한 경영 위기와 명성의 추락에 봉착했다.

일본 브리지스톤의 미국 자회사 파이어스톤에서 제작된 타이어가 장착된 미국 포드사 익스플로러가 주행 중 뒤집혀 88명이 사망하고, 약 2,200건의 부상이 발생하는 사고가 지난 10년간 미국 고속도로안전국에 접수되었다. 이에 미국 고속도로안전국은 포드자동차에 장착된 파이어스톤 타이어 약 1,500만 개를 조사하였고 타이어 표면 파열이 자동차 전복의 원인이라는 사실을 밝혀냈다. 파이어스톤은 이 조사 결과에 따라 2000년 8월 미국 파이어스톤이 제조한 타이어 세 종류 650만 개를 리콜한다고 발표했다. 이런 조치에도 문제가 더욱 심각해져 결국 미국 연방 상·하원이 이 사건에 대한 공청회를 열면서 그동안 누적된 파이어스톤 내부의 여러 문제가 불거져 나왔다.

공청회에서 파이어스톤이 제품에 대한 고객들의 불만을 알면서도 숨겨왔다는 사실이 드러났다. 이미 1992년 이런 불만이 제기되었고, 1995년에는 그 수가 급격하게 늘어났으며, 1999년 정점에 이르렀음에도 회사는 이 사실을 철저히 은폐했다. 여기에 더해 일본 본사 경영진은 이런 사실을 모두 알았음에도 청문회에서 몰랐다고 거짓말을 했다. 미국뿐 아니라 다른 나라에서도 이런 유사 사례가 많았다는 사실도 은폐했다.

포드자동차는 공청회가 시작되자 자사 직원들을 동원해 사고 원인이 포드자동차의 구조적 결함이 아닌 파이어스톤타이어의 결함이라는 점을 널리 알리는 캠페인을 진행했다. 공청회에서도 사장이 직접 답변하면서 구체적 사실을 적시하며 파이어스톤타이어의 결함을 설명했다.

그러나 파이어스톤은 일본인 사장이 공청회에 참석하고도 의원들 질문을 미국인 중역이 답변하도록 하면서 장황한 변명으로 일관했다. 그러자 파이어스톤 불매운동이 벌어졌다.

위기 관리 커뮤니케이션 전략과 평가

- 사고 유형과 원인 주체: 사고, 파이어스톤타이어
- 책임성과 심각성: 높음
- 커뮤니케이션 전략 실행 시기: 즉각적 대응 없이 은폐, 변명 그

리고 거짓말로 일관
- 메시지 전략과 내용: 초반 변명과 거짓말, 후반 여론에 떠밀려 소비자 보상 내용 전달
- 메시지 노출 매체와 전달 방법: 청문회, 언론

파이어스톤은 미국에서 오랫동안 명성을 누려온 타이어 제조 기업이다. 그러나 한순간의 전략 착오와 거짓말이 그 명성을 한번에 날려버리는 결과를 만들었다. 사실 은폐, 축소, 변명, 책임회피로 일관하던 파이어스톤과 모기업인 일본의 브리지스톤은 동반 추락의 길로 들어섰다. 타이어는 사람의 생명과 직결되는 제품이다. 그렇다면 제조사 경영철학은 무엇이어야 할까? 소비자 안전이 최우선이어야 한다. 그러나 파이어스톤은 회사 이익이 우선이었고, 그 이익에 취해 소비자의 안전을 무시했다. 결국 많은 사람이 죽고 다치는 사고가 10년간 이어졌음에도 회사는 사실을 은폐하며 이익에만 초점을 맞추는 경영을 실행했다. 앞에서 봤던 존슨앤드존슨의 타이레놀 독극물 사건과는 완전히 다른 대응과 결과라고 할 수 있다.

파이어스톤의 안일한 태도는 제품 결함으로 인명 피해가 발생한 위기 상황에서도 그대로 드러났다. 리콜만 하면 모든 문제가 해소될 것으로 생각했고, 마지못해 정부 기관의 조사 결과에 따라 문제가 된 전체 타이어가 아닌 일부 타이어의 리콜을 시행했다. 상·하원 합동 공청회에서 언론과 의원들 그리고 대중에게 진정성을 담은 커뮤니케이션 전략을 구사했다면 파이어스톤은 위기를 극복할 수 있었을 것이다. 그런데 일본 본사와 미국의 파이어스톤 경영진은 그렇지 못했다.

이는 기업이 위기에 직면했을 때 가장 피해야 할 최악의 커뮤니케이션 전략을 하나도 아니고 패키지로 모두 사용한 사례라고 할 수 있다. 뒤늦게 소비자 보상안을 소극적으로 제시했지만, 이미 신뢰를 잃은 기업에 시장에서는 아무도 반응하지 않았다. 주가가 폭락하고 소비자 불매운동이 일어나자 미국 신용평가회사 무디스는 브리지스톤의 장기 채무 평가를 투자 적격 최하위 등급인 Baa로 하향 조정했다. 결국 파이어스톤과 브리지스톤은 제품 하자로 발생한 인명 피해 사고에 대한 책임성도, 위기 대응 커뮤니케이션의 즉시성과 진정성도 보여주지 못해 더 큰 위기를 초래한 것이다.

case 3　먹튀 논란을 불러온 유벤투스 구단과 축구 선수 호날두

이탈리아 프로축구 구단 유벤투스와 호날두가 2019년 7월 26일 오후 8시 50분 서울 월드컵경기장에서 K리그와 유벤투스 간 친선경기와 팬사인회 행사에서 계약을 이행하지 않으며 팬들을 무시했을 뿐 아니라 적반하장으로 대응하는 사건이 벌어졌다. 이에 팬들은 분노했고, 소송으로 이어지며 호날두의 명예와 구단의 명예가 추락했다.

2019년 7월 26일 오후 8시 50분 서울 월드컵경기장에서 K리그와 유벤투스 간 친선경기가 열렸다. 경기에 앞서 오후 4시경 서울의 한 호텔에서 국내 팬들을 위한 팬사인회가 예정되어 있었다. 그러나 호날두는 팬사인회는 물론 경기에도 컨디션 관리를 이유로 출장하지 않으면서 한국 팬과 국민을 기만한 '먹튀 논란'의 중심에 서게 되었다. 비가 내려 습하고 무더운 날씨에도 호날두 경기를 보기 위해

6만 5,000 관중이 운집한 경기장은 감동과 환호는 사라지고 실망감과 야유만 가득했다. 유벤투스구단의 지각으로 거의 1시간가량 늦게 시작된 경기는 참을 수 있었지만 호날두 불참은 팬들에게 '속았다'는 실망감을 안겼고, 실망은 분노로 바뀌어 급기야 열성팬의 이탈로 이어졌다. 여기에 팬들을 더욱 분노케 한 것은 유벤투스구단과 호날두의 적반하장식 대응이었다.

K리그와 유벤투스의 친선경기를 주최한 '더페스타'는 호날두가 최소 45분 이상 경기를 뛸 것이라고 홍보했다. 이런 홍보 덕분에 입장료가 프리미엄존S 40만 원, 프리미엄존A 35만 원, 프리미엄존B 25만 원, 1등석R 30만 원 등 최소 3만 원에서 최대 40만 원으로 높은데도 티켓이 발매 3분 만에 매진되었고 국내 팬 6만 5,000명이 경기장을 가득 메웠다. 그러나 팬들의 이런 기대와 바람은 한순간에 '배신감'으로 바뀌었다. 호날두는 경기에 출전하지 않고 벤치에만 앉아 있었으며, 팬들의 열화와 같은 연호에도 무반응으로 대응하다 경기가 끝나자마자 그대로 퇴장했다.

팬들의 실망감은 주최 측인 더페스타에 대한 항의로 이어졌고, 이 회사는 유벤투스로부터 경기 시작 1시간 전 받은 참가자 명단을 공개했다. 거기에는 분명히 호날두가 출전 선수 명단에 있었다. 이것을 바탕으로 더페스타는 "중국에서의 친선경기와 비행으로 피로가 누적된 것은 이해하지만 유벤투스구단이 한국에서의 일정에 동의했다"라고 설명했다.

주최 측의 이러한 해명에도 유벤투스구단은 공식 입장을 내놓지 않다가 한국 프로축구연맹이 유벤투스구단에 공문을 보내 정식으로 항의하자 답변을 보내왔다. 그러나 유벤투스구단의 답변은 적반하장으로 오히려 한국 팬들을 더 실망하게 했다. 구단은 "한국에 요청했던 한국 경찰의 경호를 받지 못해 불편을 겪었다. 한국 경찰이 선수들이 탄 버스를 에스코트하지 않았다. 우리가 애초에 요구한 것과 다르다"라고 주장했다.

이에 서울경찰청은 "유벤투스가 에스코트와 관련해 요청한 것이 전혀 없다. 한국 경찰은 우리 국익과 외교상 필요한 의전 또는 공공의 안전상 필요할 경우 교통순찰대 에스코트를 제공한다"라고 설명했다. 이런 설명을 기초로 유추하면 유벤투스라는 외국의 축구구단이 자신들의 이익을 위해 비용을 받고 한국에서 친선경기를 하는 것이 한국의 국익과 외교 그리고 공공의 안전과 어떤 연결성도 없다. 더구나 에스코트와 관련해 거짓말을 하며 자신들의 잘못을 도리어 떠넘긴 행위는 한국 팬들과 국민을 기만한 또 다른 실수다.

실망한 팬 중 일부가 이 사건과 관련해 민사소송을 제기했다. 인천지법 민사51단독 이재욱 판사는 선고 공판에서 당시 축구 관중 2명에게 주최 측인 더페스타가 37만 1,000원씩 지급하라고 명령했다. 이 판결을 계기로 '호날두 사태 소송카페' 회원들도 주최 측에 손해배상을 요구하는 소송을 서울중앙지법에 제기했다. 이는 결국 그 경기를 보기 위해 경기장을 찾은 6만 5,000 관중 모두에게 손해배상을 해야 할 수도 있는 문제였다. 팬심을 이용당한 것을 금액으로 환산하기는 어렵다. 그리고 열성 팬이 실망하고 돌아서면 얼마나 무서운 결과가 만들어지는지를 조금이나마 보여주어 그들이 각성하는 계기가 되길 바라는 마음이 아니었을까 생각한다.

외국 언론도 이 판결을 집중적으로 보도했다. 영국의 BBC는 "한국 법원에서 주최 측이 광고한 것과 다르게 친선경기에 호날두가 경기에 출전하지 않은 것에 대해 소송을 의뢰한 팬 2명에게 보상하라는 판결을 내렸다"라고 보도했다. 로이터통신은 소송대리인인 변호사의 발언을 인용해 "법원에서는 더페스타 측이 티켓당 7만 원, 수수료 1,000원 그리고 '정신적 고통' 배상에 30만 원씩 지급하라고 명령했다"라고 전했다.

싱가포르 방송 CNA는 네이버 포스터 문구를 인용해 "만약 호날두가 10분 만이라도 경기에 참여했다면 모두가 행복하게 집에 갔을 것이다. 약속을 지키지 않고 자기 이익만 추구하는 사람을 두고 '호날두처럼 행동한다'라는 온라인 문구가 생겨났다"라고 보도했다. 〈동아일보〉에 따르면 이탈리아 언론도 "유벤투스가 호날두의 '최소 45분 출전' 합의를 존중하지 않아 한국인들이 분노하게 했다"라고 보도했다. 미국의 경제전문지 〈포브스〉도 "이 경기는 유럽 축구구단들이 아시아를 돈다발로만 취급한다는 생각에 기름을 부은 격이 되었다"라고 비판했다.

위기 관리 커뮤니케이션 전략과 평가

- 사고 유형과 원인 주체: 사기와 기만, 호날두와 유벤투스구단
- 책임성과 심각성: 높음
- 커뮤니케이션 전략 실행 시기: 즉각적 위기 대응 메시지 없음
- 메시지 전략과 내용: 즉각적인 거짓말과 변명. 이후 조롱
- 메시지 노출 매체와 전달 방법: 면대면 대화, 기자 인터뷰, 소셜 미디어 텍스트와 영상

유벤투스와 호날두는 커뮤니케이션에 완전히 실패했다. 팬사인회와 경기에 늦은 이유를 늦장 입국 심사와 경찰의 에스코트 거부 탓이라는 거짓 해명으로 정당화하려고 했다. 그러나 조사 결과 선수단 76명 전원의 입국 심사에 걸린 시간은 26분이며 경찰에 에스코트를 요청했지만 거부당했다는 것도 거짓으로 드러났다. 이들은 경기 일정의 취소를 협박하기도 했다. 늦장 입국이라는 거짓말에 더해 이를 이유로 한국프로축구연맹에 "경기 시작 시간 조정, 전후반 경기와 하프타임 시간 단축이 이루어지지 않으면 경기를 취소하겠다"고 협박했다.

호날두의 희망 고문도 문제로 지적되었다. 그는 마치 경기에서 뛸 것처럼 계약서에 사인하고도 경기 내내 왼쪽 귀에 귀고리를 하고 벤치에 축구화를 신고 앉아 있었다. 목걸이와 귀고리 등과 같은 장신구는 경기를 뛰는 선수에게는 금지된 것이라 누가 봐도 경기에 참여할 의사가 없었는데도 축구화를 신고 앉아 있는 행동은 팬들의 기대감을 유도한 기만행위다. 일반적으로 경기에 뛰지 않는 선수들은 벤치에 슬리퍼나 운동화를 신고 앉아 있다.

호날두의 언어적·비언어적 커뮤니케이션이 보여준 무시와 적반하장도 문제였다. 경기에 집중하기 위해 팬사인회도 취소했다고 거짓말하고는 경기 시작 전 선수들 이름이 거명되자 불만에 찬 모습을 보였고, 벤치에서 팬들의 환호에 무반응으로 일관했으며, 분노한 팬들이 경쟁자 '메시'를 연호하자 불쾌한 표정을 숨기지 않았다. 또 경기 종료 후 기자들의 질문에 무대응으로 일관했던 그가 다음 날 고국으로 돌아가 즐겁게 운동하는 영상과 함께 컨디션이 좋다는 메시지를 SNS에 올림으로써 팬들을 완전히 속이고 기만한 것이 드러났다.

유벤투스구단의 상식 이하 갑질과 거짓말도 문제로 지적되었다. 유벤투스 관리 담당자는 경기 후반에 연락이 끊겼고, 호날두 출전을 독려하려는 국내 관계자에게 구단 측은 "호날두가 경기에 뛸 생각이 없다"며 출전을 거부했다. 본국으로 돌아간 감독은 "호날두가 뛰려고 했으나 근육의 피로를 호소해 위험을 감수하지 않는 것이 낫다고 결정했다. 호날두가 뛰는 모습을 그렇게 보고 싶다면 이탈리아로 와라. 내가 비행기 푯값을 주겠다"라는 어처구니없는 인터뷰를 했다.

유벤투스구단은 이 경기 관련 사진과 영상을 홈페이지에 올리며 경기장 이름도 정확히 표기하지 못했을 뿐 아니라 서울 경기가 "전 좌석 매진으로 이어졌고, 국경 없는 축구 열기와 우리 구단의 인기를 실감했으며 팬을 잊지 않을 것"이라고 자화자찬했다.

이 사건에 대한 유벤투스와 호날두의 위기 커뮤니케이션 결과는 최악의 대응으로 명성을 훼손한 것이다. 거짓말과 변명, 무시로 팬에 대한 최소한의 예의도 지키지 않으면서 이탈리아 최고 명문구단이라는 허울 좋은 명성에 먹칠한 것이다. 국내 언론은 물론 해외 언론까지 유벤투스와 호날두의 잘못을 지적하며 '그럴 줄 알았어'라는 반응을 보이는 것은 그동안 이들이 어떤 행태를 보여왔는지를 여실히 보여주는 결과라고 할 수 있다.

일반적으로 사람과 사람, 조직과 조직, 국가와 국가 간 계약에서 무시와 위반을 하고도 '그래서 뭐 어쩌라고'라는 식의 행위를 하는 바탕에는 '내가 너보다 힘이 세다'는 자만이 깔려 있다. 이러한 이유에서 이 사건은 이탈리아 최고 명문구단이라는 자만과 내가 세계 최고 선수라는 오만이 '너희쯤은 어떻게 대하든 상관없어'라는 언어적·비언어적 커뮤니케이션 행위로 나타난 것이라고 할 수 있다. 그러나 이들은 자신들의 자만과 오만으로 인해 유벤투스라는 구단과 이탈리아라는 나라에 대한 팬들의 부정적 인식이 앞으로 어떤 형식으로 이어질지를 간과한 단세포적 행동이었음을 깨닫게 될 것이다. 이들은 말과 행동은 한번 하고 나면 주워 담을 수 없다는 것을 정말 모르는 걸까?

case 4 상식 이하를 보여준 대한항공 땅콩 회항 사건

    2014년 12월 5일, 뉴욕발 인천행 KE086편 항공기가 이륙을 위해 활주로로 향하던 중 갑자기 다시 탑승 게이트로 방향을 돌려 사무장을 내리도록 조치했다. 한진그룹 회장의 큰딸이 대한항공 조현아 부사장이 기내 스튜어디스 서비스를 문제 삼아 250여 명이 탑승한 비행기를 활주로에서 돌려세우는 사건이 발생한 것이다. 그 결과 회사 명예가 추락하고 노조의 반발이 시작되었다. 사건 당사자는 법원으로부터 징역 10개월에 집행유예 2년을 선고받았고, 회사는 정부의 제재와 과징금을 받았다.

    2014년 12월 5일 뉴욕에서 인천으로 향하는 대한항공 기내에서 땅콩 서비스를 문제 삼아 조현아 부사장이 비행기를 돌리게 하고 사무장을 내리게 한 이른바 땅콩 회항 사건이 발생했다. 조현아 부사장은 땅콩을 접시에 담지 않고 봉지째 줬다는 이유로 고함을 지르며 비행기를 게이트로 돌리게 했는데 이 과정에서 비행기에 탑승한 승객들에게 비행기를 돌리는 것에 관한 아무런 공지도 없었다. 이로써 비행기는 20분 늦게 출발했다. 이는 소비자인 승객의 안전과 권리를 침해한 것이고, 고객 서비스를 우선으로 해야 할 경영자가 도리어 서비스를 엉망으로 만든 잘못된 행동이었다.

이 결과 소송이 진행되었고, 법정에서 조현아 부사장과 임원들은 사건의 발단이 승무원에게 있다는 취지의 주장을 펼쳤다. 반대로 검찰은 조 부사장과 임원들이 증거를 은폐·인멸·은닉하려 시도했고, 승무원들에게 회복하기 어려운 피해를 줬다고 주장했다.

1차 결심공판이 있던 2015년 2월 3일 조현아 부사장은 최후변론에서 "평소 대한항공을 아껴주신 고객과 저로 인해 회사로 쏟아진 많은 질책, 비난을 받아야 했던 대한항공 임직원에게도 진심으로 사과드린다. 이번 사건으로 커다란 분노와 충격을 느끼셨을 국민 여러분께도 머리 숙여 사과의 말씀 드린다"라고 밝혔다. 또 "사람의 마음을 먼저 헤아리지 못한 저의 잘못을 알기에 어떠한 변명도 내세울 수 없고, 어떠한 결과도 달게 받겠다"라고 했다. 그러면서 "직장 상사로서 승무원들이 느꼈을 심리적 고통을 헤아려서 사려 깊게 대처하지 못했다. 제 본의와 다르게 국토부 관계자와 김 감독관에게 피해를 드려 마음 깊이 사죄드린다"라고 덧붙였다.

그러나 이런 사과와 함께 승무원이 매뉴얼을 따르지 않았다고 승무원 잘못을 지적하면서 "매우 흥분한 상태였고 상황에 집중했기 때문에 이동 중이라는 걸 몰랐다. 비행기를 되돌리라고 한 적은 없다"라고 사건 내용을 부인했다.

직접 피해를 본 승무원은 증인으로 출석해 "조 부사장이 한 번도 잘못을 인정하지 않았다"라면서 "조 부사장의 기내 폭언, 인권유린 행위는 심각했다. 봉건시대 노예처럼 일방적 희생만 강요했다"라고 진술했다. 조 부사장 앞자리에 탑승했던 승객이 참고인 자격으로 검찰에 출두해 진술한 내용을 보면, 조 부사장은 사건 당시 이 승무원에게 "야, 너 어디다 대고 말대꾸야. 죄송하다고 해"라며 삿대질하고 승무원과 사무장을 무릎 꿇렸다. 그리고 무릎을 꿇고 있는 승무원을 일으켜 세워 어깨 한쪽을 손으로 밀며 탑승구 벽까지 3미터가량 몰아붙인 뒤 내리라고 했다. 그리고 "당장 연락해서 비행기 세워. 나 비행기 못 가게 할 거야"라면서 승무원을 비행기에서 내리게 했다. 검찰에 증인으로 출석한 승객은 대한항공 콜센터로 두 차례 전화해 이런 사실을 밝히며 항의했는데, 연락한 임원은 "혹시 인터뷰하더라도 사과 잘 받았다고 얘기해달라. 사과하는 차원에서 모형 비행기와 달력을 보내주겠다"고 했다고 밝혔다.

조 부사장은 사건이 터지고 여론이 악화하자 12월 14일 피해 승무원과 사무장을 직접 만나 사과하겠다며 그들 집을 방문했고, 두 사람이 없자 자기 수첩을 찢어 간단하게 사과 내용을 적은 뒤 문틈으로 밀어 넣고 돌아갔다. 그런데 이 쪽지가 더 큰 분란을 만들었다. 사과 메시지 전달 수단과 메시지가 부적절했기 때문이다.

통상 사과에는 자기 잘못에 대한 진솔한 내용이 담겨야 하고, 메시지를 전달하는 방법도 신중히 고려해야 하는데 전혀 그렇지 못했고, 사과받은 사람을 더 비참하게 만드는 결과로 이어졌다. 또 조 부사장을 보좌하는 임원들은 사건 피해자인 사무장과 승무원에게 허위 진술을 하도록 강요했으며 사건 관련 파일을 삭제하기도 했다.

위기 관리 커뮤니케이션 전략과 평가

- 사고 유형과 원인 주체: 폭행 범죄, 항공보안법 위반·강요·업무 방해, 부사장 본인
- 책임성과 심각성: 높음
- 커뮤니케이션 전략 실행 시기: 즉각적 대응 없음. 뒤늦은 사과 메시지 전달
- 메시지 전략과 내용: 초반 변명과 거짓말, 사실 은폐와 증거 인멸, 거짓 진술 강요. 후반 진실성 빠진 형식적 메시지
- 메시지 노출 매체와 전달 방법: 언론 인터뷰, 법정 최후 진술

'땅콩 회항'이라는 전대미문의 사건으로 사회적 물의를 일으킨 대한항공 부사장과 이 사건을 중간에서 처리한 대한항공 임원들의 행위는 대한항공이 대한민국을 대표하는 항공사이자 대기업이라는 이미지와 너무도 동떨어진 것이었다. 아무리 사주의 직계라 하더라도 승객들이 탄 비행기를 자기 기분에 따라 아무렇지 않게 회항시키고, 직원들에게 폭언과 폭행을 가하는 행위는 어떤 이유를 들어도 용납될 수 없다. 그럼에도 위기를 촉발한 불법적 행위를 저지른 본인은 물론 그를 보좌해야 할 임원들이 사건의 진실을 은폐하고 증거를 인멸했다. 그리고 거짓 진술을 강요하는 등 위기 상황에 대한 최소한의 상식과 지식도 없는 행위를 함으로써 조직의 명예를 한순간에 나락으로 밀어 넣었다.

피해자에 대한 사과 메시지 전달과 내용도 진정성이 없고 그저 '난 사과했어!'라는 것을 보여주기 위한 형식적 행위였다. 갑자기 자

기 수첩을 찢어 몇 자 적어서 문틈으로 밀어 넣으면 상대가 감동할 것이라는 발상을 했다면 너무 상식에 어긋나는 것 아닌가? 검찰과 법원에 줄두해 고개를 숙이며 사과하면서도 최초 원인 제공자는 승무원이었다는 주장을 펼치는 모습은 자신 때문에 촉발된 위기 상황의 심각성을 진정으로 인지하고 반성하는 행위라고 믿기 어렵게 만들었다.

 뒤늦게 대한항공 회장이 직접 대국민 사과문을 발표했지만, 타이밍을 한참 놓친 뒤여서 여론에 밀려 억지로 발표한 것이라는 생각만 대중에게 각인하는 부정적 효과를 만들었다. 위기를 성공적으로 봉합하려면 사과 대상에 대한 진정성 있는 사과와 신속한 타이밍이 생명이다. 그런데 이 사례에서는 그런 진정성도 즉각적 대응 메시지 전략도 찾아볼 수 없었다.

case 5 위기 대응의 정석을 보여준 한국화약 이리역 폭발 사건

1977년 11월 11일 오후 9시 15분, 전라북도 이리시(현 익산시) 이리역에서 한국화약의 다이너마이트와 전기 뇌관 등 고성능 폭발물 30톤을 실은 열차가 폭발해 59명이 사망하고 185명이 중상을 입었다. 또 1,400여 명이 피해를 보고 1,674세대 8,000여 명의 이재민이 발생했다.

1977년 11월 11일 인천에서 한국화약의 고성능 폭발물을 싣고 광주로 향하던 열차가 이리역에 정차했다. 한국화약 열차호송 직원은 "화약류와 같은 위험물을 실은 열차는 역 내에 대기시키지 말고 곧바로 통과시켜야 한다는 원칙이 있는데 이를 무시하고 수송을 늦추고 있다"며 이리역 관계자에게 항의했지만 묵살당했다. 그 직원은 홧김에 이리역 앞 식당에서 술을 마시고 화약이 실린 열차에 들어가 어두운 실내를 밝히기 위해 양초에 불을 켜서 화약상자에 올려

놓고 잠들었다. 그런데 이 촛불이 화약상자에 옮겨붙으며 대규모 폭발이 일어나게 되었다.

화약을 실은 열차가 폭발한 이리역은 깊이 15미터, 직경 30미터의 웅덩이가 만들어졌고, 역 주변 2킬로미터 안에 있던 건물들은 모두 처참히 부서졌다. 여기에 인명 피해와 이재민까지 그 피해는 당시로서는 상상하기도 어려운 규모였다. 이 사고로 한국화약은 존폐 위기에 처하게 되었다. 한국화약 창업자 김종희 회장은 자신의 전 재산 90억 원을 피해 보상금으로 정부에 내놓겠다는 의사를 최규하 국무총리에게 전했다. 재계에서는 "정부도 있고 철도청도 있는데 왜 한국화약이 피해 보상을 뒤집어쓰느냐"며 제지했다.

그러나 김 회장은 사고에 책임을 지는 것이 기업인의 도리라는 신념으로 이 의사를 결행했다. 다만, 정부에서 90억 원을 30억 원씩 3년 동안 나누어 내도록 배려해 기업 운영은 정상으로 이어갈 수 있도록 했다. 한국화약의 당시 순이익은 연 40억 원으로 분납금 30억 원을 견딜 수 있는 수준이었다.

1977년 당시 위기에 직면한 기업이 사과 메시지를 전달할 수 있는 매체는 신문이 거의 유일했다. 김종희 회장은 사건 관련 정보가 다 수집되기도 전 신문에 사과문을 게재하라고 지시했다. 임원들은 너무 이른 결정이라고 만류하면서 이리역의 업무 처리 관행을 문제 삼으면 사고 책임을 분산할 수 있을 거라고 했다. 그러나 김종희 회장은 사고 원인과 잘잘못을 따지는 것은 별 의미가 없다며, 회사 구성원에 의한 사고는 곧 자기 책임이라고 강조했다. 사람이 죽고 다쳤는데 더 무엇을 따지고 재냐며 즉시 사과문을 만들어 신문에 실으라고 했다.

1977년 11월 12일, 사건이 터지고 하루가 지난 저녁 중앙지 석간 신문에 이리역 사고에 대한 사과문이 실렸다. 사고로 사망한 피해자를 애도하고 명복을 빌며 유가족과 이리시민에게 사과 메시지를 전했으나 여론은 차가웠다. 이에 모든 책임을 질 거라는 내용의 사과문을 11월 16일 회장 명의로 다시 신문에 게재했다. 첫 번째 사과문과 마찬가지로 사망자를 애도하고 유가족, 피해자와 그 가족, 이리시민, 국민에게 진심을 담아 사죄한다는 내용을 담았다. 그리고 사고와 관련한 모든 법적·도의적 책임은 물론 회사의 모든 힘을 모아 정부와 함께 사고 복구에 최선을 다하겠다는 메시지를 전했다. 전 재산을 보상금으로 내놓겠다는 소식도 언론을 통해 전달되며 여론이 조금씩 달라졌다.

위기 관리 커뮤니케이션 전략과 평가

- 사고 유형과 원인 주체: 부주의로 인한 폭발사고. 직원
- 책임성과 심각성: 높음
- 커뮤니케이션 전략 실행 시기: 즉각적 대응
- 메시지 전략과 내용: 초반 사건의 내용을 알리고 사망자와 피해자 위로. 후반 사망자, 유가족, 피해자와 가족, 이리시민, 국민에게 사죄하고 차후 복구에 적극 협조하겠다는 메시지 전달
- 메시지 노출 매체와 전달 방법: 언론

1977년이면 국내에 대기업도 별로 없고 위기 상황에서 어떻게 대응해야 하는지도 체계적으로 갖춰지지 않은 시기에 한국화약은 위

기 커뮤니케이션 전략을 잘 수행했다. 첫 메시지 전달의 즉시성도 잘 갖추었고, 메시지에서 사망자, 유가족, 피해자, 이리시민, 국민을 차례로 언급하며 애도와 사과를 전한 것은 사고에 대한 도의적 책임성 인정이라는 측면에서 아주 적절한 방법이었다. 다만, 회장 명의가 아닌 회사 명의였다는 것이 아쉬움으로 남는다. 두 번째 메시지는 앞의 메시지와 유사하게 앞부분은 애도와 사죄 메시지를, 뒷부분은 복구와 관련해 회사가 어떻게 할지를 설명했다. 그리고 회장 명의로 전달해 메시지의 신뢰도를 높였다.

다만, 두 번째 메시지 전달 시기가 사고가 일어나고 5일이 지난 시점이라는 것이 언론과 대중이 보기에는 "너무 늦은 것 아닌가?" 하는 의구심을 자아낼 여지가 있었다. 물론 내부에서 보상과 관련된 결단을 내리기 위한 논의가 길어졌고, 정보를 취합하는 시간도 필요했겠지만 대중은 큰 사건일수록 오래 기다려주지 않는다는 측면에서 좀더 빨리 이런 메시지를 전달했으면 더 좋았을 거라는 생각이 든다.

그러나 전체적으로 한국화약의 위기 대응 전략 커뮤니케이션은 당시 상황에서도 잘 대처했고, 현재에 적용해봐도 대체로 잘 대응한 사례로 보인다. 물론 사과문 작성에 필요한 기본 내용이 모두 적용되지는 않았지만, 꼭 들어가야 하는 것은 모두 있으며, 변명과 전가, 평계는 모두 빠지고 자기 책임성을 강조했다는 데에 큰 의미가 있다.

case 6 기업 이미지에 큰 타격을 입은 타코벨 청각장애인 차별 사건

2018년 12월 31일 미국 오하이오주 한 타코벨 매장 드라이브스루에 청각장애인 고객이 주문하려고 자기 스마트폰에 내용을 적어 직원에게 제시했지만, 주문을 거부당하고 경찰에 의해 쫓겨나는 사건이 발생했다.

청각장애를 앓고 있는 청년이 미국 오하이오주의 한 타코벨 매장 드라이브스루를 통해 주문하는 과정에서 문제가 발생했다. 그는 주문 내용을 스마트폰에 적어 제품을 받는 창에 대고 제시했지만, 한동안 아무도 반응하지 않았다. 한참 후 한 직원이 회사 내규상 그런 식의 주문은 받을 수 없다는 말과 함께 창문을 닫고 사라졌다. 그러나 이 청년은 계속 자기 스마트폰에 쓴 내용을 보여주며 주문을 시도했다.

잠시 후 처음 응대했던 점원이 나타나 "계속 이렇게 차를 빼지 않고 서 있으면 경찰을 불러 쫓아내겠다"고 했다. 그 점원은 경찰에 전화했고, 잠시 후 경찰이 도착하면서 일이 일단락되는가 싶었다. 이 모든 상황은 옆자리에 함께 탔던 친구의 휴대전화에 영상으로 저장되었다.

2019년 1월 2일 청각장애 청년의 어머니는 이 영상을 소셜미디어에 올렸고, 사람들은 타코벨을 성토하기 시작했다. 청년의 어머니는 '명백한 차별행위를 한 타코벨은 미국 장애인보호법을 위반한 것'이라고 주장했다. 타코벨은 뉴스와 인터뷰할 때 "그렇게 행동한 직원을 해고했고, 우리는 차별과 폭력으로부터 자유로운 환경을 만들려 노력하고 있다"는 메시지를 남겼다.

그러나 타코벨은 2016년 유사한 사건으로 다른 지역 타코벨 매장 두 곳이 소송에 휘말린 적이 있었다. 2018년에는 흑인 여성이 영어를 쓴다는 이유로 미국 남부의 스페인어 통용 지역 매장에서 주문을 거부당하는 사건이 일어났다. 이런 사건들은 즉각 소셜미디어에 올라오며 문제로 대두되었다. 타코벨은 사건이 발생하면 직원을 해고하면서 사건을 무마하려는 행동을 여러 차례 한 전력이 있었다. 그런데 이 사건까지 겹치며 타코벨은 '차별' 업체로 각인되어 기업 이미지에 손상을 입는 위기에 빠졌다.

위기 관리 커뮤니케이션 전략과 평가

- 사고 유형과 원인 주체: 차별 폭력, 매장 직원
- 책임성과 심각성: 책임성 높음. 심각성 낮음

- 커뮤니케이션 전략 실행 시기: 즉각적인 부정적 고객 응대
- 메시지 전략과 내용: 직원 실수라는 변명
- 메시지 노출 매체와 전달 방법: 언론 성명서

타코벨에서 장애인과 유색 인종을 차별한 증거가 계속 소셜미디어에 올라오며 기업 이미지가 손상되었다. 누군가 사망하거나 신체적 손상을 입는 형태의 사건이 아니다보니 위기의 심각성은 낮을 수 있지만 기업의 책임성 면에서는 그리 간단한 문제가 아니다. 직원 교육에 심각한 문제가 있다고 볼 수 있다. '회사 내규'라는 말로 모든 책임에서 벗어날 수 있다는 직원의 생각도 문제지만, 피해를 본 소비자에게 진정으로 사과하는 모습을 보이지 않았다는 것이 더 큰 문제다. 그리고 문제를 직원 탓으로 돌리며 해고하는 것이 유일한 해결책인 것으로 생각하는 것도 소비자와 구성원 모두를 잃게 만든다는 인식이 필요하다.

직원 한 명이 기업 전체 이미지와 명성을 해칠 수도 있고 좋은 이미지와 명성을 만들어낼 수도 있다. 요즘처럼 정보 공유가 쉬워진 미디어 환경에서는 더욱 그럴 확률이 높다. 이 사례와 반대로 청각장애인에 대한 작은 배려가 기업 이미지까지 끌어올린 사례도 있다. 2015년 11월 10일 미국의 한 스타벅스 매장 드라이브스루를 이용하던 청각장애인의 주문을 스크린을 통해 수화로 받아 청각장애인의 어려움을 해소하고, 기업 이미지까지 높인 흐뭇한 사연이다. 작은 발상의 전환이 큰 결과로 이어진 사례다.

이 스타벅스 매장의 드라이브스루 주문판에는 스크린과 카메라가 달려 있다. 이것으로 주문자와 매장 직원이 얼굴을 보며 대화할

수 있다. 한 여성 청각장애인의 자동차가 이 매장 드라이브스루로 진입하자 직원은 주문을 받기 위해 인사를 했지만 청각장애인은 들을 수 없었다. 당황해하는 고객을 발견한 직원이 즉시 수화로 대화를 시도했고, 고객은 뜻하지 않은 상황에 당황하기보다는 기쁨이 앞섰다.

 무사히 주문을 마치고 자신이 주문한 제품을 받은 고객은 이 이야기를 자신의 소셜미디어에 영상과 함께 올렸다. 이 영상은 순식간에 사람들에게 퍼졌고, 스타벅스는 고객의 만족을 실천하는 좋은 기업이라는 이미지가 만들어졌다. 작은 발상의 전환과 배려가 고객을 얼마나 감동하게 할 수 있는지 잘 보여준 사례다.

case 7 사과의 정석을 보여준 삼성서울병원 메르스 사태

2015년 대한민국을 강타한 메르스는 병원을 중심으로 집단 감염과 확산이 계속되며 걷잡을 수 없이 퍼져나갔다. 국내 최고라는 삼성서울병원에서 메르스 환자가 80명이나 발생하며 삼성서울병원과 삼성그룹은 위기에 빠졌다. 이때 이재용 부회장의 진정성 있는 사과 메시지는 대중에게 삼성의 신뢰를 확인하게 해준 동시에 국내 기업 사과 메시지의 표본으로 인정받는 계기가 되었다.

2015년 메르스가 국내에 상륙해 기승을 부렸다. 삼성서울병원이 메르스 확산 2차 진원지가 되면서 그 심각성은 더욱 커졌다. 첫 발생 병원인 평택성모병원이 메르스를 완전히 차단해 병원 업무를 정상적으로 할 것이라는 뉴스와 반대로 삼성서울병원은 확산세를 잡지 못하고 혼란에 빠졌다. 결국 6월 15일 병원의 부분 폐쇄 결정이 내려지고 출입이 엄격하게 제한되면서 대중의 불안은 점점 커졌다. 메르스가 곧 진정될 줄 알았는데 삼성서울병원에서 환자가 계속 발생하자 국내 경제도 불황 속으로 빨려 들어갔다. 시장 매출이 40%나 떨어졌고 지하철 승객도 22%나 줄어드는 등 경기가 바닥으로 추락했다.

그러자 삼성서울병원이 메르스를 차단하는 것이 아니라 더 확산했다는 비판이 여기저기서 나왔다. 2015년 한국의 경제성장률이 2%대로 추락할 거라는 전망까지 나오자 정부와 서울시는 삼성서울병원에 강력한 대응책을 주문했고, 삼성은 그야말로 벼랑 끝에 서는 위기에 직면했다. 삼성서울병원이 메르스 확산 '주범'이라는 국민적 인식이 팽배하면서 삼성의 이미지는 심각하게 떨어졌다. 삼성서울병원 병원장과 삼성그룹 사장단이 연이어 "메르스 확산을 깊이 반성한다"는 메시지를 국민에게 전하며 최선을 다해 메르스와 싸우겠다고 했지만 국민의 불안함은 가라앉지 않았고, 삼성서울병원과 삼성그룹에 대한 여론과 언론의 시선은 점점 차갑게 변했다.

2015년 6월 23일 삼성그룹 이재용 부회장은 서초사옥 디목적홀에서 기자회견을 열어 "삼성서울병원이 국민 여러분께 너무 큰 고통과 걱정을 끼쳐드렸다. 머리 숙여 사죄한다"라는 말로 사과 성명을 시작했다. 이 사과문은 사과문 내용의 기본이 모두 포함된 모범 답안 같았다. 위기 사태에 대한 사실관계, 문제의 발단, 원인 제공자, 피해자에게 사죄하는 마음, 문제 해결을 위한 방안, 재발 방지를 위한 계획 등이 모두 포함되어 있었다. 이후 삼성은 최선을 다해 문제를 해결했고, 결국 메르스는 얼마 후 공식적으로 종식되었다. 이재용 부회장의 사과 메시지는 5장 〈사과문 사례〉에서 그 내용과 의미를 다시 확인할 수 있다.

위기 관리 커뮤니케이션 전략과 평가

- 사고 유형과 원인 주체: 불가항력적 자연재해, 삼성서울병원
- 책임성과 심각성: 높음
- 커뮤니케이션 전략 실행 시기: 즉각적 대응은 산발적으로. 후에 강력한 메시지 전달
- 메시지 전략과 내용: 초반 해결방법을 제시하지 못하고 원론적 메시지만 반복. 그룹 최고 의사결정권자의 강력하고 진정성 있는 메시지로 여론 전환
- 메시지 노출 매체와 전달 방법: 자사 홈페이지, 언론 인터뷰, 기자회견

삼성서울병원은 메르스 사태 초반에 안일하게 대처하는 실수를 저질렀고 이로써 문제가 더 심각해지는 상황에 직면했다. 내부에서 의견이 분분했고 정확한 대처 방안도 결정되지 않아 우왕좌왕하는 모습도 연출했다. 이것이 삼성의 모습이라고 볼 수 없다는 국민의 반응은 신뢰가 흔들렸다는 것을 의미했다. 병원 부분 폐쇄 결정이 늦어지면서 국민은 더 불안해했고, 정치권과 여론은 삼성을 질타하는 분위로 돌아갔다. 결정적 메시지 부재가 이런 혼란을 가져온 것이다.

사건이 벌어지고 사람들의 불안감이 높아질 대로 높아진 상황은 삼성그룹은 물론 국내 경제에도 빨간불을 켜는 부정적 효과로 이어

졌다. 상당히 심각한 상황인데도 즉각적 메시지 전략이 나오지 않고 여기저기서 산발적으로 메시지가 나오면서 메시지의 신뢰도가 떨어지고 불안감은 더욱 증폭되었다. 분위기가 이렇게 돌아가자 이재용 부회장 리더십에 문제가 있다는 루머가 돌았다. 삼성그룹으로서는 문제가 커지면 앞으로의 행보에 결코 도움이 되지 않을 거라고 판단했을 것이다.

  결국 말에 책임을 질 수 있는 사람이 메시지를 전달하는 구조가 문제를 해결하는 지름길이라는 사실을 인지했을 것이다. 그러나 문제는 메시지로 무엇을 전달하느냐는 것이었다. 국내 많은 기업 대표가 위기 상황에서 메시지 전략을 잘못 구사해 더 큰 위험을 자초한 적이 한두 번이 아니었기 때문이다. 그러나 이재용 부회장은 사과 메시지의 정석을 보이며 여론을 돌려놓았다. 많은 전문가가 이재용 부회장의 사과문에 감탄하고 정석이라고 칭찬하는 이유는 그 메시지에 진정성을 비롯한 모든 것이 들어 있어 누구도 반박할 요소를 찾을 수 없기 때문일 것이다.

case 8 소비자 원성만 산 BMW 차량 화재 사건

독일의 자동차 생산기업 BMW의 520d 모델에서 연이어 화재가 발생하며 소비자들의 불만과 불안이 고조되었다. 그리고 BMW의 대응이 오히려 소비자들을 더욱 화나게 만들면서 국내에서 BMW 명성에 타격을 주었다.

독일 BMW 520d 모델의 화재가 국내에서 집중적으로 발생했다. 하지만 독일 본사 임원들이 이런 사고의 원인과 책임을 국내 소비자에게 전가하는 발언을 쏟아내면서 여론이 부정적으로 변했다. 독일 본사 대변인은 중국 매체와 인터뷰에서 "한국의 교통 조건이나 운전 습관 때문에 화재가 났을 수 있다"고 발언해 국내 소비자들의 분노를 유발했다. 여기에 더해 원인 규명에 대한 회사 차원의 대책이 없고, 리콜도 국내 소비자를 전혀 배려하지 않는다는 비판이 늘어났다. 리콜은 시행했지만 부품을 확보하지 못해 1년 넘게 기다려야 하는 상황이 연출되면서 회사 태도를 성토하는 분위기가 팽배했다.

　기업이 생산한 제품의 하자로 사고가 발생해 위기에 직면했을 경우 기본적으로 문제를 인정하고 사과 메시지를 전하며 피해를 최소화하기 위해 어떤 조치를 취할지 소비자에게 명확히 전달해야 한다. 그런데 BMW는 차량의 결함은 소극적으로 인정하면서 동시에 원인과 책임을 소비자에게 전가해 소비자의 원성을 샀다. 심지어 한국법인은 기자회견을 열어 사과 메시지를 전했지만 본사는 사과문은커녕 아무런 즉각 반응도 보이지 않아 소비자를 무시한다는 인상만 주었다.

　BMW는 피해 고객에게 문제를 최소화할 수 있는 조치를 해야 하는데도 적극적으로 하지 않았을 뿐 아니라 문제의 재발방지를 위한 계획과 구체적 방안도 전혀 제시하지 않았다. 피해 보상, 국내 소비자를 위한 조치, 서비스 확대 등과 같이 다른 기업은 모두 하는 조치를 BMW는 제공하지 않았다. 이로써 '한국 소비자를 봉으로 본다'는 이미지가 굳어졌다. 한국에서만 유독 차량 화재 사고가 일어나는 것을 두고 전문가와 소비자들은 국내에서 팔리는 차량의 품질에 문제가 있을 수 있다는 의견을 제시했다. 그러나 BMW 측은 사고 원인조차 제대로 밝히지 않음으로써 기업 이미지를 스스로 떨어뜨렸다. 이런 사고가 미국이나 유럽에서 일어났어도 BMW가 이렇게 대처했을까? 소비자보호가 법으로 강력하게 명시된 나라에서는 절대로 일어날 수 없는 일이다.

위기 관리 커뮤니케이션 전략과 평가

- 사고 유형과 원인 주체: 제품 결함으로 일어난 화재, BMW
- 책임성과 심각성: 높음
- 커뮤니케이션 전략 실행 시기: 즉각적 대응 없음
- 메시지 전략과 내용: 초반 변명과 책임 전가, 후반 진실성 빠진 형식적 메시지
- 메시지 노출 매체와 전달 방법: 기자 인터뷰, 기자회견

BMW는 전 세계 자동차업계에서 오랫동안 명성을 쌓았으니 기업의 명성이 어떤 역할을 하는지 누구보다 잘 알 것이다. 그런데 자사가 제작한 자동차에서 화재가 빈번하게 발생하는데도 국내 소비자에게 제대로 된 사과 메시지 하나 전달하지 않았다. 그리고 별다른 보상이나 대책도 내놓지 않았다. 차량은 생명과 직결되니 소비자에게 안전한 제품을 제공할 의무가 있지만 BMW는 그런 노력을 하지 않았다.

국내에 들어와 있는 외국의 많은 고가 제품 브랜드가 공통으로 이런 행태를 보이는 이유가 뭘까? 국내 소비자보호 관련 법률이 허술하기 때문이기도 하지만, 국내 소비자를 그저 수익 창출 도구로만 여기기 때문일 것이다.

BMW의 행태는 앞서 다룬 일본의 브리지스톤과 미국 자회사 파이어스톤 사례보다 더 심각한 경우라고 할 수 있다. 기업이 소비자를 대하는 자세에서 절대 하지 말아야 하는 커뮤니케이션 방법의 전형을 보여준 것이다. 위기 상황에 대한 인식도 없고, 제품 결함에

대한 미안함이나 책임감도 없으며, 위기를 해결하려는 의지와 노력도 없는 진정성 없는 기업의 행태라고 할 수 있다. 이들의 이런 무대응, 무성의 전략은 장기적 측면에서 절대 기업에 이득이 되지 않는다. 명성을 잃어버리는 전형적 기업으로 갈지, 아니면 명성을 지키는 기업으로 남을지는 자신들에게 달렸다는 것을 알아야 한다.

명성을 쌓는 데는 20년,
명성을 잃는 데는 단 5분

명성은 순식간에 만들어지지 않는다. 오랜 시간 진실성을 보여주고, 그것이 차곡차곡 쌓여 상대에게 신뢰를 주는 단계에 이르러야 획득할 수 있는 보물이다. 그런데 이렇게 어렵게 얻은 보물을 어처구니없게도 한순간 행동이나 말을 잘못해 잃어버리는 기업들이 많다. 우리는 앞에서 몇 가지 사례를 들어 기업들이 위기 상황을 어떤 대응 메시지 전략으로 극복했는지 또는 극복하지 못했는지 살펴보았다.

기업은 소비자와 대중의 지지로 그 영속성을 유지할 수 있다. 2차 산업혁명이 가져온 산업 구조에서는 한번 만들어진 기업은 긴 시간 사업을 영위하는 특징을 보였다. 시장 구조가 불균형 상태였고 정보를 전달하는 미디어 형태가 일방적이었기 때문이다. 시장에서 생산자와 소비자의 관계가 불균형한 상태라는 것은 제품이나 서비스 공급이 수요를 따라가지 못하는 구조라는 것을 의미한다. 즉, 물자가 부족해 공급이 수요를 넘어서지 않으니 소비자는 시장에 나와 있는 제품이나 서비스를 불만 없이 수용할 수밖에 없는 구조였다.

시장에서 완전경쟁은 환상일 뿐이었다. 몇몇 기업이 과점하거나 한 기업이 독점하는 구조로 이루어진 시장에서 소비자들은 가격 결정력도 없이 그들이 붙여놓은 가격을 따라야 했다. 미디어는 어떠했나? 정보생산자인 미디어와 몇몇 힘 있는 개인 또는 조직이 정보를 독점하며 대중에게 전하는 정보를 필터링해 자신들에게 유리한 정보만 제공하는 형태였다.

그런데 3차 산업혁명이 일어나자 이런 구조가 서서히 깨졌다. 인터넷의 등장과 정보 통신기술의 발달은 정보 유통의 혁신을 가져왔다. 사람들이 더 많은 정보를 바탕으로 합리적인 소비와 사고를 할 수 있는 발판이 서서히 만들어졌다. 오프라인 시장의 기능이 온라인으로 옮겨가면서 공급시장의 경쟁이 치열해졌고, 드디어 소비자가 진정한 주인인 세상이 도래했다. 제품과 서비스의 가격 결정권이 소비자에게 넘어오면서 시장 판도도 예전과 완전히 달라졌다. 미디어도 양방향적 형태로 진화하기 시작했다. 정보 유통의 주도권도 대중에게 넘어오기 시작한 것이다.

이제는 4차 산업혁명의 파고가 우리 앞에서 넘실대고 있다. 이제 막 시작된 4차 산업혁명의 변화는 미디어 환경의 변화를 본격적으로 만들어내고 있다. 언제 어디서나 누구와도 대화할 수 있고, 어떤 것에 대해서도 자유롭게 커뮤니케이션할 수 있는 시대가 열린 것이다. 정보 공유의 실시간성이 사람들의 생각과 생활을 바꾸고 시장질서를 소비자 중심으로 전환하는 혁명이 시작되었다.

세계적 투자자 워런 버핏의 "명성을 쌓는 데는 20년이 걸리지만 그것을 잃어버리는 데는 단 5분도 걸리지 않는다"라는 명언은 오늘날 이 시대에 가장 적합한 말이 아닐까? 지금은 기업이 오랫동안 노력해서 쌓아올린 명성이 구성원의 말실수 하나에 나락으로 떨어지는 시대다. 바로 소셜미디어의 강력한 전파력 때문이다. 그렇다고 이것이 늘 부정적으로 사용되는 것은 아니다. 앞에서 언급한 사례에서처럼 직원의 작은 나눔과 배려 그리고 실천이 기업의 명성을 더 높이는 경우도 많기 때문이다. 이제 우리는 명성의 소중함을 더 실감하는 시대를 살아갈 것이다.

8

국가는 어떻게
위기에서 살아남을까

정부와 국민은 같은
배를 탄 동업자

위기는 불측정성과 돌발성 때문에 개인, 조직, 국가 누구에게나 언제나 닥칠 수 있다. 위기라는 단어는 원래 위험과 기회를 동시에 내포하는 의미로 사용된다. 일반적으로 준비하고 대비하면 위기는 일정 부분 예방하거나 효과적으로 대응할 수 있다. 앞에서는 개인과 조직에 닥친 위기를 논의했는데, 이 장에서는 국가에 닥친 위기를 논의한다.

요즘 '나라다운 나라'는 무엇이고 '나라답다'는 것은 무엇을 의미하는지에 대해 많은 사람이 열띤 논의를 벌이고 있다. 나라는 정의로워야 하며 위기에 직면했을 때 그 정의로움은 더욱 빛을 발한다. 그렇다면 나라다운 나라는 위기에 어떻게 대처하는지 알아보자.

21세가 시작되고 두 번째 10년도 거의 끝나고 있다. 전보다 과학기술이 엄청나게 발전했지만 국가에 닥치는 위기도 점점 더 거세지고 복잡해지고 다양해지고 복합적이다. 한 국가의 위기가 곧 다른 국가들의 위기로 이어지는 '나비효과'는 위기의 다국적화가 진행되고 있다는 뜻이다. 기술의 발달과 세계 경제구조의 그물망 효과 때문에 위기가 국지적으로 생성되었다가 소멸하는 시대는 끝나고 있다.

요즘 보이는 위기는 지역적으로 네트워크화될 뿐 아니라 산업·경제적 네트워크 혼란으로 이어진다. 국내외를 막론하고 경제적 피해와 사회적 혼란이 연쇄적으로 일어나 모든 국가에 영향을 미친다. 오늘날 세계는 고도화된 기술을 바탕으로 모두 연결된 글로벌 네트워크 사회이기 때문이다. 현대의 위기는 이런 네트워크 구조로 점점 국제화·대형화·다양화·복잡화되고 있다.

그럼 위기를 예방하고 관리하려면 국가는 어떻게 해야 할까? 당연히 국가는 개인이나 조직보다는 위기를 예방하거나 위기에 대응하는 준비가 체계적으로 갖춰졌을 거라고 모두 믿는다. 그러나 국민은 위기에 대응하는 국가 시스템이 종종 제대로 작동하지 않는 것을 보면서 불안감을 느낀다.

국가안보 위기, 대형재난으로 인한 위기, 외교분쟁으로 인한 위기에 더해 사스·메르스·코로나 같은 전염병 등에 대한 정부의 초동 대응이 부적절해 커진 위험이 국가적 위기로 이어지는 일이 늘고 있다. 그리고 그 피해는 고스란히 국민 몫으로 돌아가 모두의 삶이 어려움에 직면하게 된다. 이런 상황은 즉각 실행 가능한 국가 위기관리 시스템의 도입과 정착을 요구한다. 국가 위기에 대응하는 수칙을 재정립하고 대응 매뉴얼을 첨단 과학화하는 노력이 필요하다.

국가와 국민은 운명공동체다. 국가의 존재 이유는 국민을 지키는 것이다. 따라서 낡은 대응 시스템을 4차 산업혁명의 핵심 기술을 적용한 사전 탐지와 대응 구조로 전환해야 한다. 위기가 발생하면 우왕좌왕하고, 누구에게 책임이 있는지를 놓고 서로 비난할 것이 아니라 시의적절한 해결책을 제시하고 국민이 안심하고 따를 수 있는 방향을 제시하는 국가와 정부를 국민은 원한다.

국가 기관들의 긍정적 협업이
나라를 올바른 길로 이끈다

case 1 천안함 피격 침몰 사건, 은폐·조작으로 혼란과 불신 초래하다

2010년 3월 26일, 백령도 인근 해상에서 우리 해군 포항급 초계함인 PCC 772 천안함이 북한 잠수함의 어뢰에 폭침되어 침몰했다. 우리해군 병사 46명이 사망하고, 천안함은 두 동강 난 채 인양되었다. 이 사건은 유엔 안전보장이사회 안건으로 회부되었고 공격을 규탄하고 우려한다는 의장 성명이 채택되었다. 이 사건으로 남북 간 긴장이 고조되고 국내 여론의 극심한 갈등과 분열을 초래했다.

서해 북방한계선(NLL) 남측 우리 해역에서 북한의 어뢰 공격을 받은 우리 해군 초계함 천안함이 격침된 후 침몰하는 대형 사건이 일어났다. 피격 즉시 천안함 함장은 상부에 "어뢰에 맞은 것 같다"는 보고를 올렸지만 제2함대사령부와 해군 작전사령부는 이 사실을 합동참모본부(이하 합참)에 즉시 보고하지 않았다. 제2함대사령부는

21시 28분 천안함으로부터 받은 보고를 합참의장에게 22시 11분, 국방부장관에게 22시 14분 보고했지만 이를 청와대에까지 보고하는 데는 시간을 지체했다. 천안함이 피격된 후 23시경 인근 지역을 순찰하던 속초함이 이상 물체를 발견하고 추격해 발포한 표적물에 대해 보고한 내용은 "북한의 신형 반잠수정으로 판단된다"였으나, 제2함대사령부는 이 보고와 다르게 '새떼'로 보고하도록 지시했다. 그리고 최종 조사결과 발표에서도 이 이상 물체의 정체를 '새떼'로 규정해 논란을 가중했다.

사건이 발생한 원인과 발생 시각 등에 대한 언론과 여론의 의혹이 확대되자 사건 발생 4일이 지난 3월 30일 국방부와 합참은 열영상탐지기(TOD) 동영상 일부분만 편집한 영상을 공개함으로써 국민의 불신을 촉발했다. 정부는 천안함이 침몰한 원인을 밝히기 위해 군과 한국, 미국, 영국, 오스트레일리아, 스웨덴 등에서 온 전문가로 구성된 민군 합동조사단을 구성했다. 사건 발생 56일이 지난 2010년 5월 20일 합동조사단은 "천안함은 어뢰에 의한 수중폭발로 발생한 충격파와 버블효과에 의해 절단되어 침몰했고, 무기체계는 북한에서 제조한 고성능폭약 250킬로그램 규모의 어뢰로 확인되었다"라고 공식 발표했다.

그러나 조사가 진행되는 동안은 물론 그 이후에도 여러 루머와 의혹이 인터넷과 방송 그리고 언론을 통해 계속 생성되어 유포되었다. 국민은 무엇이 진실인지 혼란스러울 수밖에 없었다. 이에 감사원이 감사에 착수했고, 합참의장을 포함한 장성급 장교 25명에 대한 징계가 요청되었다.

위기 관리 커뮤니케이션 전략과 평가

- 사고 유형과 원인 주체: 군사도발, 북한
- 책임성과 심각성: 높음
- 커뮤니케이션 전략 실행 시기: 즉각적 대응 없이 여론에 떠밀려 나중에 실행
- 메시지 전략과 내용: 초반 메시지 통일성 부족과 비밀주의 유지, 후반 진실성 빠진 형식적 메시지
- 메시지 노출 매체와 전달 방법: 기자회견, 인터뷰, 언론·방송

국방부의 늦장 보고, 자료조작 등으로 '천안함 조작설' 같은 루머가 광범위하게 확산되어 국민적 불안과 국론 분열을 초래했다. 위기에 직면한 직후 유관기관의 위기 대응 조치의 기본은 상황에 대한 정확한 정보 취합과 분석인데도 정보의 은폐·축소·조작으로 정보 정확도가 현저히 떨어졌다. 이로써 정보 공유가 부재한 상황을 만들어냈다. 정보가 부족하고 정확하지 않으니 대국민 메시지의 생성도 빈약해 설득력이 떨어졌고, 급기야 각종 루머가 속출해 국민 혼란과 불신만 부추기는 부정적 효과가 확산되었다.

메시지 전달의 일관성도 현저히 떨어졌다. 정부는 사건이 발생하고 56일이나 지나서야 북한소행이라고 발표했다. 대통령은 "북한의 근거로 볼 수 없다"라고 발언하고, 국방부장관은 대통령 발표 하루 뒤 "북한의 어뢰 공격 가능성이 높다"라고 발표해 누구 메시지가 정확한지에 대한 국민적 혼란을 가중했다. 국가안전보장회의(NSC)는 사건이 발생하고 59일이 지난 시점인 5월 21일에야 국무총리도 없

이 단 한 번 열렸다.

감사원 감사 결과에 따르면, 사건 직후 정보 공유도 문제로 지적되었다. NLL상에서 우리 해군함정이 북한의 공격으로 침몰한 사건인데도 사고 현장을 관할하는 제2함대사령부, 해군사령부, 합동참모본부, 국방부, 청와대 NSC로 이어지는 정보 공유 라인은 신속·정확하고 통합적인 정보를 공유하지 않았으며, 대응도 효과적으로 하지 못했다. 국방부도 위기 상황에 대응하기 위한 '위기관리반' 소집에 관한 관계규정을 따르지 않았으며, 비상시 의무 조치인 '전투대응태세'도 이행하지 않는 등 전반적으로 위기 대응에 부실했다.

위기 예방에서도 문제가 지적되었다. 감사원은 군의 대응 실태 조사를 통해 군이 서해에서 북한의 여러 동향을 이미 파악하고도 적절한 예방을 하지 않았다고 지적했다. 북한이 서해를 통한 기존 침투방식과 다르게 잠수함이나 잠수정을 이용해 서북해역에서 우리 함정을 공격할 수 있음을 예상했으면서도 제2함대사령부는 백령도 근해에 잠수함 대응 능력이 부족한 천안함을 배치했다. 이는 대잠 능력 강화에 필요한 조치를 이행하지 않은 것이며, 합참과 해군작전사령부는 이러한 조치의 이행 여부를 확인하지 않는 실수를 저질렀다. 또 사건 직후 '북 잠수정 관련 정보'를 전달받고도 효과적으로 대응하지 않았다.

이 사건을 종합적으로 보면, 국가 위기 상황에서 가장 중요한 예방과 예측, 대응, 평가 작업이 미흡했다. 그리고 대국민 메시지 전략도 전달의 일관성과 즉시성 그리고 내용의 정확성 측면에서 미흡했다. 정부기관 간 정보계통의 유기적 협력 부재, 예방 기회 상실, 대국민 메시지 전략 실패 등은 위기의 골든타임을 놓치는 결과를 낳았고, 루머 확산을 촉진하는 데 일조했으며, 국민적 불안과 불신을 초래했다. 감사원 조사 결과처럼 안보위기라는 이유로 비밀주의적 태도를 고수하다 보니 사건의 발생 시기·원인·대응과정 등에 관한 중요 정보를 누락 또는 은폐하는 것이 묵인되었다. 그러니 정부의 대국민 메시지에서 내용의 정확성과 전달의 일관성에 문제가 생길 수밖에 없었다.

대국민 메시지 전략의 문제는 국내외 언론과 소셜미디어에서 '천안함 조작설' '남한의 대북 선제공격설' '만 17세 이상 남자의 전쟁 참여 준비설' 등의 루머가 무차별적으로 생산되어 유포되는 상황으로 이어졌다. 정부, 언론, 여론의 통일성 없고 혼란스러운 모습은 적에게 우리 대응 시스템적 오류를 그대로 노출하는 결과로 이어졌다. 우리의 약한 부분이 무엇이고 차후 도발에서 어떻게 활용하면 좋은지에 대한 팁을 준 것이다.

case 2   9·11테러, 테러와 전쟁에 불붙이다

    2001년 9월 11일 항공기 납치 자살 테러 공격을 받아 미국 뉴욕의 세계무역센터(WTC) 쌍둥이 빌딩이 붕괴하고 버지니아 알링턴의 국방부 펜타곤이 일부 파괴되어 약 2,996명이 사망하고 최소 6,000여 명이 부상했다. 이 사건을 계기로 조지 W. 부시 대통령이 국토안보법을 발의함에 따라 국토안보부가 개설되었으며 테러와 전쟁을 선포하게 된다.

    2001년 9월 11일 아메리칸항공 AA11 보잉 767이 승객 81명과 승무원 11명을 태우고 보스턴에서 로스앤젤레스를 향해 이륙했다. 이 항공편에는 테러범이 5명 타고 있었다. 유나이티드항공 UA175는 승객 56명과 승무원 9명을 태우고 보스턴에서 로스앤젤레스를 향해 이륙했다. 이 항공편에도 테러범이 5명 타고 있었다. 아메리칸항공 AA77 보잉 757은 승객 58명과 승무원 6명을 태우고 워싱턴에서

로스앤젤레스로 가기 위해 이륙했다. 여기에도 테러범 5명이 탑승하고 있었다. 유나이티드항공 UA93 보잉 757은 승객 37명과 승무원 7명을 태우고 뉴욕에서 샌프란시스코로 가기 위해 이륙했다. 여기에도 테러범 4명이 승객으로 위장해 타고 있었다.

이 비행기들은 중간에 테러범들에게 납치되어 그들이 목표로 한 지점을 향해 기수를 돌렸다. 오전 8시 46분, 이륙한 지 47분 만에 AA11은 시속 790킬로미터 속도로 제1세계무역센터 북쪽 면으로 돌진해 93층과 99층 사이에 충돌했다.

오전 9시 03분, 이륙한 지 49분 만에 UA175편은 시속 950킬로미터 속도로 제2세계무역센터 남쪽 면의 77층과 85층 사이에 충돌했다. UA175편 비행기가 제2세계무역센터에 충돌한 후 56분 만에 건물은 완전히 무너졌고, 제1세계무역센터는 AA11이 충돌하고 1시간 42분 만에 완전히 붕괴했다.

오전 9시 37분, 이륙한 지 1시간 17분 만에 AA77편은 시속 853킬로미터 속도로 워싱턴 국방부 건물인 펜타곤 서쪽 면에 충돌했다. AA77편의 충돌이 있고 1시간 22분 뒤 펜타곤 건물 5층 일부가 화재로 무너졌다.

UA93편은 오전 10시 03분 시속 926킬로미터 속도로 펜실베이니아주 피츠버그시 동남쪽 129킬로미터 지점에 추락했다. 이 비행기의 목적지는 워싱턴DC 의회의사당 또는 백악관이었을 것으로 추정했다. 승객들이 세계무역센터 두 곳과 펜타곤 충돌 사실을 알고 조종석에서 납치범들을 제지하며 저항해 결국 목적을 이루지 못한 것으로 밝혀졌다. 그리고 오후 5시 20분, 47층 높이의 제7세계무역센터가 제1, 2세계무역센터가 붕괴하며 튕겨 나온 철골 잔해에 맞아 붕괴했다.

　미국은 이날 일어난 테러로 심각한 위기 상황에 직면하게 되었다. 세계 경제의 중심인 뉴욕은 공포와 분노에 휩싸였고, 미국은 엄청난 손해를 입게 되었다. 붕괴 건물의 가치 11억 달러(한화 1조 4,300억 원), 테러 응징을 위한 긴급재정 400억 달러(한화 약 52조 원), 재난 지원금 111억 달러(한화 약 12조 원), 그리고 금액으로 추산할 수 없는 엄청난 피해가 발생한 것이다.

　항공기에 탑승했던 테러범들의 배후를 조사한 미국은 사우디아라비아 출신의 오사마 빈 라덴과 그 추종 세력인 알카에다를 사건의 핵심 세력으로 파악했다. 여기에 팔레스타인해방기구(PLO) 산하 하마스, 이슬람 원리주의 기구 지하드, 레바논의 헤즈볼라 등 다른 이슬람 테러조직이 연계했을 것으로 판단했다.

　사건이 발생한 직후인 오전 9시 29분, 조지 W. 부시 미국 대통령은 테러와 관련된 성명을 발표했다. 그는 '미국에 대한 명백한 테러 공격'이라며 절대 좌시하지 않을 것을 천명했다. 뉴욕의 주요 시설인 UN, 시어스타워, 로스앤젤레스와 플로리다의 디즈니랜드 등을 폐쇄하고 뉴욕과 워싱턴에 해군 구축함과 장비를 배치했다. 뉴욕의 금융시장도 이날 폐장을 결정했다.

　2001년 9월 12일, 부시 대통령은 백악관에서 국방장관, 국무장관 등 주요 각료와 백악관 보좌진을 배석시킨 가운데 기자회견을 열어 테러를 '전쟁행위'로 선언하는 동시에 테러분자들을 '적'으로 규정하면서 테러와 전쟁에 들어간다고 발표했다. 그는 "이 전쟁에서 승리하기 위해서는 시간과 결의가 필요하다. 미국은 이 적을 정복하기 위해 가용한 모든 수단을 총동원할 것이다"라고 밝혔다. 이와 동시에 그는 테러 사태 희생자를 포함한 피해 복구를 위한 긴급 예산편성을 의회에 요구했다.

이후 부시 대통령은 테러조직 소탕을 천명했고, 2001년 10월 7일 테러조직 본거지로 지목된 아프가니스탄 영토에 대한 공습과 공격을 단행했다. 그러나 알카에다와 오사마 빈 라덴을 척결하는 데 실패했고, 알카에다에 협조한 이라크를 2003년 3월 20일을 기해 공격해 20일 만에 함락시키고 새로운 과도정부를 출범시켰다. 그리고 뉴욕과 워싱턴에 테러가 일어나고 9년 8개월 만에 '제로니모 작전'을 수행해 오사마 빈 라덴을 사살해서 수장했다.

테러 후 부시 행정부는 전 세계 우방들을 연합해 테러와의 전쟁을 수행하기 위한 기구를 발족했다. 확산방지구상(PSI: Proliferation Security Initiative)이 바로 그것이다. 2003년 부시 대통령이 폴란드 크라쿠프 연설에서 발표한 뒤 같은 해 9월 파리에서 11개국이 공동으로 발의해 본격적인 활동을 시작했다. PSI는 참여국 간 정보 공유, 정기적 연합 훈련, 작전 상황에 군사적 지원, PSI 체계에 부합할 수 있는 자국법 조정, PSI 관련 국제법 제정 시 강화 쪽으로 의견을 모으는 것을 골자로 한다. 한마디로 전 세계의 연합된 힘으로 테러를 원천적으로 차단하겠다는 것이다. 우리나라도 2009년 5월 25일 북한의 2차 핵실험 다음 날 95번째로 PSI에 가입했다.

사건이 발생한 시각 부시 대통령은 부인과 함께 플로리다주의 한 초등학교를 방문하고 있었다. 사고 소식을 들은 부시 대통령은 곧바로 긴급 기자회견을 열어 사고로 죽거나 다친 피해자들을 위로했고, 테러 배후를 철저히 밝힐 것이라며 내각과 수사기관 수장과 긴밀하게 정보를 공유하고 있다고 밝혔다. 그리고 다시 짤막한 기자회견을 했는데, 이때 그는 "정체 모를 비겁자가 자유를 공격했다. 이번 테러의 배후세력을 분명히 가려내겠다. 안전을 위해 가능한 모든 조치를 취하겠다"라고 강조했다.

이후 그는 네브래스카주 오펏 공군기지 전략공군사령부에 도착해 테러 대책을 진두지휘했으며, 전군에 경계 태세 돌입을 명령했다. 9월 11일 밤 9시, 전국으로 생중계한 텔레비전 대국민 연설에서 부시 대통령은 사건과 관련된 정보를 제공하며 유족에 대한 애도 그리고 철저한 조사로 배후를 밝힐 것을 약속했다. 또 미국의 모든 국민이 하나로 단결해 위기를 극복하길 바란다고 말했다. 이어서 정부 관계자들과 뉴욕시장, 상·하원 대표 등도 각각 인터뷰와 기자회견에서 테러를 규탄하고, 복구를 위해 노력할 것을 호소했으며, 배후에 대한 응징을 약속했다. 언론도 이런 정부 메시지를 적극적으로 전달했다.

9월 14일, 미국은 이날을 '애도의 날'로 정하고 각종 추모 행사를 열었다. 부시 대통령은 낮 12시 워싱턴 국립성당에서 열린 추모예배에 참석했다. 전직 대통령 부부들이 참석한 이날 추모예배에서 부시 대통령은 "무고한 사람들의 목숨을 앗아간 갑작스러운 이번 사고로 우리 가슴은 타들어갔다. 마음의 상처를 치유하고 희망과 신뢰를 회복할 수 있도록 기도하자"라고 말했다.

위기 관리 커뮤니케이션 전략과 평가

- 사고 유형과 원인 주체: 테러, 알카에다
- 책임성과 심각성: 높음

- 커뮤니케이션 전략 실행 시기: 즉각적 대응
- 메시지 전략과 내용: 사건 애도, 강력한 응징 계획 천명, 국민의 협력 부탁, 복구를 위한 특별 예산 편성
- 메시지 노출 매체와 전달 방법: 언론과 텔레비전 특별 기자회견, 언론 인터뷰, 언론 기사, 직접 방문

9·11테러가 발생하자 미국은 즉각적 대응을 시작했다. 대통령은 여러 차례 기자회견과 특별 기자회견에서 피해자를 애도하고 사건 배후에 대한 강력한 응징을 천명하면서 그 계획을 발표했다. 그리고 전 국민이 피해 복구와 피해자 위로에 동참해달라고 부탁했다. 또 즉각 피해자 보상과 사고 피해 복구를 위한 특별예산을 편성했다. 각계의 협조를 당부하며 국민을 하나로 모으는 작업을 실행했으며 사건 관련 정보를 공유했다.

언론, 야당, 상·하원, 뉴욕시장 등을 비롯한 각계 인사들이 정부 대응에 호응하며 강력한 메시지를 국민에게 전달하는 인터뷰와 기자회견을 했다. 대통령은 피해 지역을 방문해 복구 상황과 앞으로의 계획을 살피고 피해자를 위로했다. 이와 동시에 테러 배후를 강력히 응징하기 위한 계획을 수립했고, 준비를 마치자 바로 실행에 옮겼다. 이런 빠른 대처로 국민은 불안함을 덜고 빠르게 일상으로 돌아갈 수 있었다. 정부와 지도자의 빠른 결단과 다양한 방법을 통한 강력한 전략 메시지가 위기를 이겨내는 데 얼마나 도움이 되는지를 잘 보여준 사례다.

case 3 호주 산불 사고, 정부 신뢰를 잃다

　　2019년 9월 2일 호주 남동부 지방에서 산불이 발생해 2020년 2월 13일 진화되었다. 이 사고로 호주 전체 산림의 14%가 사라졌다. 산불이 난 호주 남동부 주들은 비상사태를 선포했다. 이 산불로 발생한 연기와 안개가 뉴질랜드, 남아메리카 대륙의 태평양 연안은 물론 일본 도쿄만까지 퍼지면서 산불은 호주만의 문제가 아닌 다국적 문제로 비화했다.

　　이 산불로 호주 남동부 해변 지역 숲 1,860만 헥타르(약 18만 6,000제곱킬로미터)가 소실되었는데, 그 면적이 한반도 면적의 85%에 해당한다. 호주의 산림 면적이 총 1억 3,400만 헥타르인데 이 산불로 호주 전체 산림의 14%가 사라진 것이다. 산불로 28명이 사망하고 6명이 실종되었다. 사망자 가운데 10여 명이 소방대원이었다. 또 주택 1,300채를 포함해 건물 5,700여 채가 전소되었으며, 숲을 생활 터전으로 삼던 야생 포유류, 파충류, 조류, 박쥐, 양서류, 곤충 등 약 12억 7,000여 마리가 산불로 죽었다는 분석이 나왔다. 호주 하면 떠오르는 대표적 동물인 캥거루와 코알라 등과 같은 야생동물의 죽음은 생태계 파괴로 이어질 것이다. 이 산불로 시드니 서부지역은 기온이 섭씨 48.9도까지 치솟아 지구상에서 가장 뜨거운 지역이 되기도 했다.

인터넷을 통해 올라온 사진들을 보면 산불로 발생한 연기가 햇빛을 산란시켜 온 세상이 빨간빛을 띠기도 했다. 산불로 발생한 이산화탄소로 인해 방독면이나 산소통 없이는 숨을 쉴 수 없는 상황이 만들어졌다. 해안 지역 화재의 불씨가 호주에서 세 번째로 큰 섬인 캥거루섬에까지 날아가 불이 붙으면서 이 섬 절반을 태웠다. 이곳은 21개 자연보호구역과 국립공원이 있는 지역으로 진기한 동물들이 많이 서식하는 것으로 알려져 있다. 따라서 이곳에 살던 희귀종들이 멸종했을 수도 있다는 추측까지 나왔다.

2019년 9월 2일에 시작된 불은 2020년 1월 19일부터 내린 비로 진정 국면에 들어섰지만 폭우가 쏟아지며 홍수 피해까지 겹쳤다. 여기에 사람들의 방화와 부주의로 일어난 불까지 겹치며 어려움을 더했다. 그럼 근본적인 화재 원인은 무엇이었을까? 사람들의 방화와 부주의로 인한 산불은 이 화재에 큰 영향을 미치지 않았다지만, 그 화재 범위도 무시할 수 없는 수준이었다.

그러나 근본적 원인으로 지구온난화 때문에 호주 산불 발생 지역에 비가 덜 내리면서 산불 범위가 확대되었다는 학자들 견해가 있다. 즉, 기후변화로 인한 기록적 고온과 가뭄이 이 산불의 원인이라는 것이다. 그러나 호주 총리는 이런 기후변화로 인한 산불 가능성에 부정적 태도를 보였다. 그는 "이전부터 비슷한 재해를 겪어왔다"며 학자들의 견해를 부정했다. 실제로 호주는 2011년과 2012년에도 산불로 연간 숲이 8,700만 헥타르 사라졌고, 2018년에도 산불로 연간 숲이 5,000만 헥타르 사라졌다.

 학자들은 자연현상에 따라 호주에 비가 덜 내리면서 산불이 발생하면 진화하는 데 어려움이 있으며, 더 큰 재난으로 이어질 소지가 충분하다고 경고했었다. 그러니 이 산불이 알면서도 준비하지 않아 맞은 재난이라는 것이다. 호주 국민은 스콧 모리슨 총리의 위기 대응 태도에도 문제를 제기했다. 산불이 한창 진행되는 와중에 가족과 하와이로 휴가를 떠났고, 소셜미디어에 가족과 휴가를 즐기는 사진까지 올렸다. 이를 본 국민은 그를 거세게 비난했다. 전 총리 토니 애벗이 정계에서 은퇴한 뒤 의용소방대원으로 봉사하다 이 산불을 진화하려고 출동하는 모습이 언론을 통해 국민에게 알려지면서 현 총리와 비교되기도 했다.

 이 산불로 호주는 엄청난 경제적 손실을 보았다. 먼저 많은 나라가 호주 여행 자제 경보를 내리는 바람에 호주 경제에서 큰 부분을 차지하는 관광산업이 큰 피해를 보았다. 산불로 이산화탄소가 늘어나 지구온난화를 가중했다는 비난을 피하기 어렵고, 미세먼지 때문에 식수에 문제가 생길 거라고 한다. 또 산불과 호우로 독거미 활동이 급증해 민간인 피해도 우려된다.

 이 산불에 대한 호주 정부 대응은 어땠을까? 호주 정부는 주민 대피와 화재 진압을 위해 군을 투입했는데, 이는 제2차 세계대전 이후 규모가 가장 큰 군병력 이동이었다. 국민도 산불 피해자들을 돕기 위해 자원봉사에 나섰다. 반대로 스콧 모리슨 총리는 하와이로

휴가를 떠나 국민의 신임을 잃었다. 2020년 1월 초 뒤늦게 피해 지역을 방문했지만 주민들의 거센 야유와 항의를 받았다. 또 피해 지역에서 임신부와 소방관 손을 억지로 잡고 악수하는 모습이 언론을 타고 알려지면서 비난이 더욱 거세졌다. 정부 수반의 이런 부적절한 행동은 국민을 하나로 모으기는커녕 정부에 대한 불신을 부채질하는 촉매 작용을 했다.

이후 그는 기후변화와 산불의 연관성을 부정하고 "지금은 생명과 가족을 잃은 이들만 생각한다"라면서 정확한 답변을 피했다. 게다가 부총리는 라디오 인터뷰에서 "산불은 늘 있었다"면서 환경론자들의 주장을 헛소리라고 일축했다. 그는 "지금은 피해 지역에 대한 공감과 연민이 필요하다"고 했지만 국민의 반발만 불러일으켰다. 호주 시드니 시장은 시민들이 반대하는데도 2020년 새해맞이 불꽃놀이를 강행했다. 시에서는 오랜 시간 준비했고, 예산을 이미 집행했으며, 국제적 관광 이벤트였다는 등 여러 이유를 댔지만 누가 봐도 부적절한 행사였다.

산불로 이산화탄소가 엄청나게 늘었지만 호주 정부는 온실가스 배출량 감축에 대한 어떤 계획도 제시하지 않았다. 스콧 모리슨 총리는 산불 원인으로 지목된 기후변화와 환경 조건 등의 연관성을 인정하지 않고 산불이 자연적 현상으로 발생했다고 주장했다. 하지만 이미 많은 학자가 10년 전부터 호주에 이런 기후재앙이 올 거라고 여러 차례 경고했다. 2008년 학자들은 호주 정부 요청으로 기후변화 조사 보고서를 만들었다. 이 보고서에서는 "온실가스 감축이 산불을 줄이는 방법이며, 이를 시행하지 않으면 산불은 더 일찍 시작해 오래 지속되고 강도도 더 세질 것이다. 2020년부터는 그런 현상을 직접 보게 될 것이다"라고 했다.

위기 관리 커뮤니케이션 전략과 평가

- 사고 유형과 원인 주체: 자연재해, 호주 정부
- 책임성과 심각성: 높음
- 커뮤니케이션 전략 실행 시기: 즉각적 대응 없음
- 메시지 전략과 내용: 초반 변명, 후반 진실성 빠진 형식적 메시지
- 메시지 노출 매체와 전달 방법: 인터뷰, 직접 방문

2019년 9월 2일 시작되어 2020년 2월 13일까지 다섯 달 넘게 계속된 호주 산불은 호주 남부 지역 산림을 초토화했다. 엄청난 산림이 훼손되었고 이산화탄소와 미세먼지로 호주는 물론 전 세계 여러 곳에 문제를 일으켰다. 이미 여러 차례 산불을 경험했는데도 전문가들의 조언을 무시하고 자연재해라고 여기는 태도로 일관한 호주 정부에 대해 자국민과 전 세계가 한목소리로 우려와 비판을 쏟아냈다. 이 사건은 이제 더는 호주만의 일이 아니기 때문이다. 산불의 간접적 피해가 여러 나라에서 발생하고 있고 전 지구적 피해로 이어지고 있다.

호주 정부의 위기는 예견된 사고를 예방하지도, 예방할 의사도 없었던 데서 시작되었다. 위기는 대부분 돌발적 상황에서 발생한다. 그러나 이미 같은 형태의 사고를 여러 번 경험했다면, 정부는 그에 대한 대응책을 고민하고 준비했어야 한다. 그러나 총리를 비롯한 각료들의 생각이 '늘 있었던 일이다'라는 데 머물러 있다면, 위기를 피할

의지가 없다고 보는 것이 맞다. 민간에서 나서서 아무리 도움의 손길을 제공한다 해도 시스템이 갖춰진 정부가 개입해 문제를 해결하는 것은 따라가지 못한다.

위기 상황에서도 휴가를 떠났던 총리가 말로만 생명과 가족을 잃은 이들을 생각한다고 하면 누가 그 진실성을 믿을까? 행동, 즉 비언어적 커뮤니케이션 행위는 말보다 훨씬 많은 메시지를 전달한다. 그런데 이미 행동으로 속마음을 표현한 정부를 신뢰할 국민이 과연 얼마나 있을지 의문이다. 호주는 심각한 위기에 직면해 많은 국민이 고통 속에서 신음하며 지구도 함께 병들어가고 있다. 모두의 지혜가 필요한 시점이다.

국가 위기와 정부의
명성 확보 전략

명성은 하루아침에 만들어지지 않는다. 오랫동안 차곡차곡 신뢰를 쌓아야 명성이라는 결실이 만들어진다. 개인이나 조직은 물론 정부도 국민의 지지를 받지 못하면 존재할 의미가 없다. 국가를 운영하는 정부는 국민의 신뢰를 바탕으로 발전하기도 하지만 반대로 정권이 끝난 뒤 온갖 추문과 소송으로 얼룩지기도 한다.

정부가 위기에 강해지고 싶다면 준비해야 한다. 위기는 대부분 예측할 수 없고 돌발적으로 발생한다. 그러나 어떤 위험이 돌발할지 예측하고, 그 예측치에 대한 답을 미리 만들어놓을 수는 있다. 개인이나 기업과 달리 국가와 정부는 가용할 자원과 강제력을 모두 갖춘 거대 조직이다.

그렇다면 그에 걸맞은 대비책과 위기 대응 시스템을 구축해야 한다. 법령으로만 위기 매뉴얼을 만들어놓았다고 안심하다가는 위기 상황에 아무 쓸모 없게 되어버린다. 이미 여러 차례 위기를 경험했다면 지난 위기의 데이터를 바탕으로 분석하고 준비하는 과학적 접근법을 적용해야 한다.

국가 위기는 심각성이 매우 크고 영향이 광범위하게 전달되어 전 지구적 차원의 문제로 확대될 가능성이 갈수록 커지고 있다. 기술의 발달로 모든 나라가 하나의 네트워크에 거미줄처럼 연결된 사회에 살기 때문이다. 따라서 법령을 강화하고 현장 중심 국가 위기관리 시스템을 기술적 도구들을 적용해 구축해야 한다. 그래야 예방하고 준비해 사태가 발생했을 때 빠르게 대응할 수 있다.

정부 조직 차원에서 위기 상황을 효과적으로 통제하고 대응하기 위해 컨트롤타워를 일원화해야 한다. 또 조직 구조를 슬림화하면 상황판단과 의사결정을 빠르게 할 수 있다. 너무 많은 협의체가 얽히고설켜 복잡한 컨트롤타워는 위기 상황에서 말이 너무 많아 결론을 도출하고 행동으로 옮기는 데 시간을 허비해 골든타임을 놓칠 수 있다. 일원화되고 슬림해진 위기대응 컨트롤타워는 대국민 메시지 전략의 일관성을 확보해 신뢰도를 끌어올리는 데도 효과적이다.

그 대신 컨트롤타워 책임자와 조직은 그 행위와 결정에 따르는 전권을 국가수반으로부터 위임받아야 한다. 그래야 컨트롤타워의 행동과 결정의 진정성을 국민이 신뢰할 수 있다. 즉, 정치적 바람에서 자유로운 완전히 독립된 조직이 필요하다는 것이다. 우리는 여러 위기 사건에서 컨트롤타워가 수시로 변경되고 메시지 전달 창구가 바뀌어 위기 대응에 혼선을 불러온 경험이 있다.

독립된 조직이 4차 산업혁명의 핵심 기술인 ICBM(IoT, Cloud, Big Data, Mobile)+AI로 무장해 운영된다면 정보 공유와 데이터 활용 능력이 현격히 향상된다. 그런 능력을 바탕으로 할 때 더 수준 높은 위기 예방과 대응을 할 수 있다. 그렇게 되면 정부는 국민의 신뢰를 차곡차곡 쌓아 정권이 교체된 뒤에도 명성을 유지할 수 있다.

CRISIS

PART 3

전 지구적 팬데믹이 몰려온다

COMMUNICATION

CRISIS COMMUNICATION

　2019년 12월 중국 후베이성 우한시에서 발생한 폐렴 환자에게서 처음 확인된 신종 호흡기 바이러스인 COVID-19(코로나바이러스 감염증)로 세계는 지금 치열한 전쟁을 치르고 있다. 이전의 유사 바이러스 감염증과는 그 확산 범위와 속도, 확진자와 사망자 수, 사회와 국가 그리고 전 지구적인 부정적 파급효과 측면에서 비교가 되지 않는다. 불확실성이 이전보다 훨씬 커지고 있고, 이에 따른 피해도 개인, 조직, 국가, 사회를 모두 포함하는 거시적 총괄 재난 상황을 연출하고 있다. 이제까지 이런 재난을 경험하지 못했던 상황에서 모두 우왕좌왕하며 또 다른 문제가 연이어 일어나고 있다.
　사스는 2002년 11월부터 2003년 7월까지 약 7개월 동안 32개국에서 확진자 8,000명에 사망자 774명을 기록했다. 메르스는 2012년 처음 발생해 25개국에서 확진자 1,167명에 사망자 479명이 발생했다. 우리나라에서는 2015년 5월부터 12월까지 8개월간 확진자 186명에 사망자 38명이 나왔다. 전 지구적 재난이 우리 모두의 생활환경을 익숙하지 않은 상황으로 변화시키고 있다.
　코로나바이러스로 인한 위기는 전 세계 모든 시스템과 사람에게 연속적이고 심각한 피해를 유발하고 있다. 아이러니하게도 세계화·도시화, 더욱 규모가 크고 인구 밀도가 높은 도시의 발달, 교통수단의 획기적 발달 등은 세계적 감염병 확산 시간을 단축하고, 더욱 빠르게 촉진하는 촉매제 역할을 한다. 모든 위기는 사람의 피해로 귀결된다.

정치, 사회, 문화, 교육 등 우리 삶의 핵심을 이루는 모든 영역에서 누구도 원하지 않던 급속한 변화가 시작되었다. 이로 인한 개인 간 격차가 새로운 사회문제로 떠오르고 있다. 경제적 격차와 교육 격차는 그 가운데에서도 가장 피부에 와닿아서 사람들이 더 민감하게 반응한다. 코로나바이러스 위기 자체와 그에 따른 파급 위기가 모두 연결성을 갖고 발생해서 피해 규모를 가늠하기 어려울 지경으로 치닫고 있다.

코로나바이러스 초기 사람의 공포감은 "나도 걸리면 어떡하지?"라는 감염 가능성에 한정되어 마스크와 소독제를 구매하려는 전쟁이 벌어졌다. 그러나 시간이 지나면서 사회 시스템의 불능화로 일상이 위협받는 상황에 부닥치게 되면 최종적으로는 경제적 어려움에 대한 불안감이 감염 공포를 앞지르게 된다. 바이러스는 사람을 목표로 하고, 사람은 사회생활을 기본으로 경제활동을 영위한다. 그러므로 바이러스를 피하고자 사회생활 패턴을 변경하거나 포기해야 하는 상황이 되면 당연히 경제활동도 정지되고, 이로써 수입이 끊기거나 줄게 되면 당장 경제적 빈곤에 처하게 된다. 이러한 빈곤 상태는 사회의 또 다른 문제나 위기의 원인으로 작동한다.

개인과 마찬가지로 조직과 국가도 코로나바이러스로 인한 경제적 손실과 환경 변화를 피하기 어렵다. 현대의 국제화된 경제 시스템은 다자무역을 기본으로 해서 각 국가가 서로 유기적 네트워크를 형성해 움직이는 구조로 되어 있다. 그런데 각 국가의 상황으로 네트워크 오류가 발생하고 있다. 더 정확히 말하면 생산과 서비스를 위해 투입되어야 할 사람이 안전을 위해 일과 격리되는 상황이 장기화되면서 생산활동이 위축되고 거래가 유보되어 국가 간 무역 공급망이 작동하지 않는 상황에 직면했다. 기업이 이 파고를 견딜 자본 여력이 고갈되어 파산이 초읽기에 들어가고, 기업 구성원들은 실업으로 인한 경제적 빈곤에 놓이게 된다. 이러한 상황은 기업에서 국가로 이어져 앞으로 새로운 형태의 문제를 초래할 가능성이 크다.

경제적으로 안정된 나라는 이전의 생산전략을 수정해 인건비가 저렴한 저개발국가에 맡겼던 생산 시스템을 자국으로 회귀하는 전략인 '리쇼어링'을 시행하거나 준비하고 있다. 선진국들의 '리쇼어링'이 본격화되면 생산기지로서 이익을 창출하던 국가는 경제적 어려움에 놓이게 되며, 그 국가의 노동자는 일자리를 잃고 경제적 빈곤으로 떨어지는 결과로 이어질 것이다. 이러한 경제침체 패턴은 전 세계 모든 국가에서 동시다발적으로 일어나며 글로벌 경제의 침체로 이어질 가능성이 매우 크다. 여기에 더해 국가 간 경제력과 4차 산업혁명 기술의 격차는 더 크게 벌어져 지구촌 곳곳에서 불만의 목소리가 불안한 현상을 유발하는 위험한 시기로 진입할 수도 있다. 따라서 코로나바이러스 위기는 국가, 조직, 개인 모두가 지혜를 모아 현명하게 헤쳐나가야 하는 위기다.

3부에서는 코로나바이러스라는 총체적 국제 위기 상황에서 각 주체가 보여준 행동, 즉 비언어적 커뮤니케이션 행위를 포함한 모든 형태의 커뮤니케이션이 어떻게 위기 상황을 악화 또는 순화했는지 사례를 들어 알아보겠다. 여기에서 다룰 사례는 방송과 언론에 공식적으로 보도된 것을 기본으로 했으며, 사례에 등장하는 개인, 조직, 국가에 대한 주관적 생각은 전혀 개입하지 않았다. 3부는 총 4개 장으로 구성했으며 9~11장은 개인, 조직, 국가로 구분해 코로나19로 인한 위기와 커뮤니케이션 전략의 실제 사례를 다루고 12장은 9~11장에서 다룬 사례들을 종합적으로 정리하고 미래지향적 사고를 할 수 있도록 구성했다.

9

개인에게 닥친 위기와
극복 방안

코로나바이러스 위기는 국가와 사회 시스템의 오작동을 유발하고, 그 구성원인 개인의 생활을 완전히 새롭게 바꿔놓았다. '사회적 거리두기(mandating social distancing)'라는 오래된 문구가 등장했다. 2020년 3월 27일 자 〈내셔널 지오그래픽〉에 따르면, "1918년 9월 17일 시작되어 1920년까지 지속된 '스페인 독감'은 현대사에서 가장 치명적인 팬데믹으로 기록되었다"라고 밝혔다. 또한 이 감염병으로 전 세계에서 최소 5,000만에서 최대 1억 명이 사망했으며 미국에서만 50만 명 넘게 사망했다고 밝혔다.

이 과정에서 감염병 대응 조치를 조기에 시행한 도시와 뒤늦게 또는 아예 하지 않은 도시 간의 차이를 도시별로 사례를 들어 비교했다. 이 표에 따르면 '학교·상점·식당 폐쇄' '운송 수단 제한' '대규모 대중 모임 차단과 공중 밀집 시설 폐쇄' '사회적 거리두기' '개인의 마스크 착용' '도시 봉쇄' 등의 조치를 조기에 강력하게 시행한 도시가 그렇지 않은 도시보다 감염 확산을 30~50% 줄여 시민의 안전을 지켰다는 역사적 기록을 공유했다.

그럼 '코로나바이러스 방역의 모범국가'라는 찬사를 들으며 부러움의 대상으로 떠오른 대한민국은 어떨까? 다른 나라는 어떨까? 국민 각자가 자신과 타인의 소중한 생명을 동시에 지키기 위해 잘 협조하고 있을까? 코로나바이러스와 마주하는 각 개인의 사례를 함께 살펴보며 그 의미를 새겨보자.

case 1

2020년 2월 21일 오전 10시, 충남 공주시 정안휴게소 인근을 달리던 고속버스 안에서 K(28세)씨가 '신천지 교회에서 코로나 확진자와 접촉한 뒤 기침과 발열이 있다'고 119에 허위 신고한 혐의로 기소되었다.

K씨는 신고를 받고 양지나들목 인근으로 출동한 119구급차를 타고 인근 보건소로 이송되었다. 그는 이송 과정에서 구급대원에게 신천지 교회를 방문했다고 계속 주장했고 보건소에 도착해서도 신천지 교회 방문과 확진자 접촉 내용 그리고 기침, 발열, 인후통, 근육통 등을 호소하며 관계자를 속였다. 바이러스 검체 검사 결과 음성으로 판정되어 귀가했지만, 이틀 뒤 횡령 혐의로 조사받는 과정에서도 같은 주장을 하며 자가격리 중이라고 주장했다가 경찰의 동선 확인 과정에서 거짓으로 밝혀져 재판에 넘겨졌다.

재판부는 "코로나바이러스라는 국가적 보건 위기 상황에서 거짓 신고로 담당 공무원들의 관련 업무를 방해하는 행위는 어떤 사유에서건 용납될 수 없는 큰 범죄이고 엄중한 처벌이 필요하다"고 판시했다. 재판부는 또 이전의 절도와 사기 전화로 징역을 선고받아 복역하고 풀려난 지 15일밖에 지나지 않은 시점에 이런 범행을 저질렀다는 데서 죄질의 심각성을 강조했다.

왜 K씨는 코로나19로 국가와 국민 그리고 사회가 어려움과 마주한 상황에서 이런 짓을 했을까? 그 이유는 아주 간단했다. 일부 유튜버들이 코로나바이러스 관련 장난 전화를 영상으로 촬영해서 방송하는 것을 보니 재미있어서 자기도 해보았다는 것이다.

위기 관리 커뮤니케이션 전략과 평가

마거릿 대처 전 영국 수상의 일대기를 다룬 영화 〈철의 여인〉(2012)에 이런 대사가 나온다. "생각을 조심해라, 말이 된다. 말을 조심해라, 행동이 된다. 행동을 조심해라, 습관이 된다. 습관을 조심해라, 성격이 된다. 성격을 조심해라, 운명이 된다. 우리는 생각하는 대로 된다." 생각, 말, 행동, 습관, 성격, 명성, 운명이 어떤 연관성을 가지고 맞물려 있는지 단적으로 명쾌하게 설명한 명언이다.

K씨는 범행 동기를 솔직하게 밝혔지만, 현 상황의 심각성을 제대로 인지하지 못하고 개인의 '재미' 도구로 이용했다는 것이 재판부와 언론 그리고 국민의 부정적 인식을 만들어냈다. 그리고 앞으로 살면서 이미지와 명성을 회복할 길이 아직 많은 나이인데도 스스로 이미지를 추락시켰다. 그럼 이 상황에서 그가 선택할 수 있는 최선

의 커뮤니케이션 전략은 무엇일까? 자기 때문에 피해를 본 사람에게 진정한 사과와 반성의 메시지를 전하는 것이 자신의 더 나은 미래를 위해 절실히 필요하다.

case 2 거짓말이 불러온 감염증 확산

인천에서 학원강사로 있는 A(25세)씨는 직업을 무직이라고 허위 진술하여 방역당국의 역학조사를 방해하고 코로나19의 'n차 감염'과 확산을 촉발해 감염병 예방 및 관리에 관한 법률 위반 혐의로 고발되었다. 또 초기대응이 늦어진 것에 대해 인천시는 구상권 청구도 검토하고 있다. 그는 '거짓말 학원강사'라는 별칭도 얻게 되었다.

2020년 5월 9일 코로나19 확진 판정을 받은 학원강사 A씨는 5월 2일과 3일 서울 이태원 클럽과 포장마차를 방문했는데 초기 역학조사에서 학원강사라는 신분을 숨기고 '무직'이라고 진술했다. 그리고 학원에서 강의한 사실 등을 방역당국에 알리지 않아 방역 업무를 방해했다. 이로써 그에게 강의를 들은 초중고 학생들과 그 학부모, 택시기사 등을 포함해 인천에서만 42명, 전국적으로 80명이 넘는 추가 확진자가 발생했고, 7차 감염의 빌미를 제공했다.

이에 따라 인천시는 "직업과 동선을 거짓으로 진술하고 학원 강의 사실 등을 숨긴 A 씨(102번 확진자)에 관해선 비슷한 사례가 다시 발생하지 않도록 업무 방해에 대한 구상권 청구도 검토하고 있다"라고 밝혔다. 경찰도 조사 결과에 따라 엄정하게 대응할 거라고 밝혔다. 이 사건으로 서울시도 "이 시간 이후 의도적으로, 고의적으로 명령을 이행하지 않으면 구상권 청구를 할 수 있는 상태에 이르렀다고 본다"라고 밝혔다. 여기에 더해 대통령까지 그의 수칙위반과 거짓 진술에 대한 구상권 행사의 적극적 검토를 강조하는 상황에 이르러 있다.

학원강사인 A씨는 왜 이런 '거짓말'을 선택해서 문제를 키웠을까? A씨의 한 지인은 언론과 인터뷰에서 "그가 자신의 정체성을 고민하다가 몇 차례 극단적 선택을 시도했던 전력이 있다"라고 밝혔다.

위기 관리 커뮤니케이션 전략과 평가

그는 코로나19 완치 판정을 받았지만 앞으로 펼쳐질 새로운 위기 앞에서 무엇을 해야 할까? 지자체와 정부, 언론 그리고 국민까지 그의 행동과 말이 불러온 심각한 결과를 놓고 공통으로 강경한 태도를 보였다. 인천 지역에서 학생들에게 수학을 가르치는 능력을 인정받아 명성을 키우던 그에게 닥친 위기를 이겨낼 커뮤니케이션 전략은 '솔직한 사과' 이외에는 방법이 없을 듯싶다. 언론과 대중도 그의 마음속에 있는 솔직한 이야기에 귀를 기울이고 문제를 해결할 방법을 제시해주는 것이 옳은 방향이 아닐까. 옛말에 "죄는 미워해도 사람은 미워하지 말라"는 말이 있지 않은가.

case 3 만우절의 코로나 거짓말과 함께 날아간 명성

　　　　　2020년 4월 1일 가수 김재중이 만우절을 기념해 코로나19에 감염되었다는 글을 인스타그램에 올렸는데 이를 일본 NHK, 미국 <뉴욕타임스> 등에서까지 보도하면서 일이 커졌다. 그러나 코로나19 확진이 거짓이라는 사실이 밝혀지며 청와대 국민청원 게시판에 처벌을 요구하는 청원글이 올라왔다. 이후 해외 콘서트 계획이 취소되고 방송 출연에도 영향을 주었지만 무엇보다 그에게 실망한 사람들이 등을 돌리는 바람에 그는 그동안 쌓아온 명성에 큰 타격을 받았다.

　　만우절인 4월 1일 가수 겸 배우 김재중은 자신의 SNS에 "정부로부터, 주변으로부터 주의받은 모든 것들을 무시한 채 생활한 저의 부주의였다"라는 글을 올려 코로나19에 감염되었음을 알렸다. "개인의 행동이 사회 전체에 끼치는 영향이 얼마나 큰지, 저로 인해 또 감염됐을 분들에게 미안한 마음뿐"이라며 "나는 아니겠지라는 마음으로 지내왔던 바보 같은 판단이 지금의 나를 만들어버렸다"라고 했다. 또 "많은 과거를 회상하며 감사함과 미안함이 맴돈다"라고 덧붙이고 "하고 싶은 이야기가 너무 많고, 너무 많은 사람들이 보고 싶다"라고 했다.

만우절에 우리는 사소한 거짓말을 하며 웃음을 만들어내려고 한다. 그러나 이 사건은 작은 거짓말도, 웃음을 만들어내는 것도 아닌 심각한 상황으로 전개되었다. 그 까닭은 대한민국과 전 세계가 확산되는 코로나19로 어떤 이는 생명을 잃고, 어떤 이는 일자리를 잃었으며, 어떤 이는 경제적 어려움으로 극단적 선택을 하기도 하는 극한 상황에 직면했기 때문이다. 아무리 만우절이라고 해도 '거짓말, 그것도 코로나19에 감염되었다는 거짓말'을 했다는 것은 상식적으로 이해하기 어렵다. 일반인이 자신의 SNS에 이런 글을 올려도 현 상황에서는 분위기 파악 못하는 사람이 되기 십상이다. 그런데 대중에게 영향을 주는 연예인, 그것도 이름이 알려신 사람이 이런 거짓말을 SNS에 올리면서 '만우절인데 어때? 재미있잖아'라는 생각을 했다면, 이를 어떻게 받아들여야 할까?

글을 올리고 1시간 만에 그는 "만우절 농담으로 상당히 지나치긴 하지만 짧은 시간 안에 많은 분들이 걱정해주셨다"라는 수정 글을 올렸다. 그러면서 "주변의 사랑하는 사람, 소중한 나의 누군가가 바이러스에 감염되었다? 너무 가슴 아픈 일이다. 현재 가까운 지인, 관계자분들도 바이러스 감염자가 늘어가고 있고, 절대 먼 곳의 이야기가 아니라"라고 썼다. 이어서 "현시점의 경각심, 마음에 새깁시다"라며 "이 글로 인해 받을 모든 처벌 달게 받겠다"라고 마무리했다.

그는 4월 1일 오후 SNS에 "해서는 안 될 행동이라고도 저 스스로도 인식하고 있다"라며 "제가 SNS에 쓴 글로 인해 코로나바이러스19로 인해 피해받으신 분들, 행정업무에 지장을 받으신 분들께 진심으로 죄송하다는 말씀과 사과를 드린다"라고 사과했다. 그러면서 "현재 느슨해진 바이러스로부터의 대처 방식과 위험성의 인식, 코로나19로 인해 피해받을 분들을 최소화시키기 위해 경각심을 가졌으면 하는 마음에서 메시지를 전달하고 싶었다"고 해명했다. 이에 청와대 게시판에 그를 처벌해달라는 청원글이 올라왔고 사람들은 "기사가 나오고 화제가 되자 이 글을 수정하며 장난이라고 밝혔다. 유명인이 감염병으로 장난을 치는 게 말이 되느냐"라며 그의 행동을 비난했다.

위기 관리 커뮤니케이션 전략과 평가

유명 연예인은 일반인보다 넓고 강하게 사회에 영향을 미칠 가능성이 크다. 연예인은 직업 특성상 사람들의 관심을 바탕으로 수입을 창출한다. 그런 이유로 연예인의 특정한 행동 또는 말은 상황에 따라 좋은 바이러스를 사회에 전달하기도 하고, 반대로 물의를 일으키는 나쁜 바이러스를 퍼뜨리기도 한다. 그럼 이 사건은 어떤 바이러스를 전파한 것에 해당할까?

심각한 상황으로 확산되고 있는 코로나19를 SNS에서 농담 소재로 삼아 관심을 끄는 수단으로 사용한 것은 그 주체가 일반인이건, 정치인이건, 연예인이건 누구를 막론하고 우리 사회 통념에 비추어 이해의 범주를 넘어서는 무책임한 말이고 행동이다. 자기 잘못을 빨리 인정하고 그 의미를 수정해서 올린 것은 그나마 위기 상황을 진정시키는 데 도움이 되었다.

그러나 수정된 글에서 '코로나19 확산에 대한 주변의 경각심 고취'가 근본 목적이었다는 부분은 상황을 합리화하기 위한 커뮤니케이션 전략이라는 생각이 든다. 경각심을 고취하고 싶었다면 처음부터 사과 내용에 담긴 메시지를 전달해야지 농담처럼 '내가 감염되었다'는 메시지로 관심을 유도하는 일은 하지 말아야 한다.

"주변에 코로나19를 벗어나기 위해 노력하는 분들과 반대로 평상시와 다름없는 복장과 마스크도 착용하지 않고 여가생활을 즐기는 분들이 많아 경각심이 필요하다고 생각했다"라는 메시지는 위기 상황에 대한 전형적인 변명 전략이다. 나는 그렇게 하지 않으려고 했지만 상황이 그래서 어쩔 수 없었다는 변명으로 위기의 책임을 다른 곳으로 전가하는 전략이다. 그는 SNS에 올린 사과문에서 "해서는 안 될 행동이었다고 인정하며, 어떤 처벌도 달게 받겠고, 진심으로 사과한다"라는 메시지를 전달했다. 그러나 '나는 이런 의도로 했는데 오해가 있을 수 있다'는 뉘앙스가 풍기는 메시지를 함께 전달하면 메시지 수용자는 그게 뭘 주장하려는 것인지 혼란스러워하며 진정성을 의심하게 된다.

문제는 그가 직접 일으켰으며 모두는 도를 넘은 그의 농담으로 불쾌감을 넘어 분노를 느꼈다. 그도 이미 그 상황을 인지하고 부랴부랴 수정 메시지를 다시 올린 것이다. 명백하게 위기를 촉발한 주체로서 취해야 하는 가장 좋은 메시지 전략은 하나밖에 없다. 변명은 빼고 모든 책임을 인정하고 사과와 용서를 구하는 '참회 메시지 전략'이면 자신을 위기에서 구하고 더 빛나게 만드는 방법까지 찾을 수 있다. 연예인, 정치인, 운동선수 등과 같이 대중에게 잘 알려진 개인의 행위나 말은 그것이 가진 뉴스 가치 때문에 언론에서 관심을 가지고 다뤄준다. 따라서 일반 개인보다 의견표명에서 훨씬 유리한 측면이 있다.

case 4 마스크가 뭐길래 폭행이 난무할까

　　　　　　마스크 착용과 관련해서 전 세계적으로 개인들의 폭행이 빈발하고 있다. 폭행에서 그치지 않고 살인으로 이어지는 일도 있으며, 이런 폭행의 주체인 개인은 구속이라는 심각한 상황에 직면하게 된다. 또 공공장소에서 마스크 착용을 거부하며 폭력을 행사하는 일이 늘어나면서 사람들의 불안감이 커지고 있다.

　　코로나19가 계속 확산되면서 각국은 마스크의 중요성을 인지하고 이전과는 다르게 강력하게 마스크 착용을 권고하는 단계로 돌입했다. 마스크가 개인이 코로나19를 방어하는 최후 도구로써 중요성이 커졌기 때문이다. 공공장소에서의 마스크 착용은 자신과 타인을 동시에 보호할 수 있는 무기다. 그러나 공공장소에서 마스크 착용을 강제하는 정책이 시행되면서 우리나라는 물론 각 나라에서 마스크 착용 거부 운동이 일어나 사회적으로 혼란이 생기거나 개인의 착용 거부에 따른 폭력이 늘고 있다.

국내에서는 중앙재난안전대책본부가 2020년 5월 26일부터 대중교통 마스크 착용을 의무화했다. 2020년 9월 1일 대전지방경찰청은 코로나19를 위한 마스크 착용을 권유하는 대중교통 운전자를 폭행한 A씨를 차량 운전 방해 혐의로 입건했다. A씨는 마스크를 써달라고 권유한 택시 운전자를 주먹으로 때렸다.

광주광역시에서는 버스 운전자의 마스크 착용 권고에 격분한 사람이 주먹을 휘둘러 구속되었다. 서울에서도 2020년 8월 18일 마스크 착용을 권고하는 버스기사의 머리채를 잡아당기고 행패를 부리던 사람이 구속되었다.

전북 익산에서는 마스크를 착용하지 않아 버스 승차를 거부당한 승객이 택시를 타고 다음 정류장까지 쫓아가 버스기사를 폭행했다. 그는 경찰에서 "버스기사에게 약국에 가서 마스크를 사오겠으니 기다리라고 요구했다"고 진술했다. 버스가 자신을 태우지 않고 출발하자 격분한 그는 택시를 타고 다음 정류장까지 그 버스를 쫓아가 버스에 올라탄 뒤 기사를 폭행했다. 그는 "버스가 날 안 태우고 가서 홧김에 그랬다"라고 했다.

지하철에서도 이와 유사한 폭행 사건이 일어났다. 마스크를 써달라는 역무원과 실랑이를 벌이던 승객이 역무원을 폭행했다. 그는 이틀 후 다시 역무실을 찾아가 역에서 근무하는 사회복무요원의 뺨을 때리고 욕설을 퍼부었다. 마스크를 쓰지 않고 개찰구를 통과하던 승객을 사회복무요원이 막아서며 "고객님, 마스크를 쓰셔야 합니다"라고 하자 그 승객은 "마스크가 젖어서 못 쓴다"고 했다. 이에 사회복무요원이 "그래도 시국이 시국이니 써주셔야 합니다"라고 하자 그는 욕설을 퍼부었다. 경찰이 출동했지만 그는 "때렸어, 왜? CCTV 가져와 봐 확!" 하며 적반하장이었고 결국 경찰에 체포되어 구속영장이 청구되었다.

출근길 지하철에서도 마스크 착용을 요구하는 승객들과 마스크를 쓰지 않은 승객 간에 폭행 사건이 있었다. 2020년 8월 27일 오전 7시 25분경 서울 지하철 2호선에서 마스크를 쓰지 않은 승객이 마스크 착용을 요구하는 승객 2명을 폭행했다. 자신이 신고 있던 슬리퍼와 주먹으로 얼굴을 때리고 발 등으로 구타하며 욕설을 내뱉고 난동을 부린 이 남성은 출동한 경찰에게 붙잡혔다. 이 사건은 같은 칸에 함께 탄 다른 승객이 촬영한 동영상이 인터넷에 유포되며 많은 사람에게 회자되었다.

폭력을 행사해서 체포된 이 승객은 법원에 구속 전 피의자 심문을 위해 출석하면서 기자 질문에 "마스크 착용 요구에 화가 나서 때렸다. 마스크 착용 의무를 몰랐고, 피해자에게 정말 죄송하고 미안하다"라고 했다. 그는 왜 폭행을 했느냐는 기자의 질문에 "할 말이 없다. 약 때문에 폭행한 그런 면도 없잖아 있는데, 다시는 이런 일이 없도록 최선을 다하겠다"라고 말했다.

서울 지하철 1호선에서 마스크를 쓰지 않고 전화통화를 하는 승객을 보고 "왜 마스크를 쓰지 않느냐"며 폭행하는 사건도 일어났다. 가해자들을 더 조사할 예정이라고 밝힌 경찰은 마스크를 착용하지 않은 피해자에게는 주의를 주었다. 2020년 6월 23일에도 서울 지하철 1호선에서 난동을 부려 운행을 방해한 승객이 현행범으로 체포되었다. 가해자는 다른 승객이 마스크를 써달라고 요구하자 "왜 시비를 거냐"며 욕설을 하고 난동을 피웠다. 그는 "병원에서 코로나 아니면 네가 책임질 거냐" "코로나에 걸리지 않았는데 왜 마스크를 써야 하는지 모르겠다"며 고함을 지르고 마스크 착용을 요구한 승객을 위협했다. 이 가해자는 업무방해죄로 체포되어 구속영장이 청구되었다.

부산에서는 부산도시철도의 지하철 보안관이 폭행을 당했다. 마스크를 코밑으로 내리고 있는 승객을 발견한 보안관이 마스크를 바르게 착용하라고 권유하자 그가 보안관을 폭행한 것이다.

대중교통에서만 이런 일이 일어나는 것은 아니다. 서울 중구의 한 재래시장에서는 가게 밖에 있는 냉장고에서 음료수를 꺼내 계산하려고 가게 안으로 들어가던 손님이 가게 주인 부부를 폭행하는 사건이 일어났다. 주인이 마스크를 끼지 않았으니 안으로 들어오지 말고 나가달라고 하자 화가 난 가해자가 들고 있던 음료수병으로 주인 부부를 폭행한 것이다. 그는 폭행 혐의로 기소되어 징역 6개월을 선고받았다.

폭행, 폭언 등은 국내만의 문제가 아니라 전 세계적 문제다. 프랑스 남서부 바욘에서는 마스크를 쓰지 않고 버스에 탑승하려는 승객들을 제지하던 버스기사가 승객들에게 폭행을 당해 뇌사에 빠졌다가 5일 만에 사망했다. 폭행을 가한 두 남성은 살인 기도 혐의로 기소되었다. 이 사건으로 바욘의 한 시내버스회사 기사들이 근무조건 악화와 신변 위협을 이유로 근무 거부를 선언했으며, 프랑스인 수천 명이 재발 방지 대책 마련을 촉구하며 시위를 벌이기도 했다.

미국의 편의점에서는 마스크를 쓰고 있던 사람이 마스크를 쓰지 않고 편의점으로 들어온 사람에게 마스크를 쓰라고 지적했다. 이 문제로 서로 말다툼을 벌이던 중 마스크를 쓰지 않은 사람이 마스크를 쓴 사람을 흉기로 공격하고 달아나다가 경찰 총에 맞아 쓰러졌고, 병원으로 옮겼지만 사망했다. 미국과 유럽에서는 마스크 착용에 대한 거부감이 상당하다. '개인의 자유를 침해하는 것'이라는 생각이 강하다 보니 마스크 착용 의무화를 거부하는 시위가 끊이지 않는다. 서구 국가에서 마스크 착용 문제는 정치권의 편견까지 더해지며 사회적 갈등 요인이 되고 있다.

위기 관리 커뮤니케이션 전략과 평가

공공장소에서 마스크를 착용하자는 것은 모두의 안전을 지키자는 취지로 시작되었다. 그러나 마스크를 쓰지 않아 타인에게 잠재적 위협이 되는 사람들이 오히려 큰 소리를 내며 혼란을 유발하고 있다. 공공장소 마스크 미착용으로 인한 폭행과 시비 그리고 각종 문제가 계속 벌어지는 것이다. 이런 폭행과 폭언은 국적, 성별, 나이 구분 없이 일어난다. 코로나19 때문에 전 세계에서 새로운 갈등이 일어나는 것이다.

공공장소에서 마스크를 착용한 사람들은 마스크를 착용하지 않고 도리어 폭행과 폭언을 일삼는 사람들로 인해 코로나19 감염과 험악한 분위기라는 이중의 피해를 보며 불안해한다. "법을 잘 지키는 사람이 도리어 피해를 본다." "폭언과 폭력에 무방비로 노출돼 불안하니 강력한 제재가 필요하다." "마스크를 안 쓰고도 적반하장으로 나오는 사람들 때문에 화가 난다." "마스크 미착용으로 탑승이 거부되었지만, 올라타 욕이란 욕은 다하며 분위기를 험악하게 만들어 불안하다."

"마스크도 안 써놓고 폭언·폭행을 하는 사람은 정신감정 받아야 하는 것 아닌가?" 등이 대다수 국민의 생각이다. 마스크를 쓰지 않은 사람은 "네가 뭔데 나에게 이래라저래라 강요해!" "왜 나만 가지고 난리야!" "어디다 지적질이야!" 하는 심리가 작용했을 것이다.

폭행과 폭언이라는 비언어적·언어적 메시지는 사회 구성원으로서 협력 의지의 결여를 그대로 보여주는 것이다. 화가 나서 그랬다는 변명은 설득력이 전혀 없다. 시민 참여 의지를 보이고 이성적으로 행동했다면, 자신에게 다가올 또 다른 위기를 피해갈 수 있었고 성숙한 시민으로 인식되어 명예도 지킬 수 있었을 것이다. 자신을 위기에 몰아넣는 데는 아주 찰나의 시간이면 충분하다.

코로나19가 장기화하면서 사람들의 피로감 누적 정도가 한계에 달하고 있다. 코로나19로 사회적 거리두기 등이 시행되면서 경제 상황이 악화되고 개인의 물리적 어려움이 가중되어 불만과 화 같은 감정이 폭발 단계로 넘어가고 있다. 이런 상황이 지속되면 개인 간 갈등이 심화되어 상시적 사회문제로 굳어질 수 있다. 폭언과 폭력을 일삼는 사람들에 대한 강력한 저지 수단을 강구하는 것은 사회에 공정한 메시지를 전달하는 측면에서도 꼭 필요하다.

이와 동시에 폭언과 폭력을 행한 사람들이 '왜 그런 행위를 했는지'에 대한 종합적 분석도 필요하다. 또 정부·지자체 등 공공 영역과 방송·언론 등 민간 영역이 공동으로 '왜 우리가 이렇게까지 해야 하는지' 모두 공감하고 이해할 수 있는 정확한 정보 전달을 강화할 필요가 있다. 최소한 남에게 피해를 주지 않는 각자의 노력이 필요함을 타당한 정보를 제시하며 설득하면 문제를 최소화할 수 있기 때문이다.

| case 5 | 개인의 일탈이
더 큰 재앙을 부른다 |

코로나19 상황에서 개인의 일탈은 바이러스 확산에 막대한 영향을 미친다. 공무원, 유명인, 일반인 가리지 않고 행해지는 일탈은 방역을 더 어렵게 하는 동시에 개인과 그 개인이 몸담은 조직의 이미지와 명성에 치명상을 입힌다. 동시다발적으로 일어나는 개인의 일탈이 방역망에 구멍을 만들고 코로나19 상황을 더 오래가게 하는 데 일조한다.

코로나19 방역의 최일선에서 활약해야 할 공직자들의 일탈이 국민을 허탈하게 만들었다. 2020년 8월 21일, 광주광산경찰서장이 주점을 찾는 부적절한 행태로 물의를 빚었다. 유흥주점을 매개로 코로나19 확진자가 늘어나면서 방역당국이 "불필요한 모임, 행사 및 밀폐된 공간 출입 등을 자제해달라"고 호소하는 상황에서 경찰 고위 간부의 행위는 국민에게 부적절한 신호를 보내기에 충분했다. 이에 그는 "코로나19로 엄정한 상황에서 경찰 고위 간부가 술집을 찾는 등 물의를 일으켜 죄송하다"라고 사과했다. 또한, 광주광역시 산하 공기업 직원은 유흥시설을 방문하고도 검사에 응하지 않는 등의 행위로 방역에 혼선을 주었다. 그는 결국 확진 판정을 받아 광주시장, 교육감 등 행정 수뇌부가 검사를 받게 하는 등 업무에 영향을 주었다.

일반인 일탈도 늘어나고 있다. 코로나19가 시작된 초기인 2020년 2월 18일 영남권 첫 확진자로 판정된 31번 환자는 의료진의 검사 권고를 여러 번 무시하고 종교시설 등을 방문함으로써 지역사회 전파를 불러왔다. 진단검사를 거부한 채 신천지 대구교회 등을 방문하는 바람에 접촉자만 1,160명이나 되었다. 강원도 원주시는 확진자와 접촉한 뒤 자가격리 기간에 거주지를 무단이탈한 사람을 감염병 예방 및 관리에 관한 법률 위반 혐의로 경찰에 고발했다. 그는 자가격리 중 전담 공무원의 전화를 받지 않거나 전화기를 꺼둔 채 이동해 경찰이 수색을 벌여 찾아낸 뒤 격리장소로 복귀시켰다.

2020년 7월 6일 광주광역시 118번 확진자는 병원으로 이송하기 전 주거지에서 자가격리 중 이탈했다. 방역당국과 경찰청이 행방을 추적한 지 10시간 만에 그를 다른 지역에서 찾아내 병원으로 이송했다. 자가격리자 중 격리장소를 벗어나 출근한 사람은 고발 조치되었다. 광주 37번 확진자도 역학조사 거부, 방해, 사실 은폐 혐의로 경찰에 고발되었다. 경기도 수원시는 코로나19 확진자 접촉자로 자가격리에 들어간 사람이 격리장소를 이탈하자 관련 대상자를 경찰에 고발했다. 대상자가 휴대전화를 집에 두고 이탈하는 바람에 자가격리 앱과 지리 정보 시스템 기반의 상황 관리 시스템에서 이탈

사실이 확인되지 않았다. 지인이 이 대상자가 전화를 받지 않자 경찰에 신고했고, 방역당국은 그의 이탈을 뒤늦게 확인했다. 그는 검사에서 음성 판정을 받았지만 경찰은 자가격리를 위반한 그를 형사 고발했다.

자가격리를 위반한 코로나19 확진자는 실형을 선고받았다. 그는 3월 30일 코로나19 확진 판정을 받았고, 지자체장으로부터 자가격리를 하라는 안내문을 받았다. 그러나 그는 주거지를 이탈해 편의점, 공용화장실, 사우나 등을 방문했다. 이후 1차 격리 기간이 끝나고 임시생활시설에 재격리 조치되었는데, 여기서도 무단이탈해 도주했다. 그는 단순히 답답하고 술에 취해 범행을 저질렀다고 주장했다. 그러나 법원은 그의 범행이 지역사회 감염을 불러올 수 있는 매우 심각한 행위이고, 범행 기간이 길고 횟수도 반복적이며, 대량 감염을 유발할 수 있는 다중이용시설을 방문해 그 정도가 심하다며 실형을 선고했다.

강원도 영월에서는 4월 12일 호주에서 입국한 A씨가 14일 검체를 채취한 후 격리장소로 복귀하지 않고 주변 시설을 방문해 무단이탈 혐의로 경찰에 입건되었다. 제주도에서도 도내 코로나19 7번 확진자와 비행기 내 접촉자로 확인된 사람이 자가격리를 무시하고 무단이탈해 도에서 강력한 행정적 처분을 신청했다.

해외에서 국내로 입국한 이들 중 유학생의 일탈은 사회의 또 다른 공포를 조성하며 '유학생 포비아'라는 말을 만들어냈다. 코로나19가 막 확산되기 시작한 시점인 3월, 영국에서 귀국한 서울 거주 유학생이 자가격리 차원에서 평창의 한 리조트에 머물며 양성 판정을 받았다. 그러나 그가 주변 식당을 방문하는 등 자가격리 지침을 어겼기 때문에 해당 리조트는 일부 구역을 폐쇄하고 긴급 방역을 했다.

강남구에 거주하는 미국 유학생이 어머니, 지인들과 함께 4박 5일 동안 제주 여행을 다녀온 후 코로나19 확진 판정을 받았다. 3월 15일 귀국해 아직 잠복기가 지나지 않은 20일부터 24일까지 제주도 주요 관광지를 여행한 것이다. 또 제주도에 입도한 첫날 저녁 발열, 인후통, 근육통 등의 증상이 발현되었음에도 여행을 계속했다. 이들이 제주에서 접촉한 인원은 70여 명으로 제주도는 도 차원에서 모녀를 상대로 손해배상 소송을 제기하며 형사처벌 요구까지 검토했다.

이런 사례를 포함해 유학생 관련 일탈이 다수 발표되면서 청와대 국민청원 게시판에는 '자가격리 위반 유학생을 본보기로 강하게 처벌해야 한다'는 글이 여러 건 올라왔다. 여기에 강남구청장의 '제주 방문 유학생 모녀' 옹호 발언이 더해지며 유학생에 대한 사회적 인식에 부정적 영향을 미쳤다. 강남구청장은 '제주 여행 유학생 모녀는 선의의 피해자'라고 발표하며 적극 옹호하고 나섰다.

그러나 도리어 이 옹호성 메시지가 부메랑이 되어 강남구 이미지까지 떨어뜨렸다. 이에 구청장은 "최근 제주도 방문 모녀 확진자와 관련한 저의 발언이 진의와 전혀 다르게 논란이 되고, 제주도민을 비롯한 국민과 강남구민 여러분께 심려를 끼쳐드린 데 진심으로 사과드린다"고 구청 SNS를 통해 발표했다.

실제로 강남3구로 불리는 강남구, 서초구, 송파구 일대에서는 '유학생 포비아'를 심하게 겪었다. 이곳 출신 유학생 중 확진자가 늘어나자 지역 주민들이 공포심을 느끼면서 이런 일이 벌어진 것이다. 이러한 '유학생 포비아'와 관련해 주민들은 "외국에서 살다 와서 개인

주의 성향이 강한 것인지 모르겠지만 이기적 행태에 국민이 분노하는 것"이라며 사회적 거리두기 등과 같은 강력한 조치에도 심각성을 느끼지 못하는 것을 안타까워했다.

코로나19가 다시 확산되자 방역당국은 '사회적 거리두기 2.5단계'를 시작했다. 일반음식점과 휴게음식점, 제과점 등은 오후 9시부터 이튿날 오전 5시까지 포장과 배달만 허용했다. 프랜차이즈 커피전문점은 포장만 가능했다. 이렇게 규칙이 강화되자 식당가는 빈자리가 더 많아졌지만 편법도 생겨나고 있다. 심야 시간대 한강공원엔 마스크를 내리고 술과 음식을 먹는 시민들이 많아졌다. 편의점 앞 취식이 금지되자 근처 공원 화단이나 보도블록에 삼삼오오 모여앉아 술잔을 기울이는 경우도 종종 있다.

이렇게 통제조치를 따르지 않는 사람들로 인해 확산이 가중될 가능성이 충분하다. 이런 일탈에 대해 시민들은 "미친 거다" "누군 놀 줄 몰라서 안 노냐!" "이기적이다" "생각이 없다" "2.5단계 계속 연장되면 사업자들 진짜 다 죽는다" 등 격앙된 반응을 보였다. '숨 쉴 자유' 대 '무책임한 일탈'이 충돌하는 양상이 전개되면서 새로운 문제가 만들어졌다.

위기 관리 커뮤니케이션 전략과 평가

개인이 일탈하면 사회가 혼란스러워진다. 그러나 조직이나 국가 그리고 개인의 경우 유명인의 대응 메시지는 쉽게 언론을 통해 살펴볼 수 있는 반면 일반 개인의 대응 메시지는 거의 찾을 수 없다. 그 이유는 바로 뉴스 가치의 차이 때문이다. 그러나 개인의 일탈에서 공통으로 내포하는 비언어적 메시지가 있다. 그건 바로 '이기심, 자만심, 안일함 그리고 반항심'이다. '내 볼 일이 먼저지 남을 왜 생각해?' '나 하나 잠깐 일탈한다고 뭐 크게 달라지겠어?' '난 건강하니까 걸리지 않을 거야.' '왜 꼭 시키는 대로 해야 하지?' 같은 생각이 행동으로 이어지는 것이다. 어느 자가격리 이탈자가 "심심해서 그랬다"고 한 이 한마디에 이기심, 자만심, 안일함, 반항심이 모두 들어 있다. 이 심리가 정확하게 개인의 일탈을 설명하고 있다. 인간에게는 본능적으로 자신에게 '이것은 하지 마라'는 규범이 주어지면 정반대로 저항하려는 무의식적 성향이 있다. 이것이 코로나19 일탈자들에게서 공통으로 나타난다.

내가 만나고 접촉하는 모든 것이 코로나19를 감염시킬 수 있다는 위기감이 있다면 이런 일탈은 일어나지 않는다. 그러나 '나 하나쯤은 괜찮겠지' 하는 안일한 생각에 이기심과 자만심이 한 덩어리씩 추가되면 우리는 어쩌면 코로나19와 영원히 함께해야 할지도 모른다. 바이러스를 완전히 퇴치하기는 불가능하다. 그러나 상태를 최대한 완화하려는 모두의 작지만 강한 노력으로 우리가 영위하던 이전 일상으로 돌아갈 수 있는 길을 열 수 있다. 여러분은 어디에 한 표를 던지겠는가? 선택은 우리 각자의 몫이다.

10

조직에 닥친 위기와 극복 방안

case 1 학습권 침해, 내 등록금 일부는 돌려주오

    코로나19로 대학들이 강의를 온라인으로 전환하면서 학생들의 반발이 이어지고 있다. 전국 42개 대학 학생 3,500여 명이 등록금 반환을 요구하는 집단소송을 제기했다. 수업권이 심각하게 훼손되었다는 것이다. 2020년 1학기 수업이 대부분 비대면 또는 대면·비대면 병행 수업으로 진행되었고 2학기도 온라인 교육으로 대체하면서 등록금 반환 요구가 거세지고 있다. 이에 정치권에서도 합의안을 제시하며 조정에 나섰다. 이미 등록금을 일부 반환한 대학도 있지만, 그 금액이 학생들의 요구인 3분의 1에 턱없이 부족한 10만 원 내외여서 생색내기라는 비판이 이어졌다. 이에 정치권은 대학이 등록금을 40만 원 한도 안에서 10% 반환하고 정부가 학생 1인당 10만 원씩을 산정해 학교에 지원하는 절충안을 제시했다. 그러나 대학의 일에 왜 국민의 세금을 투입하냐는 새로운 반발에 부딪혔다.

2020년 대한민국을 강타한 코로나19의 여파로 거의 모든 대학의 수업이 온라인으로 전환되었다. 학생들은 수업의 질이 현저히 낮아졌다고 지적하며 대학이 비용 대비 질이 떨어진 것에 책임을 지라고 요구했다. 모든 수업을 온라인으로 전환했으니 등록금을 온라인대학 수준으로 적용해야 한다고 주장했다. 집단 소송을 제기한 전국대학학생회네트워크 소속 학생들은 납부한 등록금의 최소 3분의 1 이상을 반환해야 한다고 주장했다. 더 구체적으로는 사립대는 100만 원, 국공립대는 50만 원을 반환해야 한다며 청구액을 정했다. 이에 등록금 반환 소송이 시작되면 대학들은 등록금의 원가를 공개해 반환 범위를 결정해야 할 수도 있다는 지적이 나왔다.

학생들은 코로나19로 수업이 온라인으로 진행되고 학교 시설물도 이용할 수 없어 학습권이 침해되었는데 등록금은 등교 강의와 같은 수준으로 받는 것은 옳지 않다고 주장했다. 여기에 더해 정부에서 대학에 학생 1인당 10만 원을 지원하는 안을 제시하자 새로운 문제가 되었다. 청와대 국민청원 게시판에는 이번 사태와 관련된 글이 여러 편 올라왔다. "대학과 학생이 협의해서 해결할 일이고 정부는 대학을 압박해서 원만한 협의를 이끌어내도록 도와주면 된다. 이걸 세금으로 지원해주면 대학 안 가고 취업해서 세금 내는 젊은이들은 뭔가"라는 항의 글도 올라왔다.

정부 내에서도 정부가 지원금을 제공하는 것에 찬반이 엇갈렸다. 교육부와 기재부 의견이 서로 달라 정부 지원을 어떤 방식으로 할지도 정하지 못했다. 그러나 어떤 형식으로 결정나건 대학의 등록금 반환 문제에 정부가 세금을 투입하는 것은 또 다른 논란거리를 만들 여지가 충분하다. 국민은 이미 형평성의 원칙에서 많은 상처를 받았기 때문이다.

대학 등록금 반환과 같은 논란은 코로나19로 본격화된 측면이 있다. 그전부터 등록금에 대한 불만은 있었다. '반값 등록금' 시위가 그것을 말해준다. 대학 등록금은 매년 올랐고 이때마다 등록금이 합리적인지, 액수가 교육 서비스에 부합하는 타당한 것인지에 대한 논의가 계속되어왔다.

여기에는 대학의 사회적 역할에 대한 의구심도 포함되어 있다. 대학이 상업화·기업화로 기운 것은 아닌가 하는 의구심에 더해 각종 비리에 연관되는 모습을 보면서 소비자인 학생과 학부모는 의문을 품을 만하다. 이런 와중에 코로나19까지 덮치자 대학은 현재 위기에 처해 있다. 대학의 제일 중요한 구성원인 학생이 자신이 몸담고 있는 조직을 신뢰하지 못한다면 그 조직은 위기에 처한 것이 분명하다.

그렇다면 대학 입장은 어떨까? 대학들은 대부분 등록금 반환이 어렵다고 주장한다. 수업 형태만 다를 뿐 교수들이 강의를 진행하고 있고, 등록금은 수업료이며, 대학도 코로나19로 재정에 어려움을 겪고 있다는 것이다. 대부분 대학은 학생들의 등록금 반환 요구에 적극적으로 답변하지 않는다.

일부 대학은 기존 성적장학금을 폐지하거나 축소해 비용을 마련하고, 학생들에게 다른 이름으로 비용을 지급하는 우회적 지원을 하고 있다. 다음 학기 등록금에서 해당 금액을 감면하는 방식을 취하는 경우도 있다. 순천향대학에서는 기존 장학금은 그대로 유지하면서 특별장학금을 조성해 지급함으로써 학생들의 호응을 끌어내고 있다.

등록금 반환 소송과 관련한 대학의 반응은 대체로 부정적이거나 소액 지원으로 생색을 내고 있다. 그런데 등록금 반환 소송을 진행하는 학생에게 일부 대학이 소송 취하를 유도하기 위해 협박, 회유, 폭언 등을 했다는 폭로가 나왔다. 대학의 존재 이유는 무엇일까? 대학은 후학을 양성하는 곳이지 조직의 이익을 보호하기 위해 가장 중요한 구성원인 학생을 위협하는 곳이 아니라는 사실을 누구보다 대학이 잘 알 것이다. 수업환경을 개선하는 문제는 시간을 끌면서 해결하지 않고, 학생들 소송에는 발 빠르게 움직이는 대학이 교육 목표를 어디에 두고 있는지 궁금해진다.

위기 관리 커뮤니케이션 전략과 평가

코로나19로 교육 현장이 혼돈에 빠져 있다. 이런 상황에서 학생들의 등록금 반환 논의가 뜨겁게 일어났는데도 정작 대학은 별다른 움직임이나 반응을 보이지 않았다. 왜 이렇게 미적지근한 태도를 보였을까? 만약 이런 상황이 민간 기업에서 일어났다면 어떻게 대응했을까? 당연히 빠른 대처와 메시지 전략을 통해 문제를 해결하려고 노력했을 것이다. 수익과 직결되기 때문이다. 고객이 떠나면 수익도 따라서 줄어들고, 시장에서 영향력이 떨어지며, 상황이 더 악화되면 아예 조직이 와해되기도 하기 때문이다.

그러나 대학은 특수한 구조로 되어 있다. 특히 대한민국에서 대학은 미래의 신분 구성에 큰 역할을 담당하는 징검다리로 인식되고 있다. 따라서 매년 수많은 학생과 학부모가 대학입학을 위해 모든 노력을 아끼지 않는다. 바로 여기에 맹점이 있다. 그 이유는 명문대학이라는 타이틀을 이미 가지고 있거나 수도권에 있는 대학이라면 학생들의 입학률은 당연히 최고치를 경신할 테고, 이탈률은 상대적으로 최하위를 기록할 것이기 때문이다. 즉, 학생들에게 대학은 다른 선택지가 없는 특수한 구조의 서비스 시장이다. 그러니 당연히 이런 심각한 상황에서도 무대응 또는 협박이 가능한 것이다.

 대학도 코로나19로 어려움을 겪고 있다는 것을 모르는 사람은 없다. 우리 사회 모든 분야의 조직과 개인이 같은 위기에 직면해 있으니 말이다. 그러나 대학은 상대적으로 타 산업 분야보다 타격의 내상 정도가 낮은 것이 사실이다. 상황이 어려워도 학생들은 학교에 간다. 그리고 등록금은 선불이다. 교육의 질과 서비스 제공 형태가 변했다면 당연히 그 서비스를 이용하는 금액도 조정되어야 한다. 그리고 대학은 학생들 질문에 답을 할 의무 또한 분명히 있다.

 구체적으로 어떤 계획을 세우고, 어떻게 사태에 대응할지에 대한 메시지를 학생들과 학부모에게 전해야 한다. 최소한 "나도 피해자고 나도 어려우니 좀 참아줄래?"라는 뉘앙스는 전달하지 않는 것이 그동안 서비스를 이용해온 충성된 고객에 대한 예의가 아닐까 생각한다. 이번 사태와 관련한 대학의 메시지 전략은 기대 이하라는 것이 모든 사람의 공통된 의견일 것이다.

case 2 신천지 포비아, 종교의 자유 vs 지역 집단 감염원

2020년 1월 31일부터 2월 2일까지 신천지 이만희 교주의 친형 장례식이 치러진 청도 대남병원 장례식장을 방문한 신천지 교인들을 중심으로 대구·경북 지역에서 확진자 수가 급격히 늘어나면서 지역사회 감염이 국내에서 최초로 발생했다. 이후 일부 신도들의 이탈과 방역 비협조로 대구·경북 지역은 물론 전국적으로 코로나19가 확산되면서 전국이 엄청난 혼란에 빠지자 신천지는 국민적 비난에 직면했다. '신천지 포비아'라는 신조어까지 만들어지며 국민적 공분의 대상으로 전락했고 교회 이미지는 심각하게 떨어지는 결과가 초래되었다.

2020년 1월 8일, 코로나19와 유사한 증상을 보이는 의심환자가 대한민국에서 처음으로 확인되었다. 2020년 2월 24일 기준으로 한국 내 확진자 중 대구·경북 지역 내 확진자가 전체 확진자 중 82%

인 637명으로 집계되었다. 코로나19가 국내에 유입되기 시작한 2020년 초반부터 조금씩 늘기 시작한 확진자는 2월 17일 30명에서 일주일 만인 2월 24일 무려 27배가 증가한 833명으로 늘어났다. 그러자 정부는 코로나19 위기 단계를 최고 수준인 '심각'으로 격상했다.

　신천지예수교회는 2월 23일 코로나19 관련 입장문을 처음 발표했다. 그들은 "코로나19 확산방지를 위해 할 수 있는 모든 방법을 총동원해 보건당국에 협조하고 있다"라고 밝혔다. 또한 유튜브와 SNS 생방송 등을 통해 "지난 2월 18일부터는 모든 모임을 금지하고 있으며, 현재 대구교회 신자 9,294명과 대구교회를 방문한 신자 201명을 포함한 신천지예수교회 전 신자 24만 5,000명에게 외부활동을 자제할 것을 공지했다"라고 발표했다. 그러면서 "질병관리본부에 모든 교회와 부속기관의 주소도 제공하고, 이 사실은 신천지 공식 홈페이지에 공개해 모든 시민이 확인할 수 있도록 조치했다"라고 강조했다. 2월 23일 신천지 교회의 대구 지역 교인 9,334명 가운데 유증상자 수는 1,248명으로 파악되었다. 그런데 교인 670명의 행방을 찾을 수 없고 연락마저 끊어지면서 문제가 발생했다.

　3월 2일, 이만희 신천지 총회장은 코로나19 사태 이후 처음으로 기자들 앞에서 기자회견을 했다. 이만희 총회장은 큰절까지 하며 교회와 자신의 진정성을 호소하고 사죄하는 모습을 보였다. 그러나 "정말 죄송합니다"라는 것 외에 구체적으로 무엇이 문제였고, 앞으로 어떤 조치를 어떻게 취할지 등에 대해서는 언급하지 않았다. 이 총회장은 "고의적인 것은 아니지만 많은 감염자가 나왔습니다. 그래도 최선의 노력을 했습니다. 그런데 다 막지 못했습니다. 국민 여러

분들께 사죄를 구합니다"라고 말했다. 정부에 적극적으로 협조하겠다는 말을 하며, 앞선 두 번의 성명서와 총회장 특별 편지의 내용을 설명했다.

그러나 그 성명서와 편지는 교인들의 어려움에 관한 내용과 자신들이 코로나19 확산방지와 극복을 위해 정부에 적극적으로 협조해왔다는 내용이 주를 이루었다. 또한 자신들의 교회가 기존 개신교 교단으로부터 이단으로 핍박받아왔고 그로써 공간 확보나 여타 다른 교회 업무에 지장을 받았다는 내용이 들어 있었다. "누구의 잘 잘못을 추궁할 때가 아닌 줄 압니다"라며 많은 사람이 신천지를 오해하고 있다고 주장했다.

신천지 총회장과 지도부의 '정부 협조' 지시에도 불구하고 경북과 다른 지역 곳곳에서 신천지 신도들의 일탈이 이어졌다. 신도임을 감추거나 자가격리를 무시하고 여러 곳을 방문하는 등의 일탈행위로 국민의 건강을 위협하고 공공기관의 업무를 마비시키는 무책임한 행동이 계속되었다. 이러한 일탈행위는 경북에만 한정되지 않고 전국에서 다발적으로 일어났다. 따라서 교회 지도부가 제대로 관리하지 못하는 것 아니냐는 의문이 제기되기도 했다. 여기에 더해 2월 발표문과 3월 기자회견에서 밝혔던 '적극 협조'도 원활하지 않았다. 신천지가 대구시에 제출한 시설 및 신도 명단 일부도 허위로 드러나면서 방역당국에 비협조적인 그들의 태도에 국민이 분노했다.

신분 노출을 꺼리는 신도들은 확진 판정을 받고도 신천지 교인임을 밝히지 않거나 동선을 거짓으로 진술해 방역을 방해했다. 또 연락을 끊고 잠적하거나 생활치료센터 입소를 거부하는 등 다양한 형태로 방역을 방해했다. 여기에 더해 신도들이 공유하는 SNS에서 신도들의 '행동요령'을 배포해 조직적으로 상황을 은폐하려 했다는 의구심도 일어났다. 포털 등에 자신들에게 유리한 기사가 올라오면 신도들이 댓글에 '좋아요'를 눌러 추천 등위를 올리는 방식으로 댓글 작업을 한 정황도 있었다.

위기 관리 커뮤니케이션 전략과 평가

신천지가 대구와 경북 지역 코로나19 확산에 결정적 역할을 하고, 전국적 확산에도 영향을 미치는 상황이 이어지면서 국민은 신천지 교회의 다양한 측면을 부정적으로 보기 시작했다. 신천지에서 처음 내놓은 성명서는 "정부에 적극적으로 협조하고 있다"는 메시지가 거의 전부이며, 총회장의 기자회견도 큰 설득력을 기대하기 어려운 수준이었다. "우리도 피해자다" "누구의 잘잘못을 따질 때가 아니다" "다른 개신교 교단에서 신천지를 이단으로 매도해서 이제까지 피해를 많이 봐왔다"라는 등의 메시지로 일관했다. 이런 메시지 전략은 내부 구성원을 규합하는 데는 효과적일 수 있지만, 신도가 아닌 국민 대부분을 대상으로 하는 위기 커뮤니케이션 전략으로는 완전히 실패한 방법이다.

먼저 대구·경북 지역 국민이 코로나19에 노출되어 어려움에 직면하는 원인을 제공한 것에 대한 구체적 언급이 없었다. 피해 본 지역 국민에 대한 구체적 사과 없이 그 대상을 일반화한 것 또한 메시지 수용자 구체성 측면에서 적절하지 않았다. 메시지 노출 시기의 부적절성도 문제가 있다. 신천지 때문에 피해가 속출하고 시간이 많이 지난 후 메시지를 전달했다는 것은 그 내용도 문제지만 시기적으로 많이 늦은 감이 있다.

다만, 메시지 전달 주체가 총회장이라는 점은 긍정적으로 인식할 수 있다. 위기가 발생하면 메시지의 신뢰성을 높이는 방법의 하나로 조직의 최고책임자가 나서는 것이 적절하기 때문이다. 사과 메시지는 기본적으로 피해자에 대한 공감과 죄송함을 적시하고 사후 조처를 어떻게 할지를 반드시 포함해야 한다. 또 메시지 전달 타이밍은 사건 발생과 동시에 바로 하는 것이 사태를 진정하는 데 중요하게 작용한다. 사건을 합리화하며 '우리도 피해자'라고 하거나 구체적 해결방안도 없이 '열심히 노력하고 있다'는 일반적 메시지는 사태 해결에 전혀 도움이 되지 않으며 오히려 더 큰 악재로 작용한다.

2020년 5월 23일 쿠팡 부천물류센터에서 처음 코로나19 확진자가 발생한 이후 150명 이상이 집단 감염되었다. 그 결과 기업 이미지에 심각한 타격을 입으며 이용자들의 불신이 이어졌다. 내부 방역에 허점이 있는 것은 아닌지 의심하는 소비자들은 쿠팡 이용을 꺼리는 분위기로 전환되었다. 쿠팡은 2020년 8월 15일 이후 2차 확산이 일어나 물류센터와 배송캠프 여러 곳을 폐쇄했다.

한국의 '아마존'을 꿈꾸는 이커머스 기업 쿠팡이 위기에 직면했다. 코로나19로 촉발된 생활의 변화로 많은 기업이 어려움을 겪고 있지만 이커머스 업체는 반대로 이익을 창출하는 구조가 형성되었다. 소비자들은 코로나19 위기감으로 인해 '홈코노미'로 빠르게 전환하고 있다. '홈코노미'는 코로나 감염증에 대한 불안의 확산으로 집에서 각종 경제활동을 즐기는 것을 말한다.

이러한 변화 상황에서 가장 득을 크게 본 기업은 '쿠팡'으로 꼽힌다. 쿠팡은 2014년부터 '로켓배송'이라는 슬로건을 내걸고 빠른 배송을 강점으로 공격적인 마케팅을 펼친 덕분에 이커머스 시장에서 시장 점유율을 높일 수 있었다. 빠르게 배송하려면 인력과 물류센터 네트워크를 확대해야 하는데 쿠팡은 막대한 투자로 직간접적 고용도 유발해 사회에 기여했다. 이런 이미지와 대규모 네트워크를 통해 코로나19 상황에서도 많은 소비자의 선택을 받을 수 있었다.

그런데 2020년 5월 24일 쿠팡 부천물류센터에서 코로나19 확진자가 확인되자 부천시 보건소와 쿠팡 측에서 물류센터 직원들의 자가격리를 요청했다. 1,300명이 3교대로 근무하는 이곳에서 업무를 담당하는 직원 3명이 확진자로 판명되었다. 이에 방역당국은 근무자 중 접촉자 200여 명을 자가격리 조치했다. 쿠팡 측은 "코로나19가 발발한 이후 물류센터 등에서 매일 방역작업을 시행하고 근무자들에게 마스크와 장갑을 끼도록 했으며 열감지 카메라로 체온 체크도 해왔다"라고 설명했다. 그러면서 "앞으로 방역당국의 지시에 따라 이행할 것"이라고 밝혔다. 쿠팡은 5월 24일 부천물류센터 확진자 발생 소식을 접하고 바로 해당 물류센터를 폐쇄하고 방역을 실시했다.

이태원 클럽에서 시작된 감염이 인천 학원강사, 코인노래방, 뷔페, 부천물류센터로 확산되며 5차, 6차 그리고 감염원을 알 수 없는 새로운 형태의 감염으로 이어졌다. 쿠팡 부천물류센터에서 발생한 감염은 짧은 시간에 많은 확진자를 양산하는 동시에 고양물류센터, 부천과 경기도 일대 그리고 서울까지 다층적으로 이어지면서 수도권에 비상이 걸렸다. 부천에서는 물류센터 상황이 심각해지자 회사를 폐쇄했고, 시는 사회적 거리두기로 돌아간다고 밝혔다. 정부 차원에서 쿠팡의 생활방역 지침에 의구심을 제기하기도 했다. 부천 인근인 인천에서는 학생들의 등교를 전면 중단하고 원격수업으로 전환했다.

그렇다면 부천물류센터의 코로나19 확진이 이렇게 전방위적으로 확산된 주된 이유는 무엇일까? 다른 직장과는 다른 구성원 특징이 인근 지역과 다른 지역으로 확산되는 데 주요한 영향을 미쳤다고 할 수 있다. 물류센터 구성원들은 대부분 본업이 있으면서 아르바이트를 하는 '투잡족'이다. 부천물류센터에서 근무한 경험이 있는 한 직원은 "물류센터는 공무원 빼고 누구든 접촉할 수 있는 사람들이 모두 모인 곳이다. 아이들을 상대하는 태권도 사범, 은행 청원경찰, 하루에도 수만 명이 방문하는 공항 면세점 직원과 승무원들도 있다"라고 말했다. 따라서 확산이 다른 집단으로 전이될 가능성이 크고, 그 대상이 누가 될지 예측 불가능한 상황에 직면한 것이다.

회사로서는 이런 근무자들의 특성을 이미 충분히 알았을 테고, 그에 따른 확산의 심각성도 충분히 인지했을 것이다. 물류센터는 근무자가 물건을 서로 주고받는 구조라서 사회적 거리두기를 실천하기 어렵다는 근무환경도 감염 확산에 결정적으로 작용했을 것이다. 이러한 확산의 예측 불가능성으로 고객들은 택배를 통한 코로나19 전파 가능성에 민감하게 반응했다. 한 온라인 커뮤니티에서는 "찜찜하다" "택배가 오면 소독약을 뿌려야겠다" "이제 배달도 택배도 다 끊어야 할까"라는 반응이 나오기도 했다. 물론 정부에서 공식적으로 택배를 통한 감염은 전 세계적으로 사례가 없으니 안심하라는 메시지를 전하긴 했지만, 국민의 불안감을 누그러뜨리는 데는 한계가 있었다.

이러한 심각한 상황이 계속되었지만 회사에서는 아무런 반응을 하지 않고 침묵을 이어갔다. 부천물류센터에서 감염이 시작되고 4일이 지난 5월 27일 유사한 업무를 하는 또 다른 회사인 마켓컬리에서 감염자가 발생했다. 마켓컬리는 감염자 발생 직후 대표가 직접 국민에게 사과문과 이후 대책에 대한 메시지를 전했다. 마켓컬리 대표는 "(확진자가 근무한) 상온 1센터의 재고 중 방역이 불가능한 상품은 전량 폐기하고, 센터 운영을 재개할 때까지 상온 상품 판매를 중단하겠다"라고 밝혔다. 또한 방역이 되지 않는 제품은 전량 폐기하고 제품을 주문한 고객에게 환불 조치를 취했다.

마켓컬리 대표는 "고객님께 드리는 말씀"이라는 메시지에서 "컬리를 애용해주신 고객께 현재 상황과 대응계획에 대해 자세히 말씀드리고자 한다. 다른 센터 경우에도 28일 오전까지 선택적으로 방역을 완료할 예정이다. 코로나19가 안정되는 시점까지 방역 점검 주기를 절반으로 단축하겠다"라고 강조했다. 여기에 더해 "질병관리본부와 전문가들은 상품을 통한 코로나19의 전파 가능성이 희박하다고 밝히고 있다. 고객이 우려하는 부분과 관련해선 모든 진행 상황을 숨기지 않고 투명하게 전달하겠다"라고 말했다.

쿠팡은 부천물류센터에서 코로나19 확진자가 처음 발생한 5월 24일 이후 5일 동안 아무런 메시지를 전달하지 않다가 "송구하다"는 표현이 담긴 안내문을 발표했다. 5월 28일 오후 6시 30분쯤 홈페이지에 "쿠팡 물류센터에서 코로나19 확진자가 발생했다는 소식에 걱정이 크실 줄 안다. 어려운 시기에 저희까지 심려를 끼쳐드려 송구하다"라고 밝혔다. 이 메시지는 대표 명의가 아니라 회사 명의로 발표되었다. 이 메시지에서 쿠팡은 "택배를 통해 바이러스가 전파되었다고 보고된 사례는 한 건도 없다. 고객들이 받는 상품은 지금까지도 앞으로도 안전하다"라고 강조했다. 그러면서 고객들이 "쿠팡 덕분에 코로나 견딘다, 힘내라"라고 격려해주어 감사하다는 내용도 전달했다. 그러나 일각에선 쿠팡의 대처에 비판과 불만이 일자 허둥지둥 메시지를 내놓았다는 의견도 나왔다.

위기 관리 커뮤니케이션 전략과 평가

위기가 닥치면 기업이 당황하는 것은 당연하다. 그러나 그다음이 중요하다. 바로 위기에 직면한 상황을 파악하고 그에 적합한 메시지를 고객과 국민에게 빨리 전해야 한다. 그렇지 않으면 정보 활용의 주체가 언론으로 넘어가면서 정제되지 않은 메시지가 임의로 생성되어 유포된다. 그렇게 되면 기업은 더 큰 위기에 직면하는 것이 이제까지 일반적 사례였다. 그런 측면에서 보았을 때 마켓컬리와 쿠팡은 상당히 대조적인 대처 상황을 연출했다.

 마켓컬리는 대응 메시지를 즉각 전달했다. 메시지 주체도 회사 대표여서 메시지 신뢰도에 가장 적합했다. 메시지 내용도 현재 회사가 어떤 상황이며 앞으로 무엇을 어떻게 대처할 것이고, 고객의 안전을 지키기 위해 회사가 어떤 방안을 준비하고 있는지를 아주 구체적이고 상세하게 담았다. 위기 상황에서 기업이 택할 수 있는 가장 정확하고 효과적인 위기 커뮤니케이션 전략을 구사했다고 할 수 있다.

 반면, 쿠팡의 위기 대응 메시지 전략은 위기를 제대로 인식하지 못하고 도리어 메시지 수용자를 의아하게 만들었다. 쿠팡은 위기 상황 인지와 그에 따른 문제 해결, 즉 안전 관리 방안, 회사 구성원들의 안전을 어떻게 보장할 것인지에 대한 언급이 없었다. 그 대신 "고객들의 상품이 안전하다. 택배로 감염된 사례는 없다"는 메시지를 가장 강조했다. 그리고 고객들이 쿠팡을 응원해줘 고맙다는 메시지를 통해 쿠팡은 고객이 인정한 믿을 만한 기업이라는 이미지를 부각하려고 노력했다.

이런 메시지 전략은 사태를 잘못 인지했을 뿐 아니라 그에 관한 판단과 대응에도 문제가 있다는 것을 의미한다. 쿠팡은 '위기와 거리두기 전략'을 구사한 것이다. 회사는 고객들의 상품을 안전하게 관리했지만 예기치 않은 사건으로 심려를 끼쳤다는 의미로 해석할 수 있다. 그리고 회사도 코로나19라는 위기에 휩쓸린 어쩔 수 없는 상황이라는 의미를 내포하고 있다. 이미 언론과 정부에서 부천물류센터의 관리 미흡으로 지역 감염은 물론 다른 지역 확산에까지 영향을 주었다는 지적과 기사가 쏟아지는 것을 인정하는 내용은 없었다. '위기와 거리두기 전략'의 하위에 속하는 '합리화 전략'으로 조직의 부정적 이미지를 최소화하려는 메시지 전략을 택한 것이다. 같이 어려운 상황에 직면했지만 쿠팡이 힘이 되어주겠다는 메시지는 이런 상황에서 기업이 택하지 말아야 하는 최악의 전략이었다.

case 4　교회, 새로운 n차 감염원

　　　　서울 강북에 있는 모 대형교회가 코로나19의 수도권과 전국 확산에 주요한 원인을 제공했다. 사회적 거리두기 2단계 조치가 강화되고 전국적인 n차 감염을 막기 위한 방역 조치가 시행되면서 교회가 새로운 사회적 문제로 떠올랐다. 해당 교회의 이미지, 신도들에 대한 불신과 더불어 개신교 전체에 대한 부정적 이미지로 이어지고 있다. 또 코로나19에 대한 정부의 방역이 종교적 자유를 억압한다는 의견도 돌출하면서 종교와 정부가 대립하는 양상으로 치달으며 국민의 피로감을 증폭시키고 있다.

　　서울 강북에 있는 모 대형교회에서 대규모 확진자가 발생했다. 인구가 밀집된 수도권은 다른 지역보다 집단 감염이 발생할 위험이 크고 그 숫자도 기하급수적으로 늘어나는 특징이 있다. 또 확진자를 찾아내고 치료하려는 노력도 그만큼 어려울 수밖에 없다. 그동안 조금 수그러들던 확산세가 갑자기 증가하면서 국민의 불안감과 불편함이 다시 증폭되고 있다. 2020년 초 대구 신천지 교회에서 대량 확진이 발생한 것처럼 이 교회가 새로운 집단 감염과 전국적 n차 감염 확산을 견인할 것이라는 위기감이 커졌다. 이 교회의 교인은 서울부터 제주까지 17개 시도에 고루 분포해 전국적으로 확산될 가능성이 크다는 것이 방역당국의 우려였다.

8월 19일 중앙방역대책본부의 발표를 보면, 8월 14~18일 전국에서 확진자가 991명 발생했는데, 이 중 수도권 확진자가 826명(83%)을 차지했다. 그리고 8월 18일 정오까지 이 대형교회 신도 가운데 457명이 확진된 것으로 나타나 수도권과 전국적 확산에 결정적 역할을 이 교회가 하지 않을까 모두 걱정스러워했다. 실제로 이 교회를 시작으로 n차 감염의 속도가 빨라지며 전국 곳곳에서 소규모 집단감염이 일어났다. 교인이거나 교인과 접촉한 사람들이 기업, 군대, 병원 등 사회의 다양한 곳에서 확진 사례를 만들어가면서 2차 대규모 확산의 초기 대응에 어려움으로 작용했다.

그럼 왜 이런 관리의 어려움이 발생할까? 가장 큰 이유는 해당 교회 목사, 관계자 그리고 교인들의 비협조적 태도라고 할 수 있다. 이러한 비협조는 비단 이 대형교회 교인들뿐 아니라 코로나19가 발생하기 시작한 초기부터 지금까지 일부 국민 사이에서 꾸준히 제기되어온 문제였다. 교회 목사는 코로나19가 심각한 상황에서 더욱 안전하게 목회 활동을 해야 할 의무가 있다. 그러나 교회에서 집단 감염이 일어났다는 것은 안전에 무감각했다는 방증이다. 그래서 그 책임에서 자유로울 수 없다. 이것은 어떤 종교시설이건 모두 같은 잣

대로 평가해야 한다.

그런데 목사는 코로나19 집단 감염의 책임이 자신과 교회에는 없고 정부에 있다는 식으로 접근하며 종교 탄압을 받는다는 메시지를 전달했다. 이에 신도들은 "우리가 탄압받고 있다"는 프레임에 갇히게 되었고, 집단적인 코로나19 진단검사 거부로 이어진 것이다. 교회의 확진자와 접촉했다는 통보를 받고도 검사를 거부한 채 지방으로 내려가는 등의 행동은 자칫 지방 전염을 촉진하는 위험한 행위다.

그런데도 이기심이 먼저 발동해 무책임한 행동으로 이어져 또 다른 확산을 부추겼다. 이 교회 신도인 한 부부의 어이없는 행동도 질타의 도마 위에 올랐다. 보건소 직원이 "왜 검사받으러 안 오셨어요. 빨리 선별진료소로 가야 합니다"라고 하자 이 부부는 "나는 증상이 없는데 왜 검사받아야 하나"라며 갑자기 보건소 직원을 껴안고 팔을 만졌다. 그러고는 "너네도 코로나19에 걸려봐라. 내가 너희를 만졌으니 너희도 검사받아야 한다"고 했다. 그리고 주변에 주차된 차에 침을 뱉는 등 상식 밖의 행동을 했다.

결국 이 부부는 경찰이 출동한 후 진단검사를 받고 코로나19 확진 판정을 받았다. 이에 경기도는 이 부부를 방역 활동 방해 혐의로 고발했다. 자신만 아니라 자신이 몸담은 교회까지 부정적으로 보이게 할 뿐인데 잠깐의 분을 이기지 못해 이런 무책임한 행동을 한 것이다.

위기 관리 커뮤니케이션 전략과 평가

이러한 교인들의 일탈은 이 교회 목사 구속과 무관치 않아

보인다. 이 교회 대표 목사는 지난 선거와 관련해 사전 선거운동을 했다는 혐의로 구속되었다. 그리고 법원은 해당 사건과 관련된 위법한 집회와 시위에 참여해서는 안 된다는 조건으로 석방했다. 그러나 이 목사는 8월 15일 대규모 집회를 주도하면서 정부가 코로나19를 종교 탄압 도구로 활용한다고 주장했다. 즉, 정부가 코로나19 확산 책임을 그 목사와 교회에 뒤집어씌워 탄압한다는 것이었다. 그래서 정부 방역 정책에 협조할 수 없다는 것이었다. 잠깐 생각해보자. 종교의 자유는 당연히 보장되어야 한다. 코로나19는 국민의 안전을 위해 하루빨리 잡아야 한다. 그리고 이 두 가지 사안은 상호 연관성이 적은 별개 사안이다.

정치적 사안은 차치하고 코로나19만 놓고 보면 답은 아주 간단하다. 교회라는 조직에서 부주의한 행동으로 집단 감염이 일어났고, 그로써 전 국민이 다시 어려움을 겪게 되는 것은 그들의 종교적 자유보다 더 시급하고 중요한 문제다. 그렇다면 무엇을 하는 것이 올바른 해결책일까? 바로 목사와 교회 관계자 그리고 교인 한 사람 한 사람이 적극적으로 방역에 협조하는 것이다. 그래야 국민은 안심할 수 있고 이들의 말에 귀를 기울일 수 있다.

이들이 코로나19 대규모 집단 감염과 확산 상황에서 보여준 언어적·비언어적 커뮤니케이션 행위는 전형적인 위기 부인 전략이다. 위기 부인 전략은 개인, 조직, 국가의 주체가 현존하는 위기와 전혀 관련이 없고, 위기 주장의 진원지를 알 수 없는 단순 루머인 상황에서 통용되는 위기 커뮤니케이션 전략이다. 이 전략에는 위기가 나와 상관없다고 해명하는 방법과 위기를 조장했다고 주장하는 상대를 '공격해' 책임을 회피하는 방법이 있다. 따라서 이 교회와 관계자들이 보인 커뮤니케이션 전략은 그 방향성이 잘못되었다고 할 수 있다.

집단 감염의 대규모 확산에 결정적 역할을 한 것이 사실이므로, 이를 인정하고 용서를 구하는 전략을 먼저 택했어야 했다. 그러고 난 후 자신들이 전달하고픈 메시지를 구분해 전달했어야 했다. 그러나 무조건 '우린 아니야'라는 부인 전략을 택함으로써 문제 해결에 도움이 되지 않고, 도리어 문제를 악화해 자신들이 전달하려는 메시지의 수용도를 급격히 떨어뜨리는 부정적 효과가 발생했다.

교회와 정치권은 정치적 문제와 코로나를 연관짓지 말고 분리해 대응해야 한다. 국민은 작금의 정치보다는 코로나19 퇴치에 더 관심이 많다. 왜냐하면 내 생활의 어려움과 직결되어 있기 때문이다. 또 현재의 정치가 국민은 없고 '내 편'과 '네 편'만 구분해 싸우는 그들만을 위한 리그이기 때문이기도 하다.

case 5 국립발레단, 단원들 일탈로 이미지가 실추되다

코로나19가 본격적으로 확산되기 시작할 때 국립발레단 단원들의 해외여행, 학원 특강 등 도덕적 해이에 대한 여론의 뭇매가 이어졌다. 자가격리 기간에 해외여행이라는 일탈을 한 단원에게는 해고, 사설 학원에서 특강을 한 단원들에게는 정직 처분이 내려졌다. 이와 더불어 국립발레단이라는 조직의 이미지는 심각하게 실추되었다.

국립발레단은 2020년 2월 14~15일 대구 오페라하우스에서 공연을 했는데, 이후 대구와 경북 지역에서 코로나19 확진자가 급속히 늘어나는 사태가 발생했다. 이에 국립발레단은 상급기관인 문화체육관광부에 보고한 뒤 예방 차원에서 2020년 2월 24일부터 일주일간 예술감독을 포함한 단원 전원이 일주일간 자가격리에 돌입했다. 이 기간에 발레단은 단원들의 건강 상태를 주기적으로 확인했는데

다행히 감염증상자는 없었다. 외부로부터의 위험 요소를 잘 차단하며 한숨 돌릴 수 있었던 것이다. 그러나 악재가 내부에서 터져 나왔다. 내부 구성원인 단원들의 일탈이 국민을 허탈하게 만든 것이다. 자가격리 기간 중 단원 1명이 여자친구와 일본 여행을 다녀온 사실이 그의 SNS로 밝혀졌다.

이에 발레단 예술감독은 3월 2일 "국가적으로 혼란스러운 분위기 속에서 불미스러운 일로 국민 여러분께 심려를 끼쳐드리게 되어 죄송하다"라는 사과문을 발표했다. 그러나 사과문 발표 직후인 3월 4일 다른 단원 세 명의 또 다른 일탈이 한 무용 칼럼니스트의 페이스북에서 폭로되었다. 그 칼럼니스트는 "국립발레단 단원들은 '자가격리'가 무슨 뜻인지 모르는가? 자가격리 기간에 사설 학원 특강을 나간 것이 어떤 의미인지 알고 한 행위인가?"라는 글을 페이스북에 게재했다.

이 글과 함께 발레단 단원 블로그에 올라온 특강 관련 포스터 사진도 공개했는데 일부 기간은 자가격리 기간과 겹치기도 하지만 겹치지 않는 기간도 있었다. 그러나 통상 코로나19 증상 발현 잠복기가 2주인 것을 고려하면 합리적 행동이라고 하기 어려워 보였다. 물론 예고한 특강 중 29일을 제외하고 그 이전과 이후 강의는 취소했지만, 위기 상황에서 취하는 행동으로는 적합하지 않았던 것이 사실이다.

이에 국립발레단은 "자가격리 기간에 휴가를 다녀온 단원에 대해 엄중 조치를, 사설 특강 의혹에 관해서는 규정 위반 여부를 검토하고 있다"라고 발표했다. 이후 사설 학원에서 특강을 진행한 단원 두 명은 정직처분을 받았고, 해외여행을 다녀온 단원은 해고되었다. 이러한 결과는 1962년 국립발레단 창단 이래 58년 만에 처음이며, 최고 수위의 중징계였다. 국립발레단 징계위원회에서 3월 16일 해고 통보를 받은 해당 단원은 이에 불복해 27일 변호사를 선임하고 재심을 신청했지만 4월 14일 결국 해고 처분이 내려졌다.

해고 처분을 받은 해당 단원은 논란이 시작된 지 40여 일 그리고 재심 결과가 확정되기 하루 전인 4월 13일 다음과 같은 메시지를 인스타그램에 밝혔다. 그는 "시려 깊지 못한 행동으로 모든 분들께 심려를 끼쳐드려 죄송하다. 이번 국립발레단 자체 자가격리 기간 중 일본을 다녀오고, SNS에 게재함으로써 물의를 일으킨 점, 깊은 사과 말씀드린다"라고 했다. 그리고 "국가적인 엄중한 위기 상황에도 불구하고 국립발레단원으로서 신분을 망각한 채 경솔한 행동을 했다"라며 자신의 실수를 인정했다.

위기 관리 커뮤니케이션 전략과 평가

코로나19는 전 국민 더 나아가서는 전 세계 모든 사람에게 그 자체로 공포심과 더불어 다양한 형태의 불편함과 어려움을 가중하는 요인이 되고 있다. 따라서 모두가 자기 편의와 이익을 조금 뒤로하고 자신과 서로를 위해 최대한 방역수칙을 준수해야 피해를 최소화할 수 있다. 그러나 국립발레단 사례에서 보듯 일부 구성원의 일탈은 개인뿐 아니라 조직의 명예에도 심대한 부정적 영향으로 작용한다. 조직 수준의 대처에서는 코로나19 확진자 대량발생 지역에서 공연을 마치고 자발적으로 자가격리를 하고 구성원의 건강을 주기적으로 확인했다는 측면에서 타의 모범이 될 수 있었다.

하지만 구성원 관리와 감독 측면에서 실수가 생겼다. 물론 개인 각자가 코로나19의 심각성을 인지하고 행동하는 것이 무엇보다 중요하다. 그러나 조직 차원에서 위기의 심각성에 대한 더 세밀한 교육과 안내가 필요했지만 이를 간과했다.

그래도 개인의 일탈로 문제가 발생한 초기에 대국민 사과 메시지를 발표하고 일탈 구성원에 대한 조사와 조치를 시행하겠다는 즉각적 행동을 보임으로써 조직에 미치는 부정적 인식을 차단하려는 노력을 보였다. 이는 조직의 책임성을 최소화하는 전형적인 전략 중 하나로 시의적절했다고 할 수 있다. 다만, 일탈행동의 주체인 개인들이 좀더 빠르게 적극적으로 입장을 표명했다면 개인의 명예는 물론 조직의 이미지도 충분히 지켜낼 수 있었을 거라는 점에선 아쉬움이 남는다.

사건이 일어나고 40여 일이 지난 시점에 반성 메시지를 전달한 것이 문제를 더 심각하게 만들었다. 게다가 해고가 부당하다는 의견을 담아 재심을 청구했다는 것은 자칫 자기 잘못을 인정하지 않는다는 메시지로 받아들여질 수 있었다. 그리고 재심 결과가 나오기 바로 전에야 비로소 물의를 빚은 것에 유감을 표명하는 메시지를 전달하는 것을 보면서 사람들은 "왜 이제야 자기 잘못을 인정할까" 하는 의구심을 가지게 된다.

위기가 발생하면 가장 먼저 원인을 제공한 주체가 누구인지 파악하고, 원인 제공 정도에 따라 빠른 커뮤니케이션 전략을 수행해야 문제를 해결하기가 수월해진다. 그러나 이 사례에서 보듯, 일탈행위로 자신은 물론 조직의 명예까지 실추시킨 개인이 40여 일이라는 긴 시간 동안 아무 메시지도 발표하지 않은 것은 또 다른 논란을 불러일으키는 요인으로 작용했다.

　문제가 발생하면 가장 중요한 것이 즉시적·전략적 메시지 전달이다. 메시지 주체는 그 위기의 주체인 개인, 조직, 국가여야 하며 정보를 관리해 전략적·주도적으로 언론에 제공하는 것이 중요하다. 그렇지 않으면 메시지 생성 주도권이 언론을 비롯한 타인에게 넘어가며 억측과 루머가 발생할 수도 있다.

case 6 파주 스타벅스, 마스크 필요성 알려준 전화위복

　　　　미국 폭스뉴스와 블룸버그통신 등 주요 외신이 경기도 파주에 있는 스타벅스 커피전문점의 코로나19 확산세 양상에 주목하며 스타벅스 직원들의 행동을 코로나19 확산을 막는 모범 방역사례로 언급했다. 밀폐된 공간에서는 코로나바이러스 전파 가능성이 높음에도 고객들이 마스크를 벗는 바람에 대량의 바이러스 감염이 일어났다. 이 와중에도 긍정적 시그널을 발견했다. 마스크 착용이 바이러스 차단에 얼마나 도움을 주는지를 매장 직원들을 통해 확인한 것이다.

이는 좁게는 스타벅스라는 기업의 명예를 높이는 행위이며, 더 넓게는 대한민국 국민이 코로나19를 방어하기 위해 얼마나 적극적으로 대처하는지를 다른 나라에 알려 국가와 국민의 이미지를 긍정적으로 증진한 사례라고 할 수 있다.

2020년 8월 25일, 미국 폭스뉴스와 블룸버그통신은 파주에 있는 한 스타벅스 매장에서 코로나19 확진자가 급증했다는 뉴스를 보도했다. 매장 안에서 고객들이 음료와 음식을 먹기 위해 마스크를 벗는 과정에서 바이러스에 노출되어 확진자가 발생했다는 것이다. 실제 이 매장에서 확진자가 66명이나 발생했는데, 이를 밀폐된 공간의 코로나바이러스 전파를 여실히 보여주는 사례로 언급하며, 마스크 착용을 거부하는 미국과 유럽 일부 지역의 사례와 비교해 설명했다.

그런데 사실 이 보도의 핵심은 다른 곳에 있었다. 이렇게 많은 사람이 코로나19에 감염되는 중에도 그곳에 상주하며 일하는 직원 4명은 바이러스에 감염되지 않았다는 데에 초점을 맞추었다. 그 매장 직원 4명은 업무 중 마스크와 위생장갑을 착용함으로써 바이러스를 차단할 수 있었다는 것이다. 블룸버그통신은 "파주 스타벅스 사례는 마스크 착용이 필요한 이유에 더 힘을 실어주고 있다"고 강조했다.

위기 관리 커뮤니케이션 전략과 평가

매장 직원들의 철저한 마스크 착용은 마스크가 자신들의 안전을 지키는 최후의 보루 역할을 한다는 비언어적 메시지를 전달하는 데 일조했다. 이와 더불어 자신이 몸담은 스타벅스라는 조직의 긍정적 이미지를 높이는 역할을 했으며, 더 나아가서는 대한민국 국민이 어떻게 이 위기 상황에 잘 대처하고 있는지 세계에 알리는 역할을 했다.

아무것도 아닌 것처럼 보이는 이런 행동이 마스크 착용을 거부하며 바이러스 확산에 어려움을 겪고 있는 미국과 유럽의 국가들에 무엇보다 강력한 비언어적 메시지로 작용했음은 자명한 사실이다. 또 이를 통해 대한민국 국민의 명예를 높였다. 일반적으로 국가 이미지를 긍정적으로 확립하려면 엄청난 비용과 노력 그리고 시간이 필요하다. 따라서 이 직원들의 작지만 강한 메시지는 돈으로 환산할 수 없을 만큼 큰 역할을 한 것이다.

case 7 지방자치단체 의장단에는 코로나가 비껴갈까

경기도 고양시의회 의장단은 2020년 9월 2일 점심시간에 건배를 외치며 '대낮 술판'을 벌여 야당과 국민에게서 의원 사퇴와 대시민 사죄를 요구받았다. 이에 앞서 8월 25일에는 시의회 사무국장과 직원 등 10여 명이 사회적 거리두기를 무시하고 식사 모임을 해서 경기도로부터 '주의'를 받았다. 또 8월 19~21일에는 방역당국의 '수도권 주민 이동자제 권고'를 무시하고 부산에서 열린 숙박을 겸한 연수에 다녀왔다. 이에 야당, 시민단체 그리고 국민의 공분을 사며 책임 있는 결단을 요구받기에 이르렀다. 이로써 고양시의회라는 조직은 시민들의 불신을 자초하고 불명예를 안게 되었다.

2020년 9월 2일은 코로나19의 수도권 2차 확산으로 나라 전체가 고통 속에 사투를 벌이며 사회적 거리두기 강도를 높여 2.5단계가 시행되었을 뿐 아니라 9호 태풍 '마이삭'의 북상으로 모든 공직자가 비상근무에 돌입하며 전 국민이 안전을 위해 노심초사하던 때였다. 정부에서는 "불특정 다수와 불필요한 접촉을 하지 말라"는 방침을 내렸고, 각 당 대표들도 각별하게 당부했지만 이들은 모든 걸 무시했다.

고양시의회 소속 다른 당 의원들은 "전국이 비상사태인 상황에서 대낮부터 술판을 벌여 고양시민들과 의회를 욕보인 의장과 부의장은 석고대죄하고 책임 있는 결단을 내려야 할 것"이라며 비난했다. 또 "107만 시민의 대변인을 자처하는 의회와 의원들이 해서는 안 되는 일을 저질렀다. 이와 같은 일이 더는 일어나지 않도록 당사자들에게 깊은 성찰을 요구하며, 국가적 위기 극복에 걸림돌이 아닌 디딤돌이 되는 고양시의회로 거듭나길 엄중히 요구한다"라고 했다. 시민단체들도 "의장과 부의장이 사퇴로 사죄하라"라고 촉구했다. 그리고 의원 제명처리가 이뤄지지 않으면 전 시민의 힘을 모아 지역구 주민들과 함께 법이 보장한 의원 소환 운동을 전개할 것이라고 밝혔다.

이것을 보도한 언론 기사에 달린 댓글을 보면, 이런 일탈을 한 의원들의 소속 정당을 싸잡아 비난하거나 지방의회의 존재 이유가 없다거나 정신 나갔다는 비난 일색이었다. 그렇다면 이들은 왜 이런 비상식적인 일을 벌여 조직의 이미지를 이렇게 실추시켰을까? 고양시의회 의장은 "조합장이 취임을 축하한다며 술을 권해서 마셨고 술판을 벌일 의도는 없었다. 더욱 조심하지 못해 죄송하고 반성한다"라고 해명했다. 부의장도 "지역 단체장과 인사하는 자리로 술을 마시기 위해 마련한 자리는 아니었다. 더 신경 썼어야 했는데 물의를 일으켜 죄송하다"라고 사과했다.

위기 관리 커뮤니케이션 전략과 평가

동료 시의원들과 시민단체 그리고 국민이 모두 한목소리로 이들 행위가 온당치 않음을 비판하는 상황이라는 것을 생각하면 이들은 전략을 잘못 선택한 것으로 보인다. 코로나19 확진자가 연일 높은 숫자를 기록하고, 경기도에서도 임직원들에게 대인 접촉 금지를 지시하며 코로나19 생활 방역을 강조하던 상황이었다. 솔선수범해 시민들의 협조를 얻어내야 할 위치에 있는 공직자가 스스로 방역의 가장 기본적 요건도 지키지 않은 것은 어떤 말로도 정당화할 수 없다.

이런 상황에 대한 고양시의회 의장과 부의장의 해명은 위기 상황에서의 전략적 커뮤니케이션 방법에서 '변명 전략'에 해당한다. 변명 전략은 일단 특정 상황이 자기 의도와 다르다는 전제를 바탕으로 한다. 변명 전략은 큰 틀에서 '위기와 거리두기 전략'의 일환이다. 즉, 위기의 책임성을 최소화하는 전략이다. 이런 기준에서 보면, 이들이 전달한 메시지는 사건의 책임을 타인에게 전가하며 자신들의 허물은 최소화하려고 노력한 것이다.

만일 이들이 자신들을 방어할 목적이 강한 변명 전략이 아닌 위기 상황 연출에 대한 적극적 수용 자세를 보였다면 어땠을까? 이들이 전달한 메시지 마지막 부분, 즉 물의를 일으켜 반성하고 있다는 부분만 적극적으로 전달했다면 사람들은 그 메시지의 진실성에 조금은 더 공감했을 수 있다. 너무 뻔뻔한 얼굴로 자기 잘못을 인정하지 않는 사람들이 넘쳐나는 세상이니 이 정도 유감 표명도 감지덕지해야 할까?

11

국가에 닥친 위기와 극복 방안

case 1 마스크 사기가 왜 하늘의 별 따기처럼 되었나

2020년 1월 8일 코로나19 의심환자가 처음 확인된 이후 대구 신천지 교회, 이태원 클럽, 구로 콜센터, 쿠팡 부천물류센터 등에서 지역의 집단 감염을 촉진하는 사례가 늘어나면서 마스크 수요가 급증했다. 마스크 관련 사재기와 사기가 기승을 부렸고, 시중에 마스크 품귀현상이 일어났다. 이에 정부는 마스크 5부제를 실시했지만 국민의 불편은 계속되었다. 여기에 공적 마스크 유통업체의 독점 관련 루머까지 퍼지며 정부에 대한 국민의 불신이 가중되었다.

2015년 한반도에 몰아닥친 메르스로 마스크 품귀현상을 충분히 경험했지만, 2020년 코로나19 앞에서 정부는 다시 마스크 대란을 초래했다. 약국, 온라인 마켓 등에서 마스크 품귀현상이 벌어지고 마스크 구하기가 하늘의 별 따기보다 어려운 지경을 경험하고도 코로나19라는 전대미문의 사태 앞에서 정부는 우왕좌왕했다. 그 틈을 타 사재기로 차익을 누리는 사기꾼들까지 등장하는 웃지 못할 사태를 만들었다.

메르스는 5년 뒤 있을 코로나19를 위한 예비훈련이었다. 2020년 벽두부터 중국 우한에서 정체불명의 폐렴이 창궐해 조금씩 중국 밖으로 퍼져나가는 와중에 이미 중국과 홍콩에서는 마스크 품귀현상이 일어나고 있었다. 그렇다면 정부는 어떻게 해야 했을까?

당언히 메르스로부터 배운 경험을 떠올리고, 중국과 홍콩의 현상을 반면교사로 삼아 준비해야 했다. 그러나 실상은 그렇지 못했다. 중국에서는 그 시기 마스크 관련 회사의 주가가 치솟았다. 이것은 마스크의 중요성이 증대되고 있다는 신호였다. 우한 폐렴의 사람 간 전파 가능성과 중국의 마스크 품귀현상에 대한 뉴스가 외신과 우리 언론을 통해 전해졌다. 이미 한국에서는 1월 8일 첫 의심환자가 확인된 뒤였다. 우한 폐렴으로 인한 마스크 품귀 신호가 곳곳에서 감지되었다. 1월 23일에는 중국 관광객들이 일본과 한국에서 마스크를 쓸어 담으면서 일본에서는 수요가 폭증해 품귀현상이 일어나기 시작했다.

중국에서는 방송에서도 앵커가 마스크를 쓰고 방송하고, 중국의 약국들은 마스크 가격을 터무니없이 올리며 "비싸면 사지 마"라고 배짱을 부렸다. 이때까지도 우리 정부는 우한 폐렴이 중국 내에서만 일어난 해프닝이라고 여겼던 것일까? 국내에 거주하는 중국인들은 본국 가족을 위해 마스크 사재기에 나섰고, 국내에서도 네 번째 확진자가 나오면서 불안이 서서히 퍼졌다. 정부와 전문가들은 철저한 개인위생 관리를 강조하기 시작했다. 그와 동시에 마스크의 효능에 대한 논의가 언론에서 보도되었다.

　우한 폐렴의 공포가 서서히 밀려오면서 2020년 1월 28일 기사에는 마스크 품귀현상이라는 타이틀이 올라왔다. 약국, 편의점, 온라인 마켓 등에서 마스크 판매량이 빠르게 증가했다. 국내의 마스크 관련 회사 주가가 무서운 속도로 급상승했다. 이와 동시에 마스크 품귀현상이 점점 현실로 도래했다. 마스크가 없어서 못 쓰는 사람, 마스크가 있어도 못 쓰는 사람이 혼재된 상황으로 돌입했다. 서비스업에 종사하는 직원들은 미관상 좋지 않다는 이유로 마스크가 있어도 착용할 수 없으니 마스크를 쓸 수 있게 정부 차원에서 권고해달라는 청와대 민원까지 등장했다.

　1월 29일, 마스크 가격이 3일 만에 2~3배까지 폭등했다. 국내에서 마스크 품귀현상이 일어나고 가격이 폭등하는 시점에 국내 일부 지자체에서 중국과 교류하는 지역에 마스크를 지원하기로 하면서 지역민들의 불만이 고조되었다. 도내 취약계층을 지원하는 계획은 없으면서 중국에 마스크를 무상지원하는 것에 대한 불만이 폭주했다.

　이런 혼란은 시작에 불과했다. 마스크 품귀현상은 마스크를 대신 구매해주는 아르바이트까지 등장시켰다. 오픈마켓에서는 마스크 1개당 몇만 원을 호가하는 가격에 판매하는 몰지각한 판매자도 나왔다. 50개들이 한 박스에 300만 원에 판매하거나 이미 구매한 소비자에게 품절이라고 속여 구매를 강제 취소시키고 더 비싼 가격에 판매하는 것은 물론 마스크 하나에 10만 원이 넘는 가격을 부르는 악질 판매자까지 말 그대로 마스크 대란과 가격 폭력이 시작되었다.

　새벽 시간대 마스크 생산공장에서 불법으로 마스크 수백만 장을 수십억 원씩 현금으로 거래하는 중국 등 외국인 바이어와 한국인 중개상까지 등장했다. 모두 사재기를 위한 꼼수였다. 그리고 마스크를 싸게 팔겠다면서 소비자를 유인해 돈만 가로채는 범죄까지 등장했다. 사람들의 불안을 담보로 가격을 마구 올려 폭리를 취하는 행위는 유명 온라인 쇼핑몰에서도 일어나며 불만 댓글이 폭주했다. 이러한 몰지각한 판매자들의 부당한 행위는 법적 제도가 미비해 생기는 것이었다.

이러한 비이성적 행위에 대해 정부는 2020년 1월 말 "우한 폐렴 보건용 마스크 불공정 거래 행위를 근절하기 위한 매점매석 금지 고시를 시행한다"라고 발표했다. 이와 더불어 일반 마스크 58만 개, N95 160만 개 등 비축물량을 방출하고 업체에 물량 공급 확대를 요청했다. 2020년 1월 30일 의료계에서는 감염병 확산 방지를 위해 중국발 항공기의 국내 입국을 제한해야 한다는 의견을 건의했다. 이와 더불어 마스크의 적절한 공급량과 적정 가격을 유지하기 위해 정부가 특별히 노력해야 한다고 제안했다.

마스크 판매처들은 생산공장에 웃돈을 주면서 제품을 공급해달라는 꼼수까지 부렸지만, 생산공장들은 생산 범위를 이미 넘어서 돈을 더 주어도 공급하기 어렵다고 했다. 이러한 품귀현상의 배경에는 중국인들의 사재기가 큰 몫을 했다. 이에 정부는 마스크와 위생 제품의 대량 국외 반출을 차단하겠다고 발표했다. 여기서 대량 반출이란 마스크나 손 소독제 1,000개 또는 200만 원어치를 초과하는 것을 의미한다. 당국자는 마스크 한 장당 2,000원 정도로 계산해 200만 원을 기준으로 할 때 1,000개라고 설명했다.

그러나 정부 대책에 대한 국민의 반응은 싸늘했다. "이런 느슨한 조치로는 중국인들의 사재기와 국외 반출을 막을 수 없다"라는 지적이 주를 이뤘다. 시중에 마스크 재고가 부족하자 일부 마트에서는 마스크 구매 수량을 제한하기도 했다. 식품의약품안전처는 2월 3일 발표에서 "현재 국내 재고는 약 3,100만 장이며, 허가받은 마스크의 종류는 1,062종으로 생산기업 123곳에서 하루 800만 장을 생산할 수 있다"라고 발표했다. 그러면서 하루 생산 물량을 1,000만 장으로 끌어올릴 것이라고 했다.

그러나 123개 업체가 각각 소규모로 마스크를 생산하는 구조이다 보니 전체 재고 흐름을 파악하기 어려웠다. 여기에 중국 보따리상의 사재기와 일부 판매자의 판매 시점 저울질이 겹치며 시중 가격이 급등하고 물량도 턱없이 부족했다.

이에 기획재정부는 2020년 3월 9일부터 약국에서 '마스크 구매 5부제'를 실시한다고 발표했다. 출생연도에 따라 공적 마스크를 구매하는 것으로, 일주일에 2매까지만 살 수 있었다. 이후 시차를 두고 구매할 수 있는 매수를 늘려갔다. 국내 생산량의 80%가 공적 물량으로 유통되고 나머지 20%는 민간으로 공급되었다. 그러나 마스크 가격이 1매당 1,500원으로 여전히 비싸다는 것이 문제였다.

약국 앞에 길게 늘어선 줄은 마치 배급받는 것 같은 풍경을 연출했고 "내 돈 내고 내가 사는데 왜 사람을 구차하게 만드는가"라는 푸념이 곳곳에서 터져 나왔다. 줄을 서서 마스크를 사면 다행이지만 일껏 기다렸는데 품절되면 다른 약국을 찾아 달려야 하는 불편함은 고스란히 국민의 몫이었다. 이런 불만이 쌓이니 곳곳에서 정부 대신 욕을 먹어야 하는 것은 아무 잘못도 없는 약사들이었다. 마스크 몇 개 사자고 길게는 몇 킬로미터씩 사람들이 늘어선 광경은 그 어디에서도 볼 수 없는 진풍경이었다.

정부가 대처를 제대로 하지 못해 문제를 만들어놓고 그 피해와 불편함은 국민이 고스란히 감내해야 하는 상황이 이해하기 힘들었다. 여기에 더해 공적 마스크를 유통하는 업체 두 곳에 대한 독점 특혜 논란이 '마스크 5부제' 시행과 동시에 국민을 화나게 했다. 누구는 우한 폐렴으로 생업이 망가져 살길이 막막한데, 누구는 이런 위기를 틈타 하루에 적게는 5억여 원에서 많게는 11억여 원씩 이익을 챙기는 것에 불만의 목소리가 높아졌다. 정부는 마스크 품귀와 시장 교란을 막기 위해 마스크 긴급수급조정조치를 취했다고 설명했다. 그리고 관리의 편의성을 증대하고 유통경로 추적을 정확하게 하려 업체를 한정한 것이지, 어떤 특혜도 없었다고 설명했다.

그러나 두 업체 중 하나에서 2월 12일부터 26일까지 마스크 60만 장을 식약처에 신고도 하지 않고 판매한 정황이 드러났다. 경찰이 조사에 나서고 검찰에 고발이 이루어졌다. 그렇지 않아도 두 업체 선정에 특혜 시비와 각종 루머가 온 나라를 흔드는 상황에서 불법적인 거래까지 밝혀지자 국민의 신뢰는 바닥에 떨어졌다. 대만처럼 생산된 마스크를 정부가 일괄 구매해 공공기관을 통해 저렴하게 유통할 수는 없었을까? 가격은 가격대로 비싸고, 구매는 구매대로 어려운 방법을 꼭 택해야 했는지 국민은 의아해했다.

공적 마스크 판매 5부제는 7월 중순 중단되었다. 국내업체의 생산이 원활해지고 공급 물량도 원만해지면서 공적 공급의 필요성이 떨어졌기 때문이다. 정부는 "마스크 공급은 시장경제 원리에 맡기는 것이 더 적절하기 때문"이라고 설명했다. 이로써 1월 말경 시작된 6개월간의 마스크 대란은 어느 정도 정리되었다. 그러나 아쉬움과 찜찜함은 그대로 남아 있다.

위기 관리 커뮤니케이션 전략과 평가

　　　　위기가 닥치면 누구든 가장 먼저 당황스러워한다. 당황하는 정도가 심하면 대응하는 속도가 느려지고, 대응 방법도 당연히 중구난방이 되기 십상이다. 그 주체가 개인이나 기업일 경우는 피해 범위가 그나마 상대적으로 한정적이다. 그러나 그 주체가 국가라면 얘기가 달라진다. 피해 범위가 전 국민으로 확대되기 때문에 위기 대응이 더욱 중요하다.

　코로나19로 인한 마스크 대란 사태에서 정부의 대처는 위기 커뮤니케이션의 기본을 벗어난 몇 가지 실수로 더욱 심화된 측면이 있다.

　첫째, 위기 상황을 사전에 충분히 인지했는데도 제대로 준비하지 못한 잘못이 있다. 이미 중국과 홍콩에서 코로나19로 인한 마스크 품귀현상과 각종 불법 행위가 발생하는 것이 2020년 1월 초반부터 외신과 국내 언론을 통해 보도되었다. 이런 사례를 보면서 바이러스가 국내로 유입되어 감염이 시작되면 분명 국내에서도 같은 현상이 일어날 것이라는 판단이 충분히 가능했다. 그러나 확진자가 늘어나 국민의 불안이 증폭되고 나서야 뒤늦게 마스크 유통 관련 정책을 시행했다. 이미 품귀현상이 일상이 된 이후 내놓은 정책은 시의성이 떨어져 효력이 반감되기 충분했다.

　둘째, 위기 상황에 대한 메시지 전략에서 구체성이 부족했다. 국가적 위기 상황에서는 최대한 구체적인 대응 방법을 전달하는 것이 중요하다. 그러나 국민에게 마스크의 종류와 효능에 대한 구체적 정보를 제공하지 못하고 일반적 정보를 전달함으로써 국민의 마스크 확보에 혼란을 가중했다.

셋째, 메시지의 일관성이 부족했다. 정부 해당 부처들 사이에 메시지가 엇박자를 내면서 누구 메시지를 신뢰해야 하는지 혼란스러웠고 이로써 불안이 가중되었다. 청와대, 식약처, 질병관리본부, 지자체가 코로나19와 마스크 관련 정보를 각자 다르게 제시하면서 정부에 대한 불신이 깊어져갔다. 위기 상황에서 가장 경계하고 두려워해야 하는 것은 바로 '불신'의 확산인데, 이 기본을 놓쳤다.

"코로나19가 곧 종식될 것이다." "마스크 재사용은 바이러스 차단 효과를 감소시킨다." "사람이 별로 없는 곳에서는 쓰지 않아도 괜찮다." "기침 등 호흡기 증상이 있을 경우 마스크를 쓰라." "KF94, KF99 등급 마스크를 사용하는 것이 바람직하다." "공공장소나 대중교통 이용 시 마스크는 필수다." "국민 여러분 스스로를 지키기 위해 손 씻기, 마스크 착용을 철저히 이행해달라." "일반 국민은 굳이 KF94, KF99와 같은 보건용 마스크를 착용할 필요는 없다." 이밖에도 다양한 메시지가 나왔지만, 메시지가 일관성 없이 중구난방으로 전달되면서 국민은 혼란스러울 수밖에 없었다.

넷째, 마스크 공적 공급 과정에서 루머 관리가 소홀했다. 위기 상황에서 '불신'과 더불어 경계해야 하는 것이 '루머'의 확산인데, 정부는 이에 소홀히 대처했다. 공적 마스크 공급이 시작되면서 유통 독점 업체 두 곳에 대한 각종 루머가 언론에서 보도되며 국민의 불신과 공분이 일어났지만, 이에 대한 적극적 대응에 한계를 보임으로써 혼란을 더 부추기는 결과를 만들었다.

case 2 인도, 코로나 확산세가 가속되다

　　　　2020년 1월 30일 중국 우한에서 유학 중 일시 귀국한 대학생이 첫 감염자로 확인된 이후 인도 정부는 인구 대비 코로나19 확진자 수나 실질 확진자 수에서 아직 커다란 증가세를 보이지 않던 3월부터 전국에 봉쇄령을 내리고 국외에서 들어오는 비행기의 출입도 막는 등 완전한 차단 정책을 시행했다. 그러나 완전한 봉쇄정책이 경제에 심각한 타격을 주면서 정책의 초점을 '방역'에서 '경제 회생'으로 이전하기 시작했다.

인도 정부는 5월 들어 봉쇄조치를 완화하기 시작했다. 이 시점부터 확진자 수가 급증하면서 6월에는 하루 확진자가 1만 명을 넘어서며 3월보다 무려 8배 이상 증가했다. 그리고 그 속도는 더 빠르게 늘어나 9월 4일 기준 거의 10만 명에 육박하며 전 세계에서 가장 빠른 급증세를 보였다. 9월 8일 기준 인도의 누적 확진자는 420만 4,613명이며, 사망자는 7만 1,642명으로, 확진자 627만 명의 미국 다음으로 세계 2위를 기록했다.

2020년 9월 3일 기준 전 세계 코로나19 확진자는 누적 2,619만 1,995명이며, 사망자는 86만 7,542명이다. 인도는 2020년 1월 30일을 기점으로 코로나19가 시작되었다. 3월 중순까지 확진자 수가 한 자리에 머물다 두 자리 숫자로 증가했고 중국 등에서의 확산을 지켜보며 선제적으로 강력한 조치를 결정했다. 나렌드라 모디 총리와 정부는 3월 24일부터 오후 8시를 기해 모든 인도인의 외출과 이동을 금지하는 '완전한 봉쇄조치' 명령을 내리고 강력하게 국민을 통제했다. 사무실, 공장, 도로, 기차, 주 경계 등 모든 경제를 폐쇄했다. 도시 거주민들의 생명줄과 같은 중요한 교통시설인 지하철을 포함한 사회의 모든 시스템은 정지되었고, 국민의 생활은 힘든 상황에 직면했다.

　14억에 육박하는 인구 대국 인도는 중국에 이어 세계 최대 노동력을 바탕으로 세계의 공장 역할을 한다. 지방에서 도시로 밀려든 이주자들인 노동자들은 적은 임금에도 일자리가 있다는 것을 위안 삼으며 힘든 도시 생활을 이어갔지만, 코로나19로 인한 '완전 봉쇄조치'가 이들의 삶을 완전히 와해했다.

　이 강력한 조치로 인도인 수천만 명이 즉시 일자리를 잃었다. 빈부격차가 극심한 인도에서 도시 노동자들에게 지하철 등 대중교통은 생명줄과 같은 역할을 한다. 그런데 외출과 이동이 금지되고 대중교통까지 폐쇄되면서 경제적 불평등 문제는 더욱 심화되었다.

　일자리도 잃고 이동도 불가능해 귀향도 하지 못하게 된 일용직 임금 근로자 수백만 명이 식량도 없이 방치되는 상황으로 내몰렸다. 교통수단이 끊기고 식량마저 바닥난 실직자들이 수백 킬로미터를 걸어서 시골집으로 돌아가는 위험한 여정이 시작되었으며 급기야 이것이 심각한 사회문제로 부상했다. 경제 전 분야가 코로나19의 직격탄을 맞은 것이다. 실업난이 급등해 1억 1,200만 명이 일자리를 잃자 인도는 코로나19냐 아니면 경제냐의 갈림길에 서게 되었다.

코로나19 확산 억제 봉쇄조치로 경제가 심각한 상황에 직면한 인도는 결국 코로나19 방역 대신 경제 살리기를 선택했다. 2020년 5월 코로나19 확산 억제 봉쇄조치를 완화한다고 발표했다. 그러나 이후 인도의 코로나19 확진자 수 증가 속도는 점점 빨라지며 세계 기록을 계속 갈아치우고 있다. 확진자 수가 처음 100만 명에 도달하기까지 거의 6개월이 걸렸지만, 이후 200만 명에 도달하는 데는 3주, 300만 명에 도달하기까지는 불과 16일밖에 걸리지 않았다. 봉쇄조치 해제가 코로나19 확진자 증가에 결정적 역할을 했다는 방증이다.

그러나 인도 정부는 봉쇄를 더욱 완화할 방침이며 9월부터는 지하철 운행을 재개했다. 전문가들은 인도에서 코로나19 확산이 더욱 가속화할 것이고, 경제 회복도 당분간 기대하기 어려운 상황이라고 우려하며 봉쇄를 재개해야 한다고 했지만 정부는 위축된 경제에 너 큰 심각성을 부여했다.

인도 내무부는 "9월 1일부터 '재개4'로 알려진 일상재개에 돌입한다"라고 발표했다. 9월 7일부터 단계적으로 지하철 서비스를 재개하고, 21일부터 코로나19 감염 '핫 스폿' 이외 지역에서 스포츠, 오락, 문화, 종교, 정치 행사 등에 참여 가능한 인원을 최대 100명까지 허용한다는 내용을 담았다. 마스크 착용과 사회적 거리두기는 계속 의무화하지만, 경제를 살리기 위해 경계를 전폭적으로 완화하는 조치를 시행하겠다는 것이다. 등교 제한을 일부 완화하는 것도 포함하고 있다. 이렇듯 인도 정부가 봉쇄를 해제하는 이유는 역대 최악의 경제 상황 때문이다. 일부 전문가는 인도 최악의 경기침체는 거의 전적으로 '무자비한' 폐쇄 때문이라며 봉쇄조치의 부적합성을 강조했다.

위기 관리 커뮤니케이션 전략과 평가

인도에서 코로나19 확산이 급속도로 진행된 이유는 무엇일까? 정부의 어떤 역할과 메시지가 확산의 급속화를 자극하는지 알아보자.

첫째, 열악한 의료 체계와 거주 환경이 주요한 원인으로 꼽힌다. 의료비가 비싸고 시스템이 낙후된 측면이 크게 작용했다는 것이다. 열악한 의료 인프라와 더불어 사회적 거리두기가 쉽지 않은 밀집 거주 환경도 바이러스에 무방비로 노출될 수밖에 없는 최적의 환경을 제공했다.

둘째, 정부의 정책 실패가 주요한 역할을 했다. 정부의 봉쇄조치는 이주노동자의 대규모 실직으로 인한 경제적 어려움과 그들의 귀향을 예상하지 못해 오히려 바이러스가 다른 지역으로 확산되는 데 일조했다.

셋째, 정부의 봉쇄조치 해제가 주요한 역할을 했다. 확진자가 급등하는 중에도 경제 회복을 위해 봉쇄조치를 완화 또는 해제한 것이 바이러스 확산에 기름을 부은 격이 되었다는 것이다. 처음부터 단계적인 조치로 국민에게 심각성을 부각하는 효과를 내면서 동시에 경제 시스템 붕괴도 막을 방법을 취했다면 어땠을까 하는 생각을 해본다. 처음부터 너무 강한 자극을 주면 일시에 모든 시스템에 심각한 타격을 주는 것은 당연한 결과다. 따라서 순차적으로 대응하면서 동시에 정확하고 일관된 정보를 제공해 국민의 적극적 참여를 도출하는 것이 더 효과적이었을 것이다.

강력한 봉쇄로 경제 시스템이 무너지니 국민은 코로나19보다 당장 먹고사는 문제가 더 크게 느껴져 코로나에 대한 반응에 둔감해졌을 것이다. 일자리를 잃은 도시 노동자들이 고향으로 이동하며 바이러스의 전국 확산에 주요한 역할을 하게 되었다. 위기 상황이 도래하면 위기를 촉발한 문제의 핵심이 무엇인지에 대한 정확한 정보를 전달하고 협조를 끌어내야 한다. 상황을 더욱 빠르게 통제하기 위한 강력한 조치의 시행은 관리자인 정부에는 편한 방법이다. 그러나 그 대상인 국민은 그 조치로 경제적 궁핍이라는 새롭고 직접적인 문제에 직면하면서 정작 코로나19 같은 국가적 위기 대응 정책에는 비협조적으로 나올 확률이 커진다. 이러한 현상은 바이러스 확산에 무신경한 사회적 분위기를 촉진할 뿐이다.

넷째, 정부의 공격적 코로나19 검사도 한몫했다. 인도는 행인을 대상으로 코로나19 검사를 무작위로 실시한다. 하루 100만 건 이상 검사한다. 정부 주장은 이러한 검사의 증가로 확진자가 많이 나온다는 것이다.

다섯째, 정부의 정보 전달 오류도 확산에 중요한 역할을 했다. 코로나19 확산세를 경고하는 데는 소극적이면서 회복률 증가와 낮은 치명률(코로나 확진자 중 사망자 비율)과 같은 긍정적·희망적인 메시지만 부각해 국민의 시선을 다른 곳으로 향하게 했다. 인도 정부는 코로나 확진자는 많지만 치명률이 1.72%로 다른 나라에 비해 낮고, 감염에서 회복되는 비율도 높다는 메시지를 강조해 국민에게 전했다. 이러한 메시지는 국민이 코로나19의 위험성을 경시하고, 이 위기 사태의 심각성에 무디게 반응하는 데 큰 역할을 했다.

여섯째, 집단면역 형성에 대한 긍정적 시그널도 중요한 역할을 했다. 인도의 감염자가 급속도로 증가하면서 이미 수억 명이 감염되었고 집단면역력이 형성되었을 수 있다는 역설적 희망이 대다수 국민의 코로나19 대처 심리에 부정적으로 작용했을 수 있다. 일부 조사에서 인구의 26%에서 항체가 발견되어 국민 상당수가 이미 감염되었을 거라는 가능성을 제기하고 있다. 집단면역이 형성되면 추가 감염자가 생겨도 급속한 확산은 되지 않는다고 알려져 있다. 이러한 것들로 사람들이 마스크 착용, 사회적 거리두기, 손 씻기 등과 같은 기본 수칙을 잘 따르지 않는 분위기가 형성되었다.

case 3 미국, 전 세계 최다 확진, 최대 사망 국가 되다

2020년 1월 21일, 코로나19 감염 사례가 처음 발표된 이후 정확하게 7개월이 지난 시점에 미국은 확진자 570만 명 이상, 사망자 17만 명 이상으로 확진자와 사망자 수에서 압도적으로 세계 1위 코로나19 피해국으로 기록되고 있다. 중간 대선과 다양한 국내 사회문제까지 겹치며 코로나19는 최고의 국가 위기를 불러오고 있다. 여기에 더해 코로나19 여파로 경제가 최악의 상황으로 돌진하고 있다.

2020년 1월 21일, 미국 질병통제예방센터(CDC)는 1월 15일 중국 우한시에서 입국한 30대 남성이 미국 내 첫 코로나19 감염 사례라고 발표했다. 이 사례와 더불어 1월에 감염 의심 조사대상자 165명과 확진자 5명이 유지되었다. 1년에 중국 우한에서 미국으로 입국하는 여행객은 6만~6만 5,000명인데, 1월 입국자 수가 가장 많았다. 코로나19 확진자가 발표되자 미국의 주요 국제공항인 샌프란시스코, 로스앤젤레스, 뉴욕 존 F. 케네디, 시카고 오헤어, 애틀랜타 하츠필드-잭슨은 입국자를 대상으로 신종 코로나바이러스 관련 증상을 검사했다. 2월 워싱턴주에서 50대 남성이 사망하면서 미국의 코로나바이러스 첫 사망자로 기록되었다. 그런데 특이한 것은 이 남성이 코로나19 감염자와 접촉했거나 코로나19에 노출될 가능성이 큰 나라를 여행한 증거가 없었다는 것이다. 즉, 원인을 정확하게 단정할 수 없는 상황에 직면했다는 것을 의미한다. 이에 워싱턴주는 비상사태를 선포한다.

3월 캘리포니아에서 사망자가 발생하자 주정부는 비상사태를 선포했다. 3월 21일 미국의 코로나19 확진자는 20일보다 무려 5,010명이 증가해 1만 9,375명으로 늘어났다. 인구 대비 확진자 수가 코로나19 발원지인 중국보다 두 배 이상 많아지고, 하루 확진자 수도 중국보다 심각한 수준이었다. 이런 빠른 확산 속도는 3월 중순을 기점으로 탄력을 받으며 급등했다. 4월에 확진자 100만 명을 돌파하고 5월에 사망자가 10만 명을 넘어서며 전 세계에서 코로나19의 직격탄을 가장 심하게 받은 나라가 되었다. 6월 중순을 지나며 일일 확진자가 급격하게 늘어 6월 말에는 4만 3,000여 명이 되면서 상승 곡선은 계속 올라갔다. 6월에 확진자가 200만 명이 넘었고, 사망자는 11만 6,000명을 기록해 제1차 세계대전 사망자 숫자를 넘겼다. 이 수치는 유럽 확진자 수를 모두 합친 것보다 많았다.

이런 증가 추세는 7월 17일 일일 확진자 7만 5,821명을 기점으로 조금씩 내려갔다. 8월 미국의 코로나19 확진자는 570만 명, 사망자는 17만 명이었고, 9월 13일 기준으로 확진자는 647만여 명, 사망자는 19만 3,539명을 넘기며 압도적인 세계 1위 코로나19 피해국이 되었다. 확진자 100만 명이 나오기까지 석 달 이상 걸렸지만, 이후 증가세는 놀라울 정도로 빠른 움직임을 보였다. 400만에서 500만 명으로 증가하는 데 16일, 500만에서 600만 명으로 늘어나는 데 22일이 걸렸다. 이러한 결과 때문에 국제적 영향력 면에서도 많은 이미지 손상이 불가피한 상황이다. 그리고 코로나19의 여파는 미국 경제에 즉각적·치명적인 악영향을 미치고 있다. 미국 경제의 높은 역성장은 경제를 10년 전으로 돌려놓을 수도 있는 상황이다.

위기 관리 커뮤니케이션 전략과 평가

2020년 6월까지 전 세계 코로나 확진자 수는 600만 명이었으나 9월에는 확진자가 무려 2,860만 명, 사망자가 91만 7,000명 이상으로 거의 5배 가까이 늘어났다. 미국은 이 중에서 가장 높은 확진자와 사망자를 보유한 나라가 되었다. 그렇다면 전 세계에서 가장 선진화된 국가라는 미국에서 왜 이렇게 많은 확진자와 사망자가 속출할까? 이유를 살펴보니 두 번째로 많은 확진자가 출현한 인도와는 다른 양상을 보였다.

첫째, 코로나19를 너무 쉽게 봤다. 트럼프 대통령은 코로나19가 시작되어 조금씩 확진자가 등장하던 2월 "코로나바이러스는 기온이 올라가는 4월에 사라질 것이다." "미국인의 감염 위험은 매우 낮다." "부활절(4월 12일)까지 경제활동 등 미국 정상화를 희망한다"라고 말했다. 이에 국민은 코로나19에 대한 경계심을 풀어버렸다. 전문가들의 경고를 무시하고 코로나19에 대한 초기대응에서 심각한 오류를 범한 계기가 바로 여기에 있다.

둘째, 마스크에 대한 오해, 착각, 그리고 일관성 없는 메시지 전달이 일을 크게 만들었다. 세계보건기구와 미국 정부의 마스크에 대한 성급한 발표는 국민에게 마스크 착용의 중요성을 착각하게 만들었다. "건강한 사람은 마스크 착용이 필요 없다"라는 공인된 기관의 발표는 정확한 정보가 없는 대다수 국민에게 마스크는 필요치 않다는 메시지로 인식되어 코로나19의 급격한 확산에 일조했다. 일부 주에서는 '개인의 자유'를 앞세워 정부의 공식 권고사항인 마스크 착용을 주정부에서 거부하는 일도 있었다.

그렇지 않아도 마스크 착용에 강한 거부감을 보이는 상황에서 마스크를 쓰지 않아도 되는 합리적 이유를 준 것과 같은 결과를 만들었다. 동시에 마스크를 쓴 사람은 건강하지 않고, 바이러스에 감염된 사람이라는 이미지를 만들어 그들에 대한 반감을 그대로 노출하는 환경을 만들었다. 이후 코로나19가 급진적으로 확산되자 마스크 착용을 의무화했지만, 앞선 메시지로 착용 의무화 메시지는 설득력을 크게 잃었다.

셋째, 진단키트의 부족과 검사 비용의 과다가 검사의 장애가 되었다. 증상이 있는 것으로 의심되는 개인이 검사에 자발적으로 응할 수 있는 시스템을 만들어야 한다. 그러나 검사에 필요한 키트가 부족하니 검사 요건이 까다로워지고 과정이 복잡해지니 검사 비용이 상승해 의료기관이나 증상이 의심되는 개인이나 쉽게 검사를 진행하기 어려웠다. 결국, 감염 환자들이 무방비로 사회에 노출되니 확산이 급격하게 일어나게 된 것이다. 사망자가 늘어나는 것도 이런 의료 시스템의 미비가 결정적 역할을 했다. 키트뿐 아니라 병상 수가 적으니 치료가 어려워지고, 이렇게 시간이 가니 결국 사망에 이르게 되는 비율도 올라갈 수밖에 없는 것이다.

넷째, 정치적 빅 이벤트로 인한 이미지 정치가 잘못된 메시지를 확산했다. 미국은 2020년 11월 대통령 중간선거를 앞두고 있었다. 정치적 승리를 위해서는 국민을 설득할 긍정적 무언가가 필요한 것은 누구나 알고 있다. 그러나 사실에 입각하지 않은 과도한 긍정 메시지 전달은 현재 처한 위기 상황을 국민이 잘못 인식하게 함으로써 위기를 더 격하게 만드는 요소로 작용한다. 국민의 경계심이 느슨해지면 바이러스는 더 빠르게 확산한다.

그렇지 않아도 코로나19 대응을 위한 마스크 착용과 정부의 각종 규제에 반감을 보이는 미국 국민은 대통령이 전달하는 메시지를 믿고 싶은 마음이 강했을 것이다. "우리는 코로나19에 잘 대응하고 있다"라며 코로나19 방역을 성공적으로 수행하는 국가들과 미국을 비교한 대통령의 모습은 심각성을 무디게 만들기에 충분했다. 여기에 더해 "코로나19 백신을 곧 승인할 것이다"라는 메시지는 심각성을 더 낮추고 뜬구름 같은 희망을 품게 만들었다. 사회적 거리두기 지침이 해제되고, 거리에선 연일 시위가 이어졌으며, 각종 파티와 모임을 즐기는 것은 코로나19로 인한 확진자와 사망자 최다를 기록하는 나라에서 일어나는 일이라고 믿기 어려운 것들이다.

코로나19와 경제는 자웅동체처럼 함께 움직이고 있다. 이에 전 세계가 코로나19로 인한 경제 하락에 신경을 집중하며 해결책을 찾으려 노력하고 있다. 미국은 그 가운데서도 코로나19로 인한 확진자와 사망자 최고치를 경신하며 세계 1위를 지키고 있다. 이는 곧 미국 경제의 체력이 비례적으로 급히 저하되고 있음을 의미한다. 이러한 경제 하락은 국제무대에서 미국의 역할과 이미지 하락으로 이어진다. 그런 이유에서 중간 대선을 앞둔 현 정권은 코로나19 초기대응과 관리 실패를 최대한 덜 부각해 국민의 지지를 끌어내려고 과도한 '긍정 메시지' 전략을 추구한 것이다.

총체적으로 보면 정부의 위기 대응 메시지 전략이 국민의 코로나19에 대한 생각과 대응을 무디게 만들어 코로나19 확산을 가속하는 결과를 만들었다. 인도 사례에서도 보았듯이 미국이 처한 위기 상황은 위기에 대한 정확한 정보의 전달이 위기 대응에 얼마나 중요한지를 극명하게 보여주었다.

유럽, 2차 코로나19 위기 속에서도
마스크는 싫다?

2020년 2월 21일 이탈리아에서 확진자가 다수 나온 것은 유럽에서 코로나19가 확산되는 시발점이 되었다. 이탈리아, 프랑스, 독일, 스페인 등에서 확진자가 급증하던 3월을 기점으로 동남아시아 확진자 수를 추월하며 유럽 전역에서 코로나19가 급속히 확산되었다. 여름 휴가철을 지나며 유럽에서는 2차 확산 상황으로 빠르게 진입하고 있다.

확산의 심각성이 커지면서 마스크 착용과 추가 방역 조치를 다시 강화하는 유럽 국가가 늘고 있지만, 개인의 자유를 침해한다며 마스크 착용을 비롯한 정부 정책을 거부하는 시위가 늘고 있다. 마스크를 잘 착용하는 아시아 국가들에 대한 비아냥도 늘고 있다. 그러나 유럽에서 코로나19 2차 확산이 본격화되면서 상황은 더욱 심각해지고 있다. 마스크 착용과 관련한 갈등으로 유혈사태까지 발생했다.

마스크 착용은 코로나바이러스를 막는 개인의 마지막 방어막이다. 그런데 유럽에서 마스크는 수치와 취약성의 상징이 되고 있다. 이에 따라 유럽 각국의 코로나19 확진자 수는 증가하고 있다. 국가별로 공공장소에서 마스크를 착용하는 비율을 조사한 결과를 보면, 아시아 국가의 착용률은 90%에 가깝지만, 유럽 국가들은 상대적으로 낮은 비율을 보인다. 유럽 국가 중 가장 높은 비율을 보이는 독일이 64% 정도이고, 영국 31%, 덴마크 3%, 스웨덴 4%, 노르웨이 5% 등으로 상당히 낮은 비율을 보였다.

상황이 심각해지자 영국·독일·프랑스·이탈리아·스페인 등 주요 국들은 공공장소 마스크 착용을 강력하게 추진하며 미착용 시 벌금을 부과하는 법안을 통과시켰다. 강제성이 강화되면 될수록 그것에 대한 반대 목소리도 높아지고 있으며, 급기야 마스크 착용이 사회적 갈등으로 비화하고 유혈사태까지 불러오는 현상에 직면했다. 왜 유럽인은 마스크를 거부하는지 그 이유를 살펴보자.

첫째, 마스크 무용론 주장이다. 유럽인들 사이에는 마스크가 코로나19에 그다지 믿을 만한 도구가 아니라는 인식이 강하다. 여기에는 집단면역이 최고라는 믿음도 한몫했다. 객관적으로 그 효과를 알 수 없는 스웨덴의 집단면역 방침을 신뢰하고 지지하는 것도 이런 이유에서일 것이다.

둘째, 얼굴을 가리는 것에 대한 혐오감이 아주 크다. 마스크 공급 물량이 적을 때는 그나마 이해가 가지만 충분한 물량이 공급되는데도 마스크를 거부하는 모습은 마스크를 굳게 믿는 우리나라 사람들과 아시아 대부분 국가 국민은 이해하기 힘든 부분이다. 유럽인은 얼굴을 마스크로 가리는 것을 수치로 생각한다. 특히 남성들은 '약해 보이고 멋있어 보이지 않는다'고 인식하는 경향이 강하다.

셋째, 정부의 초기 방침 오류에 따른 정보 고착화도 문제다. 의료진을 제외한 개인은 마스크가 필요하지 않다는 유럽 각국의 초기 방침을 국민이 계속 맹신하는 것이 코로나19 확산을 더욱 촉진하는 요인으로 작용하고 있다.

넷째, 운명론과 인종적 우월성도 문제다. 유럽인은 대체로 자연에서 태어난 생명이니 자연으로 돌아가는 것이 당연하다고 생각한다. 여기에 유럽 인종이 동양 인종보다 과학적이고 합리적이라는 세계관을 가지고 있다. 따라서 정부의 강력한 방역 조치로 코로나19에 잘 대응하는 아시아 국가들의 행동과 그 결과를 불신하는 경향이 있다.

다섯째, 문화 차이가 문제를 키웠다. 동양과 서양은 문화적으로 많은 부분에서 차이가 있다. 특히 얼굴을 통해 전달되는 비언어적 메시지에서 차이를 보인다. 동양에서는 상대 눈을 통해 전달되는 메시지에 큰 의미를 부여하지만, 서양은 입으로 전달되는 비언어적 메시지, 즉 입 모양에 큰 의미를 부여하는 특징이 있다. 따라서 입을 가리는 행동은 상대에게 좋지 않은 이미지를 주므로 마스크 쓰기를 꺼리는 것이다.

여섯째, 개인주의와 개인의 자유에 더 의미를 부여하는 문화가 마스크를 거부하게 한다. '왜 내 표정과 표현의 자유를 정부에서 강제하지' 하는 생각에 정부의 마스크 착용 권고를 내 자유를 침해하는 행위로 간주한다.

일곱째, 상호작용성이 낮고 분석적 사고에 익숙한 문화가 마스크를 거부하게 한다. 동양의 사고 중 하나는 주변과 융합하고 상호작용함으로써 세상이 돌아간다고 믿는 것이다. 그런 이유에서 마스크 착용을 나뿐 아니라 타인을 배려해 코로나19를 극복하는 방법으로 인식한다. 그러나 서양의 분리적·분석적 사고는 내가 우선이며 내 자유가 먼저라고 생각하는 환경을 만들었다.

또 근세 몇백 년 동안 세계의 과학이 분석적 사고를 기반으로 발전한 우월감이 동양의 행위와 생각을 한 수 아래로 보는 경향을 만들어냈다. 그러다보니 아시아 국가 국민이 마스크 착용률이 높은 것과 정부의 강력한 방역 대책을 따르는 것을 '자유와 사생활을 포기한 행동'이라고 비난하는 지경에 이르게 했다.

위기 관리 커뮤니케이션 전략과 평가

코로나19 상황이 상대적으로 심각하지 않았던 초기에 유럽 국가들은 "마스크는 착용할 필요가 없다"거나 "마스크는 일반인에게 코로나 예방 효과가 없으니 마스크 구입을 중단하라"거나 "마스크는 의료진만 써야 한다"는 주장을 담아 메시지를 전달했다. 여기에 세계보건기구(WHO)도 "마스크에 코로나19 확산 방지 효과가 있다는 명확한 증거가 없으며 마스크는 믿을 만한 보호 도구가 아니다"라는 메시지를 전달했다.

독일 정부는 "아픈 사람은 마스크를 쓸 게 아니라 집에 있어야 한다"고 강조했다. 영국은 총리와 각료가 마스크 착용 의무화 관련 메시지를 반대로 내놓으면서 혼란을 일으켰다. 총리는 "상점 내 마스크 착용 의무화를 고려하고 있다"고 말하고 국무조정실장은 "상점 내 마스크 착용을 의무화하지 않을 것"이라고 말한 것이다. 어떤 국가 정부는 의료용 마스크 공급 부족을 우려해 "의료진이 아닌 일반인은 의료용이 아닌 천으로 만든 얼굴 가리개를 착용하라"고 권고하기도 했다.

그러던 유럽 국가 정부들과 WHO는 유럽의 코로나19 상황이 심각한 지경에 이르자 태도를 180도 전환했다. WHO는 "각국 정부에 일반 대중이 마스크 착용을 권장하도록 권고한다"는 의견을 내놓았다. 아시아 국가들은 이미 몇 달이나 먼저 마스크의 중요성을 알고 강력하게 권고했는데 유럽은 뒤늦게 깨달은 것일까?

이런 권고와 사례를 보면서도 유럽의 일반 국민은 마스크가 코로나19를 방지하는 효과가 있을지 의심을 거두지 않았다. 마스크 착용, 사회적 거리두기, 그밖의 정책을 담은 정부 메시지가 분명하지 않고 일관성이 없다보니 국민이 무엇을 믿어야 할지 혼선을 빚고 있다. 정부 정책이 처음부터 엄격하거나 강력하지 않다보니 그것을 지침이 아닌 충고 정도로 받아들이는 경향으로 문제가 더 심각해졌다.

"가능하면 지키는 게 좋을 수도 있어"라는 메시지로 인식하게 되면 누구나 '아, 상황이 크게 심각하지 않구나'라고 생각하게 된다. 일관성 없는 권고는 정부에 대한 불신만 증폭시켜 결국 마스크 착용에 대한 반감만 키우는 결과를 가져온다. 이러한 미지근한 대처로 가장 어려움을 겪은 나라는 프랑스다. 국가는 나름으로 열심히 노력했는데 국민이 별로 협조하거나 도와주지 않아 코로나19와 전쟁에서 처참하게 패배했다. 초기 예상과 기대와 다르게 코로나19 사태가 장기화되면서 정부와 국민의 피로감, 실직과 경기침체, 음모론 등이 점점 누적되고 있다.

결국 유럽에서 코로나19가 확산된 주요한 원인은 정부들의 대국민 메시지가 일관성과 정확성을 보여주지 못한 데 있다. 코로나19의 정확한 내용과 가장 효과적인 대응 방안이 무엇인지 발생 초기부터 체계적으로 정확하게 국민에게 전달했다면 혼란과 확산을 막는 데 큰 도움이 되었을 것이다. 또 메시지 전달과 내용의 일관성을 확보했다면 지금보다는 훨씬 나은 결과와 마주했을 것이다.

현재와 같은 전 세계적 팬데믹 상황은 이제까지 없었다. 100여 년 전 유행한 스페인 독감이 있지만, 지금처럼 교통 시스템이 발달하지 않았기에 전 지구적 재앙은 아니었다. 지금 우리가 겪고 있는 코로나19라는 위기는 경험적 데이터가 절대적으로 부족하다. 그렇지만 위기 상황에서 전략적 커뮤니케이션 방법을 적절하게 적용한다면 많은 부분에서 문제를 해결할 수 있다. 그 가운데 중요한 것은 메시지 전달의 일관성과 정확성을 유지하면서 메시지 전달 주체를 가능한 한 일원화해 즉시적으로 대응하는 것이다. 여기에 더해 국제적 정보의 교환과 신뢰를 통한 경험치 확보가 중요하다. 그래야 정보를 더욱 효과적으로 관리해 불필요한 루머나 갈등 소지를 근본적으로 최소화할 수 있다. 그리고 이런 노력을 통한 불확실성 감소는 국민의 불안감을 최소화해서 정부에 대한 신뢰를 높일 수 있다. '불신'은 문제를 악화할 뿐 아무런 해결책을 제시하지 않는다.

12
우리는 결국 지구라는
행성에서 살아간다

대한민국과
코로나19의 일전

2020년 1월 20일 코로나19 의심환자가 국내에서 처음 확진자로 확인된 이후 '실패, 고비, 갈등, 루머, 논란, 극복, 혼란, 모범평가, 새로운 아이디어 적용' 등과 같은 단어들이 섞인 그야말로 다변화의 시간을 보내고 있다. 중국에서 들어오는 감염원을 차단하기 위해 중국인 입국을 완전히 차단하는 국가들이 늘어나는 중에도 우리 정부는 여러 이유로 차단을 적극적으로 결정하지 못했다.

정부는 국민에게 "정부를 믿고 과도한 불안감을 갖지 마실 것을 당부드린다"라고 말했다. 2월 중순까지 확진자는 많이 늘어나지 않았고 충분히 통제가 가능한 상황이라고 느낄 수 있었다. 그러나 2월 20일 '신천지 대구교회'에서 대규모 감염자가 나오기 시작했다. 국내에서 대량의 지역사회 감염이 시작된 것이다. 대구·경북 지역은 심각한 위기에 직면했고, 전국으로 확산될까봐 우려한 보건당국은 학원의 휴강, 유치원과 초중고의 개학을 연기했다.

이제까지 '경계 단계'였던 코로나19 대응을 최고 단계인 '심각'으로 격상하고 비상 대응 체제로 돌입했다. 확진자 숫자는 무섭게 증가했고 '대구 지역 봉쇄'라는 말까지 공공연히 나올 정도로 상황은 심각하게 돌아갔다. 신천지 사태는 4월 들어 조금씩 진정 국면으로 들어갔다. 일일 확진자 숫자가 한 자리로 내려가며, 방역과 치료에 혼신의 힘을 다한 의료진과 협력을 아끼지 않은 지역 주민들의 노고에 전 국민은 힘찬 박수를 보냈다.

그런데 수도권에서 새로운 악재가 터졌다. 5월 초 '이태원 클럽'에서 집단 감염 사태가 일어난 것이다. 인구가 밀집된 수도권에서 집단 감염은 상황을 통제할 수 없는 빠른 확산이 특징이므로 그 파급력은 상상을 초월했다. 전 세계에서 가장 높은 감염률을 보인 미국도 '뉴욕'이 가장 감염률이 높았다. 인도도 인구가 밀집된 도시에서 엄청난 숫자가 감염되는 결과를 만들어냈다.

서울시는 유흥시설에 대한 집합금지 명령을 발동했고 전국 유치원과 초중고 등교 일정이 다시 조정되었다. 그리고 본격적으로 수도권에서 확산이 시작되었다. 이 여파는 이커머스인 쿠팡과 마켓컬리 등의 물류창고, 콜센터 등에서 대량 집단 감염이 일어나는 계기가 되었고, 주변 지역의 감염 증가를 견인했다. 국민의 우려는 점점 심화되었다. 이후 일일 확진자 숫자는 계속 두 자릿수를 기록하며 조금씩 나아지는 경향을 보였다. 미국, 유럽, 인도, 브라질 등에서 무서운 속도로 확진자와 사망자가 늘어나는 것에 비하면 안정을 찾아가는 듯 보였다.

이에 정부는 국민의 여유를 찾아주고 경기도 진작할 목적으로 문화예술 관련 상품권을 무료로 배포하고, 토요일이었던 광복절을 대신한 '대체 휴일'을 지정하기에 이른다. 그런데 8월 중순부터 수도권에서 확진자가 갑자기 세 자릿수로 증가하며 새로운 지역사회 감염의 신호탄이 터졌다. 방역당국은 사회적 거리두기를 2단계로 상향 조정했고, 수도권 거주 주민들의 수도권 이외 지역 이동을 2주간 제한했다. 서울과 경기도는 모든 종교시설에 대해 집합 제한 명령을 발동했다.

감염자 숫자가 증가하면서 수도권에서 대규모 집회를 금지했지만 집단 감염이 일어난 서울 성북구 사랑제일교회와 일부 단체가 집회를 강행해 논란을 일으켰다. 서울에서 사랑제일교회를 비롯한 일부 교회를 중심으로 수도권 감염이 확산되면서 교회에 대한 불신이 증폭되었다. 교회에서 마스크를 쓰지 않고 찬송가를 부르거나 예배가 끝난 후 함께 식사하면서 신도들 간 감염이 확산한 것으로 파악되었다.

이는 대량 지역사회 감염을 불러온 신천지 교회의 밀집된 예배 형식 문제를 너무 쉽게 잊은 안일함에서 비롯된 것이다. 이에 정부는 8월 30일부터 수도권 지역에서 사회적 거리두기를 2.5단계로 상향 조정하고 카페, 음식점, 유흥시설 등의 영업시간을 9시로 강제하는 등 강력한 조치에 들어갔다. 이러한 조치는 9월 13일부터 한시적으로 2주간 하향 조정되어 업장들의 정상영업이 가능해졌다.

코로나19는 우리 사회에 감염으로 인한 피해와 더불어 국가 경제와 국민의 삶에도 막대한 피해를 발생시켰다. 코로나19가 국가 경제와 밀접하게 연관되어 있기 때문이다. 관광과 직접 관련된 항공, 숙박, 교통, 외식, 쇼핑 등의 산업은 직격탄을 맞았고, 간접적으로 연관된 산업도 순차적으로 코로나19의 파고 속에서 헤어나오기 어려운 상황에 직면했다.

이 여파는 국가 경제에서 선순환 구조의 연결고리를 끊거나 약하게 만들어 결국 국민의 삶을 어려운 지경으로 몰아넣었다. 국가 경제와 더불어 민생 경제의 하락은 국민의 불만을 고조시켰고, 코로나19 감염 위험에 대한 불안보다 먹고사는 문제로 인한 갈등이 국민을 힘들게 만들었다.

코로나19가 급격하게 확산되는 국가들과 마찬가지로 우리 정부의 대국민 메시지에도 문제가 있음이 드러났다. 코로나19가 처음 확인된 1월부터 정부는 '크게 걱정할 일이 아니다'는 태도를 보였다. 코로나19가 막 시작되던 시점에 국내 전문가들은 중국인 입국을 전면 금지해야 한다는 의견을 정부에 권고했다. 그러나 이 권고는 여러 가지 이유에서 받아들여지지 않았다. 정부는 WHO가 제시한 국제 보건규칙인 "감염은 통제하되 불필요하게 국가 간 이동을 방해해선 안 된다"라는 규정을 준수하는 차원에서 중국인 입국 차단을 받아들이지 않았다.

정부는 "우리가 다른 국가의 입국 금지를 확대하면 다른 국가에서 한국인에 대한 입국 금지 조치를 취할 명분을 주게 되므로 신중한 접근이 필요하다"라고 말했다. 그러나 결과적으로 우리는 차단하지 않았지만 다른 많은 나라는 자국 안전을 위해 한국인 입국을 차단하는 조치를 취했다.

심지어 코로나19를 전 세계에 확산시킨 주체로 지목받는 중국조차 한국인의 입국을 차단하는 웃지 못할 일까지 벌어졌다. 중국과의 무역 관계를 고려해 신중한 태도를 보였지만, 결국 우리 국민만 피해를 보는 상황으로 흘러갔다. 중국과의 무역 관계 비중이 더 높은 국가들인 대만, 몽골 등은 경제적 손실을 감수하면서 중국인 입국을 전면 금지해 자국민 피해를 최소화했다.

정부의 메시지 전략에 문제가 발생한 부분은 또 있었다. 2020년 2월 13일 대통령은 "국내에서의 방역 관리는 어느 정도 안정적 단계로 들어선 것 같습니다. 코로나19는 머지않아 종식될 것입니다"라는 대국민 메시지를 전달했다. 그러나 이때는 대구·경북 지역에서 지역사회 감염이 확산되던 시점이었다. 물론 정부 설명처럼 "국민에게 희망을 주기 위한 취지였다"고는 하지만 너무 성급한 메시지 전략이라는 의견이 많았다.

또한 2020년 2월 17일 대통령은 "일부 언론을 통해 지나치게 공포나 불안이 부풀려지면서 우리 경제 심리나 소비 심리가 극도로 위축된 아쉬움도 남는다. 정부 대응을 믿고 정상적 경제활동에 복귀해달라"고 당부했다. 보건복지부는 2월 12일 "행사를 취소하거나 연기할 필요가 없다"고 발표했고 17일에는 "방역하에 집단행사를 허용한다"고 했다.

코로나19 확산의 통제가 사실상 어려운 지경으로 돌입한 대량 확산국들에서도 '희망 메시지 전략'을 구사했다. '국민에게 희망을'이라는 이유로 상황에 대한 구체적 정보를 제공하기보다 '안심 메시지 전략'을 구사해 국민의 경계심을 느슨하게 만든 결과는 대량 확산으로 인한 국가 혼란이었다. 국가 위기 상황에서 가장 중요한 메시지 전략은 상황에 대한 정확한 정보 전달과 경계심 고취를 통한 국민의 준비태세 강화전략이다. 순간의 심리적 안정보다 더 중요한 것은 완전한 준비를 통한 위기 상황 해결이기 때문이다.

코로나19 사태와 관련해 빼놓을 수 없는 것은 '마스크 대란'일 것이다. 이미 중국과 홍콩 등에서 우리보다 앞서 마스크 품귀와 관련해 각종 불법과 사기 그리고 국민의 피해가 만연하는 상황을 인지했으면서도 이에 대한 대비를 철저히 하지 않았다. 그에 따라 국내에서도 심각한 마스크 대란이 발생하며 국민이 적잖은 피해를 보아야 했다.

마스크 대란으로 가격이 천정부지로 뛰어오르고 도처에서 기회를 만난 듯 사기가 횡행한 데다 정부의 마스크 관련 메시지 오류로 국민은 혼란에 빠졌다. 마스크 품귀현상이 일어나는 상황에서 정부는 중국에 마스크를 지원하는 방안을 발표해 국민적 공분을 자처했다. 그리고 마스크 사용과 관련된 메시지 전략에서도 혼선을 빚으며 국민을 혼란스럽게 했다.

WHO는 마스크를 재사용하지 말라고 권고하는데 정부는 마스크 대란이 일어나자 "마스크를 재사용할 수 있다"는 메시지를 국민에게 전달했다. 이에 국민은 SNS를 통해 마스크 재사용이 정말 해가 없는지, 스스로 마스크를 소독하는 방법은 무엇인지 등에 대한 정확하지 않은 정보를 교환하며 불안과 공포가 점점 더 심화되었다.

코로나19는 우리 모두를 피해자로 만들었다. 개인, 조직, 국가는 모두 이 새로운 바이러스를 처음 경험하기에 더 당황하고 있다. 그러나 다음으로 이어지는 우리의 행동과 말이라는 메시지로 개인, 조직, 국가는 어느 순간 가해자로 돌변할 수도 있다. 코로나19 상황에서 개인의 일탈도 큰 문제로 부각되었다. 신천지와 사랑제일교회 신도들이 정부의 방역지침을 어기고 상식적으로 이해하기 어려운 일탈을 함으로써 국민을 불안하게 만들었다.

유명인의 일탈은 더 큰 파급력을 보이며 해외 언론에까지 보도되었다. 일반인과는 다르게 유명인의 일탈은 국가 이미지에도 악영향을 미친다. 일탈한 개인들은 '재미로' '심심해서' '관심을 끌기 위해' 등의 이유로 자가격리를 어기거나, 감염 사실을 숨기고 잠적하거나, 증상이 있는데도 아랑곳하지 않고 여행을 가는 등의 행동으로 바이러스 확산에 일조했다.

또한, 공공장소에서의 마스크 착용과 관련한 정부 권고가 있었는데도 마스크를 착용하지 않고, 도리어 착용을 부탁하는 타인을 상대로 폭력을 행사하는 안하무인의 행태는 코로나19의 감염과 더불어 폭력에 대한 불안까지 국민이 걱정해야 하는 지경으로 몰아갔다. "나 하나 안 지킨다고 뭐 대수인가?"라는 안이하고 이기적인 행동이 모두를 순식간에 위험으로 몰아간다는 것을 우리는 인식해야 한다. 생각은 행동을 지배한다. 나를 지키고 타인을 지키기 위한 나의 작은 행동이 코로나19로 어려움을 겪는 우리 모두를 구하는 가장 기초적인 방법임을 알아야 한다.

코로나19가 덮친 조직은 일차적으로 피해자다. 그러나 그 이후 보여주는 행동과 말의 메시지로 인해 사회적으로 지탄받고 명예가 실추될 수도 있으며, 반대로 위기에서 새로운 기회를 포착할 수도 있다. 신천지 교회, 사랑제일교회, 몇몇 소규모 교회, 쿠팡, 마켓컬리, 콜센터, 이태원 클럽 등은 대규모 집단 감염을 유발한 조직으로 지목되었다.

그러나 이들의 전략적 커뮤니케이션에는 각자 다른 형태의 메시지를 담고 있었다. 초기에 적절하고 즉각적인 메시지를 최고책임자 명의로 전달해 신뢰와 안심을 제공함으로써 이미지를 제고한 마켓컬리 같은 조직도 있었지만, 대부분 조직은 문제를 잘못 인식하고 대응하는 실수를 저질러 조직의 이미지를 실추시켰다. 위기 커뮤니케이션 전략의 핵심은 위기 상황에 대한 정확한 판단을 바탕으로 한 대응의 즉시성, 정보의 정확성, 해결방안의 구체성, 메시지의 진정성이다.

여기에 부가적으로 개인, 조직, 국가의 상황에 맞는 메시지를 추가로 전달해야 한다. 위기는 누구에게나 찾아온다. 그러나 위기를 극복하기 위한 커뮤니케이션 전략은 저절로 만들어지지 않는다. 그래서 사전 준비가 필요하다.

지구와 인간 그리고
바이러스의 동거

천체물리학자들의 견해에 따르면 우리 지구가 속한 태양계 그리고 이 태양계가 속한 은하계는 4,000억 개 이상의 별로 구성되어 있다고 한다. 그리고 이런 유형의 은하계가 우주에 1,000억 개 이상 있다고 한다. 이제까지의 조사와 추측이 그렇다는 것이지, 이보다 더 많을 가능성도 충분하다. 인간이 우주의 크기를 완전하고 정확하게 파악하지 못했기 때문이다.

태양과 지구가 속한 은하계 나이는 137억 년으로 추정된다. 그리고 이 은하에서 45억 년 전 초신성의 폭발로 탄생한 태양과 그 주위를 도는 지구라는 행성이 형성되었다. 우주의 시간, 범위, 별 숫자 그리고 크기에 압도되어 지구가 너무 왜소해 보일 수 있다. 그러나 우리가 사는 곳은 지구이니 관점을 지구에 한정해보자.

지구상에는 인간이 언제부터 살게 되었을까? 700만 년 전 중앙아프리카 평원에서 인간과 침팬지가 분리된 시점의 초기 인류의 조상인 최초 직립보행 유인원 '사헬란트로푸스(Sahelanthropus)'가 있었다. 이로부터 인간의 유전학적 계보가 쓰이기 시작했으며, 많은 시간이 흘러 현존 인류의 조상이라는 '호모 사피엔스(Homo Sapiens)'가 20만 년 전에 등장했다.

유발 하라리가 쓴 『사피엔스』에서 나열한 '역사 연대표'를 참고해 지구에서 인간의 변화를 한번 살펴보자. 진화를 거듭한 사피엔스는 7만 년 전부터 언어를 사용하는 인지혁명을 경험했다. 아프리카에서 지구 곳곳으로 퍼져나간 사피엔스는 4만 5,000년 전 도착한 오스트레일리아의 대형동물을 멸종시켰다. 그리고 3만 년 전에는 네안데르탈인을 멸종시켰고 1만 6,000년 전 아메리카 대륙에 정착하며 대형동물을 멸종시켰다.

이런 멸종의 역사를 써가던 인간은 수렵채집 생활을 청산하고 1만 2,000년 전 농업혁명을 통해 영구 정착 생활을 시작한다. 불과 5,000년 전에 이르러 인간은 최초로 왕국을 형성하고 글씨와 돈을 사용하기 시작했으며 종교도 가지게 되었다. 그리고 2,500년 전부터 주화를 발명해 보편적 형태의 통화 시스템을 구축하게 되었다.

그렇게 시간이 지나며 인류는 진화와 발전을 거듭했다. 과학혁명을 마주하게 된 시기는 불과 500년 전으로, 이때부터 인류는 엄청난 힘을 지녀 정복의 역사를 쓰기 시작한다. 유럽 국가들이 미지의 신대륙을 탐험하며 정복을 시작했고, 이들이 도착한 지역의 사람과 동물은 알 수 없는 전염병으로 죽어가기 시작했다.

『총, 균, 쇠』의 저자 재레드 다이아몬드는 유럽과 신대륙이 바이러스 교환에서 불평등했다고 설명했다. 유럽인은 신대륙 사람들보다 상대적으로 일찍 농경사회로 진입했고, 가축과 밀접하게 생활하며 진화된 바이러스를 경험했다. 따라서 각종 바이러스에 노출될 확률이 훨씬 높았고 몸속에 항체가 만들어질 기회도 상대적으로 많았다.

반면 신대륙 사람들은 여전히 수렵채집 생활문화를 가지고 있어 가축을 키울 이유도 적었고, 이 가축으로부터 바이러스에 노출될 확률도 낮았다. 따라서 유럽 사람들이 신대륙에 도착했을 때 그곳 원주민은 그들의 발전된 무기뿐 아니라 그들이 데리고 온 바이러스에 노출되며 많은 사상자가 발생하게 된다.

그 덕분에 유럽인은 더 쉽게 신대륙을 점령할 기회를 얻었다. 인류의 근대 역사에서 심각한 사망률을 기록한 천연두, 인플루엔자, 결핵, 말라리아, 페스트, 홍역, 콜레라 같은 바이러스는 동물에서 진화해 전염된 것들이다. 각자가 살아가는 본래 환경에 존재하는 바이러스는 같은 환경에서 사는 사람들에게는 이미 항체가 만들어져 큰 반응이 일어나지 않지만 이질적 환경으로 전이되는 순간 치명적인 바이러스로 변화한다. 이런 측면에서 신대륙 탐험이라는 명목의 정복 역사는 바이러스 전이 역사라고도 할 수 있다.

200년 전 시작된 산업혁명은 어떤가? 1, 2차 산업혁명은 산업화라는 특징을 바탕으로 도시화를 촉진했다. 도시에 사람이 밀집하면서 바이러스의 침투와 확산은 더욱 쉬워졌고 치사율도 높아졌다. 인류 역사에서 팬데믹으로 불린 첫 번째 사건은 1918년 발생해 '스페인 독감'으로 불린 '1918년 인플루엔자 바이러스'다. 20세기 가장 크고 강력하게 세계를 강타한 팬데믹이었다.

1918년 봄 1차 유행, 날씨가 서늘해지는 가을에서 겨울까지 2차 유행이 시작되었는데 2차 유행 시기에 바이러스는 더욱 강한 고병원성으로 발전했다. 학자에 따라 조금씩 차이가 있지만 세계 인구

중 1,700만~5,000만 명 이상이 사망했다는 보고가 있다. 스페인 독감의 세계 사망률은 3~5%였으며 한국, 중국, 일본에서는 사망률이 2% 미만이었다.

이 당시 한국에서는 이 독감을 '무오년 독감(戊午年 毒感)' 또는 '서반아 감기(西班牙 感氣)'라고 불렀다. 이때 한국 인구가 1,759만 명이었고 스페인 독감에 걸린 숫자는 288만 4,000여 명이며, 이 중 사망자는 전체 인구의 1.8%인 14만 명이었다. 사망자가 가장 많이 발생한 인도에서는 총인구의 5.2%인 1,600만 명이 사망했고, 피해가 비교적 적었던 미국에서도 인구의 0.5%인 55만 명이 사망했다. 이 일을 계기로 전 세계에 독감 예방 접종 문화가 정착되기 시작했다.

21세기 초기인 2002년 11월 중국에서 발생한 사스(SARS, Severe Acute Respiratory Syndrome: 중증급성호흡기증후군)는 사향고양이가 바이러스 생성의 매개체로 2003년 아시아 지역에서 감염을 유발했다. 그리고 2004년 7월 공식적으로 정리되었다. 독감과 비슷한 근육통, 기침 그리고 38도 이상 고열을 동반한 사스는 중국, 홍콩, 대만, 베트남, 싱가포르 등지에서 총 8,096명을 감염시켰고, 774명을 사망에 이르게 했다. 이때 치사율은 9~10%에 육박했다.

그러나 한국에서는 초반부터 강력한 방역으로 사스의 기세를 꺾어 감염자가 세 명만 발생했고 모두 완치되었다. 이 당시 중국과 교류가 많았는데도 한국에서 사스 환자가 적게 나온 이유로 '김치'가 거론되면서 김치의 효능에 대한 갑론을박이 일었지만, 과학적으로 증명된 것은 없다는 결론이 나왔다. 중국의 경우 초반 대응과 정보 공개가 늦어지며 자국에서까지 정부의 무능과 무사안일에 대한 원성이 높았다. 우리나라에서 사스 방역에 성공한 것은 김치가 아닌 초반부터 강력하게 대응한 정부의 노력과 국민의 협조 덕분이라고 할 수 있다.

2012년 9월 사우디아라비아에서 처음 발견된 신종 전염병인 메르스(MERS, Middle East Respiratory Syndrome : 중동호흡기증후군)는 낙타가 바이러스 생성 매개체로 사스와 같은 계열의 바이러스다. 증상도 유사해 고열, 기침, 호흡곤란이 일어나면서 폐렴으로 심화되어 다발성 장기 부전으로 사망에 이르게 하는 감염병이다. 주로 중동 국가를 여행한 사람들이 아프리카, 아메리카, 유럽, 아시아 등지에 전파해 전 세계로 확산되었다. 한국도 이 지역을 여행한 사람이 국내로 유입되면서 확산의 계기를 만들었다. 한국은 2017년 9월 기준으로 치사율이 약 21%에 이를 정도로 높아 감염자와 사망자 수에서 불명예스럽게도 세계 2위를 기록했다.

2015년 5월 20일 바레인에서 귀국한 여행객이 국내 첫 메르스 확진자로 확인되었고, 이후 평택성모병원의 2차 감염을 시작으로 급속도로 퍼지기 시작했다. 방역망이 뚫리고 감염자가 늘어나면서 삼성서울병원에서도 감염자가 대량 나오면서 6월 8일 세계 2위의 메르스 발병국이라는 오명을 안게 되었다.

정부는 초기 대응 실패와 정보공개의 지연과 은폐 등으로 바이러스 확산을 초래했고, 각종 유언비어가 국민을 혼란과 공포에 빠뜨렸다. 감염자가 의료진 권유를 무시하고 중국으로 출국해 문제를 일으켰고, 또 다른 환자들의 국내 일탈 행위 등이 연속 터져나오며 국가 신뢰도를 떨어뜨렸다. 시민의식의 부재와 정부의 대처 미비로 확산을 제대로 막지 못했고, 이로써 국가의 명예가 실추되는 상황을 맞이한 것이다. 2015년 7월 28일 우여곡절 끝에 신규 확진자가 나오지 않자 공식적으로 종식을 선언했다.

그러나 메르스 사태로 인한 전 사회적 혼란과 피해는 정부에 대한 국민의 불신을 초래한 동시에 대한민국에 커다란 교훈을 남겼다. 메르스 사태를 계기로 컨트롤타워로서 정부의 역할, 의료 시스템의 정비, 시민의식 변화에 대한 근본적 요구가 본격화되었다. 그리고 우리는 2020년 코로나19를 만나게 되었다.

코로나를 보내고
다시 일상으로 돌아가자

　　　　　20세기의 스페인 독감, 21세기의 사스와 메르스, 그리고 코로나19로 이어지는 대규모 바이러스의 침공은 많은 사상자와 사회적 혼란 그리고 경제적 위축을 가져왔다. 그리고 사회적·경제적 피해는 점점 더 커지는 양상을 보인다. 왜냐하면 스페인 독감이 확산되던 1918년과 비교하면 코로나19가 급습한 2020년은 지구 인구도 18억여 명에서 77억 8,000여 명 이상으로 증가했고, 경제 규모는 비교할 수 없을 만큼 성장했기 때문이다.

　많은 전문가가 스페인 독감 때보다 코로나19로 인한 사망률이 낮을 것으로 예상한다. 과학과 공중보건 의료시설이 발달했고 개인 위생관리도 상당히 증진되었기 때문이다. 또 정보통신기술의 발달로 정보의 전달·취합·분석 능력이 1918년에 비해 비교할 수 없게 좋아져 위기에 대한 대응 능력이 훨씬 빨라졌다. 그러나 교통시설의 발달은 세계를 하루 문화권으로 묶는 효과를 발휘해 바이러스 확산을 1918년보다 훨씬 빠르게 하는 데 결정적 역할을 하고 있다.

코로나19는 4차 산업혁명으로 일어날 사회적 변화를 예상보다 훨씬 빨리 우리 앞으로 끌어왔다. 4차 산업혁명은 초연결을 기본으로 하는 변화를 예고하고 있다. 사회의 모든 시스템이 네트워크로 묶여 이전까지의 물리적 연결로 가능했던 것들을 온라인상에서 원활히 수행할 수 있는 환경을 제공한다.

또한 4차 산업혁명의 핵심은 무인화를 기본으로 한다. 3차 산업혁명인 정보화 혁명이 인간의 육체적 노동 영역에서 자동화를 촉진했다면 4차 산업혁명의 초연결 네트워크 혁명은 인간의 육체적 노동 영역은 물론이고 지능적 영역의 자동화까지 확장될 것이다. 그런 변화의 시작에서 가장 기초적인 기술적 적용이 면대면 기능의 축소 또는 제거라고 할 수 있다. 즉, 화상으로 커뮤니케이션하고 온라인으로 정보를 송수신하며 업무와 일상의 소통을 처리하는 것이다.

코로나19로 그러한 행위들이 온라인으로 이루어지는 환경이 훨씬 빨리 사회에 정착되고 있다. 조직과 학교에서의 변화를 보면 극명하게 알 수 있다. 재택근무를 하고, 온라인으로 회의와 업무를 처리하며, 온라인으로 수업을 진행하고 과제를 처리하고 있다. 이것은 사람 간 접촉이 코로나19의 확산을 가중하면서 대안으로 제시된 방법이다.

지금은 조금 낯설고 어렵게 느껴지며 시행착오도 약간 동반하고 있다. 그러나 4차 산업혁명이 본격화되는 시점에서는 우리가 자연스럽게 마주할 예정이던 과정이다. 이것이 예상보다 조금 일찍 우리에게 다가온 것이다. 코로나19로 조장된 불안감과 불확실성은 미래 기술을 조금 일찍 우리 앞에 소환하고 있다.

"뭉치면 살고 흩어지면 죽는다"라는 표현을 모르는 사람은 없을 것이다. 70년 전 한국전쟁 당시부터 세계 최빈국에서 탈출하기 위해 산업화의 기치를 높이 들고 매진하던 그 힘들었던 시기까지 우리의 위대한 선배들이 입에 달고 살았던 말이다. 하나로 뭉쳐 고난을 헤치고 지금의 대한민국을 만들었던 세대의 머리와 가슴에 깊이 새겨진 말이 이것이다.

그런데 21세기가 시작되고 벌써 바이러스 공격을 세 번이나 받으며 이 말이 완전히 반대로 바뀌고 있다. "흩어지면 살고 뭉치면 죽는다"라는 말이 코로나19를 마주한 우리에게 강렬하게 박히고 있다. 비대면과 사회적 거리두기는 코로나19의 핵심 키워드가 되었다. 그리고 여기에 더해 불안과 불신이 점점 사람들 마음속에 자리하면서 이전의 일상으로 돌아가는 것을 막아서고 있다.

이제 우리는 이전의 일상으로 쉽게 돌아갈 수 없을지도 모른다. 지구 환경의 변화는 앞으로 코로나19와 유사하거나 더 진화된 바이러스를 인간에게 계속 노출할 확률이 높기 때문이다. 그러나 인간이 지구에서 살아오며 늘 변화된 환경에 적응해 진화를 거듭했듯 지금과 미래의 환경에도 적응 방법과 진화 방법을 찾아내 살아갈 것이다.

우리 앞에서 맹위를 떨치고 있는 코로나19라는 팬데믹이 불확실성을 가진 이유는 그것에 대한 데이터가 없기 때문이다. 그래서 우리가 이것을 통제하는 데 어려움을 겪는 것이다. 그렇다면 이제 우리는 무엇을 해야 할까? 각국 정부와 조직 그리고 개인이 이것에 대한 데이터를 공유하고 팬데믹 지도를 그리는 작업이 우리가 이것을 이기고 앞으로 상황에 대처하는 첫 번째 방법이다.

두 번째 방법은 코로나19로 인한 두려움과 불안으로 인한 사람

간 불신을 해소할 수 있는 커뮤니케이션 방법을 찾고 확산하는 것이다. 현재는 사람들의 불안이 극도로 상승해 아주 쉽게 상대를 불신하고 분노를 표출하며 비난 수위를 조절하지 못하는 상황이 여기저기서 자주 나타난다. 국민이 양극화를 넘어 다극화 상황에 내몰리고 있다. 이러한 문제는 개인이 해결하기에는 한계가 있다. 이 부분은 정부와 정치권에서 국민 간 신뢰를 높일 정확하고 합리적인 정보를 다변화된 채널을 통해 전달해야 해결할 수 있다.

혹자는 "정치는 분열을 먹고 자란다"는 어이없는 표현을 하기도 한다. 위기 상황에서도 국민은 없고 정치만 있는 상황을 연출한 정치가들과 자신들의 이익만을 위해 위기를 이용하는 일부 조직이 이러한 불신을 조장한 측면도 무시할 수 없다. 그러나 우리는 "정치는 신뢰를 먹고 자란다"는 말이 일상이 될 수 있도록 정보의 정확한 전달이 절실히 요구되는 시대에 살고 있다.

세 번째 방법은 '한 배를 탄 운명공동체'로 다각적 협력 네트워크를 구축하는 것이다. 『총, 균, 쇠』의 저자 재레드 다이아몬드는 협력과 연대만이 코로나19 이후 사회의 대전환에 대비하고 인류를 구원할 수 있다고 강조했다. 코로나19는 한 나라에만 국한된 문제가 아니라 전 지구적 위기다. 즉, 모두가 같은 위험에 노출되어 있다는 것이다. 한 나라의 코로나19는 다른 나라의 위험으로 작용한다. 따라서 코로나19는 국가 간 경쟁이 아닌 협력 시스템으로만 해결할 수 있다. 한 번도 경험하지 못한 위기 앞에서 다자간·다국간 집단지성과 협력으로 이상적인 해결 모델을 도출하고 적용하는 실험적·전향적인 노력과 사고가 필요하다.

네 번째 방법은 '다름을 인정'하는 포용적 사고로 서로에게 '희망'

을 전달하는 긍정의 메시지 전략을 확산하는 것이다. 우리가 일상에서 긴장과 불안을 느낄 때 가장 많이 추천하는 방법이 무엇일까? "눈을 감고 심호흡을 깊게 하라"는 말이 아닐까? 여기에 더해 "잘할 수 있어"라는 긍정의 자기 최면이 긴장과 불안을 해소하는 데 큰 역할을 한다. 바로 이런 긍정의 메시지를 가까운 누군가에게 그리고 일면식은 없지만 힘들어하는 누군가에게 전달하는 것은 타인뿐 아니라 자신에게도 큰 힘이 될 수 있다.

현재 우리는 인류 역사에서 정보통신기술이 가장 발달한 시기에 살고 있고 앞으로는 더욱 발달한 기술을 경험하며 살게 될 것이다. 즉, 온라인에서 다양한 채널을 통해 지구상 누구와도 연결될 수 있고 대화할 수 있는 시대에 살고 있다는 말이다. 이 기술을 긍정 메시지 전달 도구로 사용하면 모두가 고통받는 현재를 더 빨리 극복할 수 있다. 더 많은 긍정의 마음으로 더 많은 긍정의 메시지를 서로 주고받을 수 있는 새로운 내일을 우리 함께 만들어보는 것은 어떨까? 우리의 일상을 되찾기 위한 시작에 거창한 도구가 있어야 하는 것은 아니다.

| 에필로그 |

"미래의 위기는 긍정의 프레임을 설정하고
앞선 위기를 잘 해결한 자에게
다시 해결책을 제공한다!"

　우리는 지금 한 번도 경험하지 못한 새로운 위기를 마주하고 있다. 그리고 많은 사람이 이전의 일상으로 돌아가는 것은 현실적으로 불가능하다고 생각한다. 이것은 분명한 사실이다. 오늘이라는 시간은 누구에게나 어제와 다른 무언가를 요구한다. 되돌릴 수 없는 시간이니 아쉽고, 때로는 후회스럽기도 하다. 그러나 내일이라는 시간은 어제와 오늘의 시행착오에서 얻은 지혜를 활용할 가능성을 누구에게나 공평하게 제공한다. 아직 오지 않은 내일을 어떻게 준비하느냐에 따라 내일의 '나'는 어제의 '나' 그리고 오늘의 '나'와 다른 모습일 수 있다.
　위기는 누구에게나 언제나 닥칠 수 있다. 위기에 직면한 우리는 누구나 예외 없이 당황하고 혼란스러워하며 위기에서 벗어나기 위해 안간힘을 쓴다. 그러나 많은 경우 효과적인 대응책을 몰라 우왕좌왕하다 더욱 상황을 악화시키기도 한다. 사소한 오해가 오래된 관계를 단절시키기도 하고, 작은 실수를 감추기 위해 한 말 한마디가 그동안 쌓아온 명예를 실추시키기도 한다. 반면에 작은 배려가 상대를 감동하게 해 예상치 못한 긍정적 결과를 만들어내기도 하며, 구성원의 친절한 행동과 말 한마디가 사회와 대중에게 조직의 이미지와 명성을 높이고 각인시키는 결과를 만들기도 한다. 즉, 어리석은 자는 위기에 변명으로 더 큰 위기를 만들고, 현명한 자는 위기에 솔직함으로 기회를 만들기도 한다.

개인, 조직, 국가라는 모든 주체는 혼자서 살아갈 수 없는 구조로 이루어져 있다. 이 주체들을 구성하는 가장 중요한 개체는 바로 사람이다. 사람은 더불어 살아가고 성장하며 발전하기 위해 늘 누군가 상대가 존재한다. 그리고 그 상대와 메시지(언어적·비언어적)를 주고받으며 의미를 공유한다. 우리는 그런 행위를 '커뮤니케이션'이라고 한다. 개인, 조직, 국가라는 주체는 커뮤니케이션을 기본으로 구동되며 이것이 부재하거나 잘못되었을 경우 문제로 비화해 여러 형태의 위기를 맞이하게 된다.

커뮤니케이션의 목적은 상대를 '설득'하는 것이다. 말, 글, 몸짓, 표정, 겉모습, 숨소리, 냄새 등 인간이 상대에게 전달할 수 있는 모든 것이 커뮤니케이션이다. "말로 천 냥 빚을 갚는다"라는 속담에서 의미하는 '말'은 말 이상의 의미가 있다. 바로 상대에게 보여준 나의 모든 커뮤니케이션 요소를 함축적으로 표현한 것이다. 어떤 메시지를 어떻게 상대에게 전달했느냐에 따라 결과가 달라진다는 사실을 우리 모두 삶의 경험적 지혜를 통해 이미 알고 있다. 누구나 진정성을 담은 솔직한 메시지를 원한다. 특히 위기 상황에서는 더욱 그렇다.

내일의 위기가 오기 전에 우리는 위기에 대응할 '긍정의 프레임'을 설정해야 한다. 앞선 사례에서 얻은 인사이트를 나만의 미래 위기 전략 프레임에 차곡차곡 쌓아 나를 위기에서 성공적으로 구할 긍정의 프레임을 완성해야 한다. 이 책은 위기를 성공적으로 극복하고 싶은 모두에게 긍정의 프레임을 만들 수 있는 기본 구조와 사례를 제공할 수 있으리란 믿음으로 준비했다. 이 책을 통해 많은 사람이 위기를 극복하는 커뮤니케이션 방법을 이해하고 적용할 수 있기를 바라며 짧은 한마디를 끝으로 책을 마치려고 한다.

"위기를 기회로 바꿀 수 있도록 커뮤니케이션하라"

감사의 글

이 책이 만들어지기까지 조언과 협력을 아끼지 않은 새녘 권희준 대표에게 깊은 감사를 드린다. 그리고 편집과 디자인을 멋지게 마무리해준 편집팀과 씨오디 디자인에도 감사함을 전한다.

힘든 시간을 잘 견뎌주고 항상 격려와 응원 그리고 조언을 넘치도록 주는 아내와 두 천사에게 사랑을 가득 담아 고마움을 전한다.

| 참고자료 |

데이비드 아이허, 최기형 옮김, 『뉴 코스모스』, 예문아카이브, 2017
유발 하라리, 조현욱 옮김, 『사피엔스』, 김영사, 2015
이현우, "위기 캠페인," 『PR 캠페인』, 박기순 외, 한울아카데미, 2008
재레드 다이아몬드, 김진준 옮김, 『총, 균, 쇠』, 문학사상사, 1998
정지범, "광의와 협의의 위험, 위기, 재난관리의 범위", 『한국방재학회지』 제9권 4호, 2009
존 도얼리·헬리오 프레드 가르시아, 백지연·김장현·홍유정 옮김, 『명성경영전략』, 알마, 2016
중앙방역대책본부, "코로나바이러스감염증. 19(COVID. 19) 국외 발생 현황"
최성·김태윤, "스마트 국가위기관리 시스템에 관한 고찰: 복합재난 대응단계 사례분석을 중심으로", 『한국자치행정학보』 제33권 제2호, 2019
최윤희, 『기업의 위기관리와 PR 전략』, 한국경제신문사, 1994/『현대 PR론』, 나남출판, 2003
하진홍, "효과적 위기 커뮤니케이션을 위한 한국형 사과 전략 모델의 방향 탐색 연구", Journal of Public Relations, Vol. 23, No. 2, pp. 1~33.
나무위키, "2019·2020 호주 산불"/"이리역 폭발사고"/"천안함 피격 사건"/"코로나바이러스감염증. 19/국가별 대응/유럽"/"팀 K리그 vs. 유벤투스 FC/사건사고 및 논란"
네이버 블로그 포스트 살구뉴스, "김성준 아나운서 지하철 몰카 사건 충격적인 형량(+나이 집행유예)", 2020. 8. 21
네이버 블로그, "코로나. 대학 등록금 반환."
네이버 지식백과, "존슨앤드존슨 타이레놀 독극물 투입 사건"
네이버 포스트, "쿠팡, 코로나로 얻은 인기 코로나로 도로 토하나", 2020. 5. 29
시사저널, "[코로나19 쇼크] '개독교' 비난 속 성장 멈춘 한국 개신교", 2020. 9. 1
"거짓말에 무너지는 일본 기업들", 2000. 11. 9
위키백과, "대한민국의 코로나-19 범유행"/"스페인 독감"/"9·11 테러"/"2019~2020년 오스트레일리아 밀림 산불"/"중동호흡기증후군"/"중증급성호흡기증후군"/"천암함 피격 사건"
위키피디아, "Nation"
강원도민일보, "정선, 강릉 코로나 자가격리자 무단이탈 경찰에 입건", 2020. 4. 18
경북일보, "'우한 폐렴' 공포 확산… 곳곳 마스크 '품귀현상'", 2020. 1. 28
경향신문, "[단독]코로나19에 '수업 예산' 크게 남긴 대학들… '등록금 감면해야'", 2020. 8. 31
"3차례 음주운전 강정호 '1년 자격 정지'", 2020. 5. 25
"정순균 강남구청장, '제주 여행 유학생 모녀는 선의의 피해자' 발언 사과", 2020. 3. 29
광주in, "이용섭 광주시장, '코로나 확진자 일탈 무관용 SM사우나 새 감염경로 추가'", 2020

광주일보, "코로나 이 와중에, 공직자들 잇단 일탈", 2020. 9. 2
국민일보, "김성준, 징역 6개월 구형… 순수한 마음 가진 피해자께 사과", 2020. 1. 10
　　"정은경 말 따로, 문 행동 따로… 혼선이 '마스크 대란'으로", 2020. 3. 12
국제뉴스, "원주시, 우리를 위협하는 개인의 일탈 무관용 원칙", 2020. 8. 31
국회보, "그때 그 사건 이리역 폭발사건과 국회", 2015. 11
글로벌이코노믹, "[G 칼럼] 한화와 삼양식품의 위기 대응 '과거사'", 2019. 3. 19
금강일보, "[마스크 관련주] 오공, 케이엠, 모나리자, 국제약품 등… 벌써 약국서도 품귀현상? '일제히 상승'", 2020. 1. 28
노컷뉴스, "[칼럼]죽음까지 부른 스포츠 악성댓글, 실명제 도입할 때다", 2020. 8. 5
　　"검찰, '땅콩 회항' 조현아 징역 3년 구형(종합 2보)", 2015. 2. 3
　　"김재중 코로나19 감염, 모든 것 무시한 제 부주의", 2020. 4. 1
　　"삼성병원발 메르스 80명… 이재용, 전면에 나설 때", 2015. 6. 18
뉴데일리경제, "'감히 땅콩을 봉지째로? 비행기 돌려' KAL 조현아 부사장 갑질 논란", 2014. 12
　　"긴박했던 삼성서울병원, 한시적 부분폐쇄 결정", 2015. 6. 14
뉴스1, "설리·구하라·오인혜까지… 연예인 '극단 선택' 왜 못 막나?", 2020. 10. 2
　　"제주 이어 평창서도 자가격리 '일탈', 유학생 포비아 확산되나", 2020. 3. 29
뉴스프리존, "순천향대, 타 대학과 차별 둔 '선도적 특별장학금' 지급", 2020. 9. 7
뉴스핌, "'악플 호소 故 고유민에… 네이버 스포츠뉴스 댓글 잠정 폐쇄", 2020. 8. 7
　　"결국 법정까지 간 '등록금 환불'… 등록금 원가 공개 목소리도", 2020. 7. 2
　　"정부, '우한 폐렴' 보건용 마스크 불공정 거래행위 막는다", 2020. 1. 30
뉴시스, "국립발레단 해고된 나대한, 뒤늦은 사과문… 재심 청구 결과", 2020. 4. 13
　　"法, '땅콩 회항' 조현아 前부사장에 항소심서 '집행유예'", 2016. 12. 28
대구신문, "[전문] 신천지 이만희 기자회견", 2020. 3. 2
동아닷컴, "[단독]삼성서울병원 사태 있을 수 없는 일' 그룹 차원서 시스템 전반 대폭 수술", 2015
동아일보, "[WTC테러 이모저모]美 '애도의 날' 빗속 추모 물결", 2001. 9. 15
　　"[WTC테러 이모저모]美 14일 '국민 애도의 날' 선포", 2001. 9. 14
　　"'호날두 노쇼' 파문 유벤투스, 거짓말에 불법 홍보 마케팅까지…", 2019. 7. 30
　　"계약 어긴 사리 유벤투스 감독, 금연구역서 줄담배도…", 2019. 7. 29
　　"지하철 마스크 싸움 50대 '24년간 약 먹고 있다, 죄송'", 2020. 8. 28
매일경제, "수원시, 자가격리 어기고 마트 가고 친구 만나 산책한 20대 남성 고발", 2020. 9. 3
매일신문, "방역 방해 vs. 개인 일탈… 1천억 원대 손배소 전망은", 2020. 6. 22
머니투데이, "닷새 만에 나온 쿠팡의 메시지 '두 가지'가 이상하다", 2020. 5. 29
메디케이트뉴스, "'답답해서' 코로나19 자가격리 조치 위반자 징역 4개월 실형", 2020. 5. 26
부산일보, "'마스크 미착용' 승차 거부당하자 택시 타고 버스 쫓아가 기사 폭행", 2020. 9. 2

"호주 산불 원인으로 지목된 '기후변화', 도대체 뭐길래?", 2020. 1. 7
브런치, "신천지 이만희는 삼성 이재용에게 배워라", 2020. 2. 27
서울경제, "〈글로벌체크〉무슨 자신감?… 서구권 '노 마스크' 고집하는 이유는", 2020. 6. 30
서울신문, "이재록 목사 성폭행 의혹, 만민중앙성결교회 신도들, 1999년 MBC 난입 재조명", 2018.
"흉기 든 환자에 쫓기던 임세원 교수, 사망 직전 간호사 구조했다", 2020. 9. 11
세계일보, "지하철 '몰카' SBS 전 앵커 김성준에 징역 6개월·집행유예 2년 선고", 2020. 8. 21
스포츠동아, "'음주운전' 강정호, 징역 8월 집행유예 2년 선고", 2017. 3. 3
시사오늘, 시사ON, "고양시의회 의원들, '대낮 술판 의장단' 사퇴 촉구", 2020. 9. 7
아시아경제, "'코로나 아니면 어쩔 건데' 지하철서 난동까지… 마스크 착용 거부·폭력, 이대로 괜찮나", 2020. 6. 25
ITChosun, "검찰, 화재 결함 은폐 혐의로 BMW코리아 압수수색", 2020. 9. 16
"'코로나19 걸렸다' 김재중, 만우절 거짓말 일파만파", 2020. 4. 2
"존슨앤존슨 솔직한 대응 기업 존폐 위기를 기회로", 2008. 6. 16
"코로나19 위긴데… 각국 반마스크 시위 곤욕", 2020. 8. 1
아이뉴스24, "정부 김재중 '코로나19' 감염 거짓말, 처벌 어렵다… 왜?", 2020. 4. 2
아주경제, "NO 코로나, NO 마스크" 유럽인의 시위, 그들은 왜 거부할까", 2020. 8. 22
에듀진, 〈인문 다이제스트〉유럽인들은 왜 마스크 착용을 거부할까?", 2020. 7. 31
SBS뉴스, "이재용 '머리 숙여 사죄… 참담한 심정 책임통감'", 2015. 6. 23
SBS CNBC, "쿠팡, 고양물류센터서 코로나19 확진자 나와 폐쇄", 2020. 9. 6
엑스포츠뉴스, "'음주운전' 강정호 '4년 만의 사과'[포토]", 2020. 6. 23
MBC뉴스, "음주운전 물의' 강정호, KBO리그 복귀 신청 철회", 2020. 6. 29
여성경제신문 공식 블로그, "미국과 유럽에 코로나19 확진자 많은 이유", 2020. 4. 14
연합뉴스, "[연합시론] '오너 리스크'로 막 내리는 미스터피자 성공신화", 2018. 12. 4
"[이슈 컷] 숨실 자유냐 무책임한 일탈이냐… 코로나 통제가 낳은 갈등", 2020. 9. 10
"'음주 뺑소니' 강정호, '삼진아웃' 걸려 면허취소 위기", 2016. 12. 5
"고삐 풀린 인도 코로나… '세계 최다' 넘어 폭증의 끝은 어디?", 2020. 8. 31
"김성준 전 앵커 '피해자에 엎드려 사죄… 참회하며 살겠다'", 2019.07. 8
"마스크 착용 안내하는 지하철 보안관 폭행 60대 입건", 2020. 7. 1
"미국 코로나 확진자 600만 명 넘어…사망자는 18만 3천 명", 2020. 8. 31
"미국 타코벨 매장서 흑인여성 영어 쓴다고 주문 퇴짜 '시끌'", 2018. 9. 16
"미국, '테러와의 전쟁' 선언 속 정상 신속 회복", 2001. 9. 13
"부시 테러참사 '전쟁행위' 선언(종합)", 2001. 9. 13
"부시, 전략공군사령부서 테러 사태 지휘", 2001. 9. 12
"연일 3천~4천 명… 유럽 코로나 신규 확진 5월 이후 최대", 2020. 8. 22

"이재용 부회장 메르스 사태 대국민 사과 전문", 2015. 6. 23
"자가격리 기간 단원들 일탈행동, 국립발레단 '뭇매'", 2020. 3. 5
"전 세계 코로나19 확진 2천만 명… 불과 43일 만에 1천만 명 증가", 2020. 8. 10
"코로나 때문에 계산 밖에서… 가게 주인 음료수로 폭행 '실형'", 2020. 9. 1
"호주 최악 산불에 '기후변화가 원인' 논쟁 격화", 2019. 11. 12
오마이뉴스, "임세원 교수 유족 '정신적 고통 겪는 이들 낙인찍지 말아야'", 2019. 1. 3
오피니언뉴스, "외신이 주목한 '파주 스타벅스 직원 4명', '마스크가 필요한 이유'", 2020. 8
YTN, "'땅콩 회항' 조현아 영장 실질심사", 2014. 12. 30
"'마스크 착용' 말다툼 끝에 사망… 미 '마스크 거부' 운동까지", 2020. 7. 15
〈단독〉 마스크 실랑이하다 역무원 뺨 때린 70대… 역무실 찾아 폭행까지", 2020. 9. 3
"등록금 반환 소송 학생들 '대학이 소송 취하' 강요", 2020. 8. 20
UPI뉴스, 국립발레단, 자가격리 일탈한 나대한 해고… 창단 이래 최초, 2020. 3. 17
이데일리, "'1,300명 일하는데'… 쿠팡 물류센터서 코로나19 확진자 발생", 2020. 5. 25
"'갑질' 물의 정유현 미스터피자 전 회장, 경영 포기 각서 제출", 2018. 12. 11
이로운넷, "재레드 다이아몬드, '코로나-19로 한 배 탄 세계인, 협력만이 살길'", 2020. 6. 4
이코노믹리뷰, 코로나로 산산조각난 인도의 꿈, 2020. 9. 7
인천일보, "코로나에 일부 고양시의원·기관 단체장 대낮 술판 논란", 2020. 9. 3
고양 시민단체 "대낮 술판 의장단 사퇴하라", 2020. 9. 8
제주일보, "코로나 격리 중 무단 일탈 적발, 무관용 고발 조치", 2020. 3. 30
조선비즈, "'코로나 감염' 김재중, 만우절 거짓말 논란, '처벌 달게 받겠다'", 2020. 4. 1
"똑같이 불났는데… BMW vs 삼성전자, 위기 대응 큰 차이", 2018. 8. 22
"빗장 푼 인도, 이틀 연속 9만 명 넘게 '신규 확진'… 누적 420만 명", 2020. 9. 8
조선일보, "코로나 경고는 가짜, 마스크 안 쓰겠다" 베를린 2만 명 시위, 2020. 8. 2
중앙뉴스, "6만 5천 관중 물 먹인 '호날두 먹튀' 논란… 누구의 잘못인가?" 2019. 7. 28
중앙일보, "온라인 강의? 등록금 돌려달라, 대학생 헌소 전원재판부 회부", 2020. 4. 4
KSPnews, "수원시, 코로나19 자가격리 무단이탈자 형사 고발", 2020. 7. 17
코트라 해외시장뉴스, "인도 내 코로나19 관련 현황", 2020. 2. 25
TV조선, "제주도, 코로나19 확진 강남 유학생 모녀에 1억 3,200만 원 청구", 2020. 3. 30
TBS뉴스, "'땅콩 회항' 3년여 만에 징계 결정… 대한항공에 27억 과징금", 2018. 5. 18
파이낸셜뉴스, "정부 '지오영, 백제약품' 공적 마스크 유통 특혜? 사실 아냐", 2020. 3. 9
프레시안, "트럼프, K방역 조롱, 1백만 명당 신규확진자, 한국의 30배인데?", 2020. 8. 21
한겨레신문, "강정호 '음주운전 정말 죄송… 연봉 기부' 사과", 2020. 6. 23
"미국 코로나 사망자 17만 명 넘어… '사망 원인 3위'", 2020. 8. 18
"원유 유출 사고로 30조 원 토해낸 BP '삼성이 부럽다'", 2013. 7. 25

"코로나, 태풍 비상에 '대낮 술판' 벌인 고양시의회 의장단", 2020. 9. 7
"학생 '3분의 1 이상'. 당정 '10%'… 대학등록금 반환 규모도 논란 예고", 2020. 7. 1
한경비즈니스, "[리콜의 경제학] 기업 대응 방식 따라 독·약 갈린다", 2013. 4. 26
한국경제, "대웅제약 유재승 회장 논란에 재조명… 미스터피자 등 '막말의 역사'", 2018. 8
"보건소 여직원 껴안고 난동 부린 사랑제일교회 신도… 경찰 소환", 2020. 9. 8
"출근길 지하철 싸움 화제… 마스크 착용 요구하자 난동[영상]", 2020. 8. 28
한국일보, "사람은 '말'보다 눈빛, 표정, 몸짓에 감동", 2017. 2. 6
"국민은 마스크 20장도 구하기 어려운데, 중국인은 1,000개 가능?", 2020. 2. 5
헤럴드경제, "'마스크 써달라'는 버스·택시기사 폭행한 승객들 줄줄이 경찰 입건", 2020. 9. 1
"교인 전국 17개 시도에 분포…타교회·콜센터·병원 등 연쇄 전파", 2020. 8. 19
"사무장에 사과쪽지, 조현아 앞자리 女 증언이…", 2014. 12. 15

John W. D., *A Guide the Effective Communication*, Keene, NH: Department of Education, Keene State College, 1982
Keltner, John, *Interpersonal Speech. Communication*, Belmont, CA: Wadsworth Publishing Co., 1970
Oxford Advanced Learner's Dictionary, New 8th Edition, Oxford University Press
Swedish Emergency Management Agency, "Crisis Communication Handbook: SEMA's Educational Series", 2003:1

AM1660, "뉴저지 청각장애 여성, 장애인 차별대우한 타코벨 매장 2곳 소송 제기", 2016. 7. 15
Anthony Barnum, "The Essentials of Crisis Communication"
anthonyBarnum, "The Essentials of Crisis Communication"
Barr, J., A Case of an Ounce of Prevention, Marketing, January 23, 1989, pp. 25~28
BBC News 코리아, "코로나19: 30명이던 감염자 수는 어떻게 1주일 만에 800명을 넘겼을까?", 2020. 2. 24
"마스크 착용 안 한 남성 제지하다 맞은 버스기사 끝내 사망", 2020. 7. 11
"코로나19 확산이 급증하는 나라와 감소하는 나라", 2020. 6. 29
"코로나19: 집단 전염에 거센 비판받는 신천지… 지금까지 밝혀진 내용은?", 2020. 2. 26
BizFACT, "한때 업계 1위였던 미스터피자, 페리카나로 넘어간다", 2020. 9. 26
BLOTER, "[이슈IN] 댓글창의 종말… '괴롭힐 공간을 없애라'", 2020. 8. 10
C. SPAN, "President Bush on the September 11 Terrorist Attacks", 2001. 9. 11
CASSLING, "Six Elements of a Crisis Communication Plan"
CDC, "CERC: Crisis Emergency Risk Communication"

CDC, "Crisis Communication Plan"
Doorley, John&Garcia, Helio Fred, Reputation Management(2nd ed.), 2011
Expert Academy, "Crisis Communication"
Forbes, "10 Tips For Reputation And Crisis Management In The Digital World"
Global News, "타코벨, 청각장애 남성의 드라이브스루 주문 거부"(동영상), 2019. 1. 5
Goldhaber, Gerald M., Organizational Communication(6th Ed.), McGraw Hill, 1993
Greenpeace, "호주 산불, 기후변화가 불러온 대재앙 - 팩트체크", 2020. 1. 16
Harvard Business Review, "사과는 '사과문'과 다르다 위기에 대응하는 자세부터 바꿔라"
https://www.clearrisk.com
INSTITUE FOR PUBLIC RELATIONS, "Crisis Management and Communications"
International Association of Business Communicators, "In a crisis, the blame game never works", 2014. 11. 11
KMOV4, "Remembering 9/11: Former president Bush gives statement at Florida school after learning about terror attacks", 2020. 9. 11
Linke, C. G., Crisis. Dealing with the Unexpected, New York: Longman, 1989
Microsoft, "Four common challenges governments face in a time of crisis", 2020. 5. 20
MOWER, "Get Your Crisis off the Front Page, Then Get It off Google's Front Page"
"You will have a crisis. Are you prepared?"
MT 머니투데이, "'테러 배후 색출, 엄단', 부시", 2001. 9. 12
NBC News, "From the archives: George W. Bush's Oval Office speech on 9/11"
Newsom, D., Scott, A.&Turk, J. V., This is PR. Belmont, CA: Wadsworth, 1989, pp. 429∼430
Reuters, "Reuters for Government departments, agencies and public bodies"
Roland Dransfield, "Crisis PR. Top 10 Best and Worst", 2015. 9. 04
Rough Media House, "What to put in a crisis communications manual", 2017. 4. 17
Talkwalker, "11 steps for PR crisis management", 2019. 1. 15
The Huffington Post, "청각장애인의 주문을 받은 어느 스타벅스 직원의 반응"(동영상), 2015. 11. 11
VIRTUALSPEECH, "The Complete Guide to Crisis Management and Communication", 2018. 2. 11
VOA, "BP 원유 누출 사고", 2015. 7. 7
Youtube, "Three Things You Need to Know About Crisis Communications"

크라이시스 커뮤니케이션

권호천 지음

1판 1쇄 인쇄 2020년 12월 22일
1판 1쇄 발행 2021년 1월 4일

발행처 새녘출판사
발행인 권희준
책임편집 이상희
디자인 씨오디
지류 상산페이퍼
인쇄 다다프린팅

출판등록 2011년 10월 19일 (제 2020-000090호)
주소 경기도 파주시 가람로 70 (402-402)
전화 02-323-3630 **팩스** 02-6442-3634
이메일 books@saenyok.com

ISBN 978-89-98153-46-5 13330

책값은 뒤표지에 있습니다. 잘못된 책은 구입하신 곳에서 바꾸어 드립니다.